历代笔记选注

上海市"十二五"重点图书
本书由上海文化发展基金会图书出版专项基金资助出版
国家古籍整理出版资助项目

元明笔记选注

倪进 选注

上海教育出版社

下册

序一

看到《笔记选注》这样的书，有读者也许会有陌生感。他们熟悉的是《古诗文选注》之类的书目，对笔记不太了解。其实，笔记可是中华文化府藏中的一大宗财宝。

于今被称为"笔记"的，是指古人的随笔杂记类著作。其中多为对轶事琐闻的记述，也有考订辨证等议论。因为是随手记录所见所闻所思所想，所以与写作时即准备公之于世的反复推敲的文章，自然会有所不同。笔记更为广泛地反映社会生活，记录当时难以见于史书文集的细节，对今人更为具体地了解古代社会的政治、经济、文化等各个方面，是大有助益的。笔记能较为自由地表达作者的思想情绪，而存世文集中的文字，往往由于种种顾忌，不如笔记率性真实。笔记中流露出的真思想真感情，可以让我们更为感性地体味那个时代士人的精神状态。笔记多为信笔著录，较少字斟句酌，不大会刻意模仿经传、《史》《汉》，因而其语言较之有为而作的文字，往往显得生动活泼，也会在不经意中用上了当时的鲜活的语词，是我们了解语言变迁的重要资料。

笔记有如此之价值，然而尚未得到充分的关注。以"选注"而言，本人孤陋寡闻，仅见20世纪50年代吕叔湘的《笔记文选读》，不过七万馀字的小册子而已。试想，历代的笔记，汗牛充栋，今日之读者，何从下手？故而出版一部历代笔记选注，乃是极有价值和极为迫切的事情，确实可以称之为填补空白。应感谢倪进先生，感谢上海教育出版社，办成了这件大事。

倪进先生长期从事古代文学、文艺学的教学和研究，以他的学力，任笔记之选注，实在恰当不过。选注之难，首先在"选"。须于海量的笔记中选取若干种，再须于每种之中选取若干则，这固然耗费时间和精力，但更要有眼光。倪君的取舍标准，将思想性、学术性与趣味性结合成一体。我敢说，诸位将此书逐篇读完，不会感到某篇选录不当。倪君的判断力是可以信赖的。

上海人称赞办事认真，常说"一点一画"，即一丝不苟。倪君写东西，可真是"一点一画"，相当之慢。五六年前，就听说他有选注历代笔记的计划，由唐迄清，以后凡见面，必定询问著述进度，这当然有催促之意。现在看到书稿，不得不承认，慢工出细活。此书的注释，史实典故，名物训诂，无不考订翔实，申说清晰，且多有创获。如陆游为其前妻所作《钗头凤》词、《沈园》诗，注家多本《齐东野语》诸书，断唐氏为陆游表妹，且有确指其名为"琬"者。倪君对《齐东野语》"放翁钟情前室"一则之注释，考辨甚详，足证陈说之不确。又若《兰亭帖》如何为唐太宗所得，《南部新书》选注引《隋唐嘉话》《法书要录》等以供参考，注文篇幅为原文之数倍，故事亦生动，平添不少阅读趣味。司马光《涑水记闻》素负盛名，"杯酒释兵权"的故事即首见于此书，学界或以为并非信史，但如此著名的历史故事，毕竟值得一读。其中"以散官就第"一语，读过未必留心，倪君竟将它拈出并加上长注，且把极为复杂的宋代官制陈说了个大概，举重若轻，亦启发读者如何于不疑处生疑。倪君注释，注重与史籍及前后笔记相互印证，每每指示与史合与不合，用工颇深。语词训释亦有如是佳例。若李廌《师友谈记》"东坡言勾当自家事"篇，有"只且第一五更起"句，注释曰："只且，宋人习用语，犹言'就该'。"之后列举《近思录》一例、《朱子语类》两例为证；又引《诗经》中"只且"作比较，以免读者误读误解。"只且"这样的语词，在阅读时是极容易被忽略的，遍查手头的辞书亦未见，而宋人习用语之说，或为倪君之创获耶。这样的例子，书中还有很多。

在本文的末尾，照例要对这部选注作些批评。考虑到现今社会大众文言阅读能力的实际情况，就该书总体而言，愚以为对语言文字的解说疏通尚嫌太少。这对读者群的扩大，也许会有不利影响，修订再版之时，或可考虑适当增补。以上仅供倪进先生及出版社参考而已。

蒋人杰
2018 年 11 月

序二

中国古代笔记是一份丰厚的文化学术遗产,是人文学科、社会学科乃至自然学科研究的重要资料来源。长期以来,国内学术界就十分重视古代笔记的整理,陆续出版了一系列作品。如近几年中华书局的《历代史料笔记丛刊》、上海师范大学古籍所的《全宋笔记》等。但是,古代笔记卷帙浩繁,即使专门治学者也很难得窥全豹,何况普通读者和青年学子。因此,从继承和光大中华文化的意义出发,出版一部分量适中的选注本,是非常必要的,也是适应当今社会需求的。

《历代笔记选注》可以说填补了这方面的空白。从所选书目看,注意到题材的多样性,有助于读者全面了解古代笔记的丰富内容,能够激发他们阅读、研究中国古代典籍的兴趣。从选文标准看,作者的取舍坚持了传承文明、陶冶情操的原则,去除了古代笔记中掺杂的不良记载,说明其立意的雅正,同时还注意到作品思想性与可读性的统一。而在注释方面,恐怕是作者最为用心的地方。不难看出,作者对古代笔记中的名物故实、语词典章等,花费了大量功夫和精力进行爬梳抉理、考订辨证,并在吸收前人与今人研究成果的基础上渐出己意、自成一家,以科学的笺注方法保证了该书的学术价值。

孙玉文
2018 年 11 月

凡例

一、所选笔记均据中华书局《历代史料笔记丛刊》点校本。

二、选文取舍依李肇《国史补自序》"纪事实,探物理,辨疑惑,示劝戒,采风俗,助谈笑"则取之;"言报应,叙鬼神,征梦卜,近帷箔"则去之。旨在芟其芜杂,扬其菁华。

三、所选作者作品首次出现时,作简要介绍和评价。

四、选文注释以名物制度、史实人物、词章典故为主,亦兼及天文地理、风土习俗等内容。

五、选文原有标题者一仍其旧,无标题者均加拟标题,另标注阿拉伯数字为序。选文皆注明原卷数,以备查检。

目录

贤博编(十五则) [明] 叶 权

1. 鸣凤在竹(279) 2. 市中伪物(279) 3. 吴下打行(280) 4. 立本人品不及太白(280) 5. 游僧月空(282) 6. 金鲫鱼(282) 7. 伍文定识马(283) 8. 流亡为高丽相(283) 9. 赀郎不勾本(284) 10. 论孟浩然诗(284) 11. 捍寇虚死(285) 12. 以能饮升职(286) 13. 西瓜(286) 14. 夹棍(288) 15. 士夫好古(288)

松窗梦语(十八则) [明] 张 瀚

1. 王廷相勉谕后进(291) 2. 避嫌杀人(291) 3. 升堂免祸(292) 4. 兄弟相搆(293) 5. 臧否人物(293) 6. 岭东之捷(294) 7. 京师(296) 8. 琉球国(298) 9. 士人出处(300) 10. 君子宋濂(300) 11. 止进珍异之兽(301) 12. 四季花卉(302) 13. 小邑异才(305) 14. 先祖宽仁(306) 15. 权臣亦有恭谨可嘉者(306) 16. 游震得清介(308) 17. 世俗节日(309) 18. 宗室才俊(310)

广志绎(二十二则) [明] 王士性

1. 古今疆域(315) 2. 江南彬彬乎盛矣(318) 3. 南海子(319) 4. 都人好游(320) 5. 姑苏人好古(321) 6. 中州善俗(322) 7. 新旧函谷关(322) 8. 汝宁大荒(323) 9. 孔庙之桧(324) 10. 晋中之俗(325) 11. 浙江三民(326) 12. 人轿之始(327)

13. 白鹿洞书院(327) 14. 蕲黄士风(329) 15. 蕲州四珍(330) 16. 香山獠(331) 17. 廉州四民(332) 18. 苏轼谪海外(332) 19. 蜀江(333) 20. 蜀道(335) 21. 大理(336) 22. 火把节(337)

谷山笔麈(二十三则) [明] 于慎行

1. 张居正经筵进讲(341) 2. 神宗戏冯保(341) 3. 迎銮(342) 4. 邪污宜疏(344) 5. 新郑被逐(344) 6. 新郑罢归里中(345) 7. 小人诡态(346) 8. 葛守礼廉直(347) 9. 陆树声清望第一(349) 10. 吴岳清操绝代(351) 11. 海瑞入狱(352) 12. 神宗不理政(353) 13. 孙承恩廉静(354) 14. 杨公多雅致(354) 15. 成国兄弟孝友(355) 16. 艺文以得难见少为贵(355) 17. 写意与写照(357) 18. 煮成之药与合成之药(357) 19. 称谓有体(358) 20. 倭寇朝鲜(359) 21.《兰亭帖》复出人间(360) 22. 梁师成假托苏公之裔(361) 23. 海中绝岛(362)

典故纪闻(二十九则) [明] 余继登

1. 太祖克采石(367) 2. 太祖视事东阁(367) 3. 世之贪污者戒(368) 4. 概言宽仁无益(368) 5. 人之言有忠谏与谗佞(369) 6. 蕲州进竹簟(369) 7. 不取道路之言(370) 8. 狱囚私书(370) 9. 太祖命罢城濠役(371) 10. 得贤为宝(371) 11. 镜体偏邪不可鉴形(372) 12. 四民中士贵农劳(372) 13. 割股卧冰不予旌表(373) 14. 好武非盛德事(373) 15. 遇祥更当加慎(374) 16. 成祖令四出购求遗书(374) 17. 成祖谕北京耆老(375) 18. 成祖止贺表取媚(376) 19. 仁宗为皇太子时(377) 20. 西域使假进贡营私(377) 21. 禁自宫以求用(378) 22. 宣宗问耕夫而录其语(379) 23. 宣宗《悯农诗》(380) 24. 宣宗《织妇词》(381) 25. 妇人诮其夫居官不廉(382) 26. 御史违法下狱

(382) 27. 李钧建言防内官之祸(383) 28. 蔚能独受责降(384) 29. 内使汪直得宠于宪庙(385)

玉堂丛语（三十二则） ［明］焦 竑

1. 节妇训子(389) 2. 杨薄有厚德(389) 3. 章枫山家居(390) 4. 唐之淳旁注册文(390) 5. 吕文懿勤学(392) 6. 夷狄慕中国而来学(392) 7. 王恕折狱咸得其情(393) 8. 吴文定斥进士不就职(393) 9. 从宜区画(394) 10. 召见大臣礼(395) 11. 江公爱惜人才(396) 12. 武宗好佛(397) 13. 刘文靖斥杨邃庵复出(398) 14. 方孝孺誓死社稷(398) 15. 建文遗老(399) 16. 杨子荣更名入阁(400) 17. 薛文清乞退(401) 18. 童轩不妄取予(401) 19. 刘大夏不取美馀(402) 20. 陈音不畏中官(402) 21. 杨守陈不较驿丞无礼(403) 22. 王恕填滇(404) 23. 章懋坚乞致仕(404) 24. 朱恭靖公归吴(405) 25. 李西涯改门生诗(406) 26. 吴宽不以仕进为意(407) 27. 鲁文恪告归辟小园(407) 28. 王叔英与方孝孺书(408) 29. 曾棨善饮(409) 30. 孙蒉临刑诗(410) 31. 王廷陈恃才放恣(411) 32. 陈愧斋性宽坦(412)

万历野获编（三十三则） ［明］沈德符

1. 访求遗书(417) 2. 中秋无月诗(418) 3. 人主别号(419) 4. 邵经邦讥议礼(420) 5. 进诗献谀得罪(422) 6. 亲蚕礼(423) 7. 郑王直谏(425) 8. 刘璟铁简(427) 9. 对食(428) 10. 丐阁(430) 11. 首相晚途(431) 12. 命名被遇(432) 13. 刘小鲁尚书(434) 14. 宰相对联(435) 15. 元旦诗(437) 16. 士大夫癖性(438) 17. 邱侍郎献谀(440) 18. 孙蒉陈遇(441) 19. 会场搜检(442) 20. 奇兵不可再(444) 21. 冤狱(446) 22. 两京街

道(448) 23. 禁嫖赌饮酒(449) 24. 杨学录孝行(450) 25. 倭人涕泣(451) 26. 海忠介抚江南(453) 27. 徐文长(455) 28. 山人愚妄(457) 29. 侠娼(460) 30. 金瓶梅(462) 31. 四喜诗(464) 32. 颜面(466) 33. 大西洋(466)

枣林杂俎(十二则) [明] 谈 迁

1. 建文遗臣(473) 2. 省掾何麟(475) 3. 馆陶全城(475) 4. 金陵对泣录(476) 5. 定策本末(484) 6. 蔡新童婢(488) 7. 清吏张守约(489) 8. 李梦阳何景明(490) 9. 海市(492) 10. 严讷(494) 11. 盗侠(495) 12. 科第阴德(495)

三垣笔记(二十则) [明] 李 清

1. 上召诸推知入对(499) 2. 刑部冤狱(499) 3. 东厂盗最冤(500) 4. 遇北兵辄股栗(500) 5. 杨光先责陈启新(501) 6. 袁恺上疏(502) 7. 倪元璐不惧北兵(503) 8. 言官频过阁臣(504) 9. 不为同邑相公累(505) 10. 吾辈为其难(506) 11. 名妓王微(507) 12. 许琰殉国(508) 13. 左懋第北使(508) 14. 伪太子(510) 15. 伪元妃(512) 16. 左懋第就义(513) 17. 房县令郝景春(515) 18. 申佳胤殉节(516) 19. 吴三桂止降(517) 20. 内监尽忠(518)

人名索引(520)

贤博编

[明] 叶权

《贤博编》一卷，明叶权撰。权字中甫，休宁（今属安徽黄山市）人，寄籍钱塘。诸生。其生平事迹，据程涓《贤博编序》："会朝鲜内讧，钱塘患之，中甫条上《御倭十二策》于督府李公。李公大奇之，将荐于朝，以诸生从行间，会被逮而事罢。"后西游吴越、东游闽、北游燕赵，最后南游岭表而久居之。约于万历六年（1578）卒，年未足六十。

是书为叶权游历时所著。程《序》曰："闲暇无事，即俯首著书。耳所的闻、目所习见、素心师友所胪述，辄札记而条列之，'积久成帙'。"故其内容较为博杂，记江南嘉靖间事尤多，大抵可资博识，以为谈助耳。

选文标题为编者所拟。

1. 鸣 凤 在 竹

尝与客语《千字文》①,今人改"鸣凤在竹"为"在树",何也?客以为凤止黄帝东园,集帝梧桐,食帝竹食故也②。然则能改为"在梧""在桐"甚善,若"在树",岂若"在竹"之雅耶!且凤方竹食时,安知其不一鸣,必使集梧桐时鸣耶?改之者必别有见可也。

【注释】

①《千字文》:南朝梁周兴嗣所撰蒙学课本。《梁书·周兴嗣传》:"自是《铜表铭》《栅塘碣》《北伐檄》《次韵王羲之书千字》,并使兴嗣为文。"唐李绰《尚书故实》:"《千字文》,梁周兴嗣编次。而有王右军书者,人皆不晓。其始乃梁武教诸王书,令殷铁石于大王书中拓一千字不重者,每字片纸,杂碎无序。武帝召兴嗣谓曰:'卿有才思,为我韵之。'兴嗣一夕编缀进上,鬓发皆白,而赏赐甚厚。"

② 竹食:应作"竹实"。竹所结子实,形如小麦。《韩诗外传》卷八:"凤乃止帝东园,集帝梧桐,食帝竹实,没身不去。"亦称"练实"。《庄子·秋水》:"夫鹓鶵,发于南海而飞于北海,非梧桐不止,非练实不食,非醴泉不饮。"鹓鶵(yuān chú),传说中鸾凤一类的鸟。

2. 市 中 伪 物

今时市中货物奸伪,两京为甚①,此外无过苏州。卖花人挑花一担,灿然可爱,无一枝真者。杨梅用大棕刷弹墨染紫黑色。老母鸡挦插长尾②,假敦鸡卖之③。浒墅货席者④,术尤巧。大抵都会往来多客商可欺,如宋时何家楼故事⑤。若吾乡有伪物,行市中一遍,少刻各指之矣。

【注释】

① 两京:明北京与南京。

② 挦(xián):拔取;撕扯。

③ 敦鸡:阉鸡。俗称公鸡去势为"敦"。本字作"镦",敦"为同音假借字。

④ 浒(xǔ)墅:即浒墅关。在苏州府西北。明正德时在此设关征税。

⑤ 何家楼:亦作"何楼"。宋代俗语,谓虚伪欺诈。北宋刘攽《中山诗话》:"世语虚伪为何楼。盖国初京师有何家楼,其下卖物皆行滥者,非沾滥称也。"

3. 吴下打行

　　吴下新有打行①,大抵皆侠少,就中有力者更左右之,因相率为奸,重报复,怀不平。向见其侮一寺僧,每谈绝倒②。僧业医,颇有赀,而出纳甚吝,诸少年恶之。饰一妓为女子,使一人为之父,若农庄人,棹小船载鱼肉酒果,俟无人,投寺中,乞僧为女诊脉,历说病源,故为痴态。列酒食饮僧,因与女坐,劝之,僧喜甚,无疑也。俄白僧,有少药金在船中,当持来相谢。故又久不返。僧微醺,则已挑女子而和之矣。比返,女泣以语其父。僧师徒再三解不已。喧闹间,则有数贵人从楼船中携童仆登寺。父哭拜前诉,贵人为盛怒,缚僧拽登舟。僧私问是何士夫,则某官某官也。僧大惧,叩头乞命,同行者为劝解,罄其衣钵与女父遮羞。指授毕,各驾船去,僧竟不知其被欺也。其术之至恶至巧者甚多,琐猥不堪悉记。后以数害良善,官府持之急,遂为乱城中,举火大噪,劫狱,几杀翁巡抚大立③。幸此时海寇已平④,竟就擒执。若往年内外响应,岂小变哉!

【注释】

　　① 打行:明代替人充当保镖、打手的行帮。
　　② 绝倒:此谓惊骇之极。
　　③ 翁大立:馀姚(今属浙江宁波市)人。嘉靖十七年(1538)进士。累官山东左布政使。三十八年,以右副都御史巡抚应天、苏州诸府。时苏州以倭警募壮士,兵罢无所归,群聚剽夺。大立捕甚急,激其变,劫狱纵囚,攻都御史行署,大立率妻子遁。贼奔入太湖,命大立戴罪捕之,寻被劾罢。隆庆二年(1568),命督河道。四年,以浚鸿沟引水功升工部右侍郎,旋改兵部。历刑部侍郎,迁至南京兵部尚书。万历六年(1578),以外戚婢荷花冤狱夺职归。
　　④ 海寇:此指嘉靖年间侵扰东南沿海的倭寇与海盗。参见第263页第9则注释①。

4. 立本人品不及太白

　　唐太宗传呼阎立本画池上容与甚适之鸟①,伏地呕毫,不敢仰视,以至深自愧恨,誓不复画。明皇召李白赋宫中行乐诗②,必俟赐之无畏③,两宫扶掖,始展其技。方立本对物写形,苟欲全其气运生动,岂"伏地呕毫,不敢仰视"所能仿佛耶?顾乃嗫口无词④,退而自悔。要非太宗威严过于明皇,乃立本人品不及太白耳。斫轮解牛之人⑤,皆能毕词于上,画之与诗,相去几何?此不可归之择术之过。噫!安得僵僵不趋、受揖不立、解衣槃礴裸者⑥,而与言真画耶?

【注释】

① 阎立本:唐雍州万年(今陕西西安市)人。与父毗、兄立德俱擅工艺绘画,有能名。高宗显庆中,历将作监、工部尚书,拜右相,改中书令。工书画,称誉当时。存世作品有《历代帝王图》《步辇图》等。 容与:随水波起伏动荡貌。太宗召立本画春苑池上鸟事,见唐刘肃《大唐新语》卷十一:"太宗尝与侍臣泛舟春苑,池中有异鸟随波容与,太宗击赏数四,诏坐者为咏,召阎立本写之。阁外传呼云:'画师阎立本。'立本时为主爵郎中,奔走流汗,俯伏池侧,手挥丹青,不堪愧报。既而戒其子曰:'吾少好读书,幸免面墙。缘情染翰,颇及侪流。唯以丹青见知,躬厮养之务,辱莫大焉!汝宜深戒,勿习此也。'"

② 明皇:唐玄宗李隆基。参见第268页第13则注释③。玄宗召李白赋宫中行乐诗事,见唐孟棨《本事诗·高逸》:"玄宗闻之,召入翰林。以其才藻绝人,器识兼茂,欲以上位处之,故未命以官。尝因宫人行乐,谓高力士曰:'对此良辰美景,岂可独以声伎为娱,倘时得逸才词人吟咏之,可以夸耀于后。'遂命召白。时宁王邀白饮酒,已醉。既至,拜舞颓然。上知其薄声律,谓非所长,命为宫中行乐五言律诗十首。白顿首曰:'宁王赐臣酒,今已醉。倘陛下赐臣无畏,始可尽臣薄技。'上曰:'可。'即遣二内臣掖扶之,命研墨濡笔以授之。又令二人张朱丝栏于其前。白取笔抒思,略不停缀,十篇立就,更无加点。笔迹遒利,凤跱龙拏。律度对属,无不精绝。"

③ 无畏:无所忌惮。

④ 顾乃:却;反而。

⑤ 斫轮解牛:即轮扁斫轮与庖丁解牛。《庄子》外篇《天道》、内篇《养生主》中所载寓言,喻技艺之道,不可言传,得心应手,而达纯熟神妙之境。

⑥ 僵僵(tǎn—)不趋:坦然自若而不拘礼节。僵僵,宽舒闲适貌。趋,古礼,碎步疾行以表示敬意。 受揖不立(wèi):接受国君答谢后不就位。受揖,古代臣见国君,臣先拜,国君行揖答谢,臣接受揖谢后就位。立,同"位"。 解衣槃礴(pán bó)裸:脱掉衣服盘腿而坐。槃礴,箕踞而坐。此句语出《庄子·田子方》:"宋元君将画图,众史皆至,受揖而立,舐笔和墨,在外者半。有一史后至者,僵僵然不趋,受揖不立,因之舍。公使人视之,则解衣槃礴裸。君曰:'可矣,是真画者也。'"

5. 游僧月空

海寇初起时,不过五七十人,往来仁和、海宁①。地方官军民壮遇之辄败,乃请游僧月空为之首。月空亦一伟人②,所持铁棒重四十馀斤,诸游僧数十从之,亦各用铁棒。相约,贼死不得割首级,以尽毙为止。遂前击杀二十馀寇,军壮之。后随者始则观望,至是争功,夺头自相扰,贼得散走,僧亦解体矣。月空后不知所终。

【注释】

① 仁和:明杭州府附郭县(今浙江杭州市下城区、江干区一带)。 海宁:明杭州府属县(治今浙江嘉兴市海宁市盐官镇南)。

② 伟人:此指身材魁梧之人。

6. 金鲫鱼

金鲫鱼①,孳生盆盎中②,余弱冠时犹未见,今家家有之。食以红虫,其赤如火,以少水置白磁碗中,并碗俱赤。又有赤白相间,生成花样,各立名色,头头可爱。向饮一家,大盎蓄六鱼,长俱五寸许,通身莹白如玉。惟头上朱点悉如骰窝③,一点稍大,如骰么,两点并列,如骰之二,三则斜而如骰之三,以至四、五、六,一一相似。其点更圆净端好,无毫忽杂鳞。俟客半酣,则环坐盎边,以指弹水,鱼争就掌,亦可贴水持玩少顷,初不惊跳。盖素生盎中,与人习故也。以此变化为酒令不穷,真奇戏也,使东坡见之,当甚于爱南屏万工池者矣④。或言点稍有人为,未知果否。

【注释】

① 金鲫鱼:即金鱼。鲫鱼经人工长期培育而产生的变种,有红、白、黑诸色,为著名观赏鱼。

② 盆盎(àng):盆与盎。泛指较大的容器。

③ 骰(tóu)窝:骰子上的圆点。骰子为小正方块,六面分刻一、二、三、四、五、六点,掷之以所见点数决胜负,用于赌博、占卜、行酒令等。

④ 万工池:在杭州西湖南岸南屏山净慈禅寺门外。北宋苏轼《去杭十五年复游西湖用欧阳察判韵》诗曰:"我识南屏金鲫鱼,重来拊槛散斋馀。"(《东坡全集前集》卷十八)据明田汝成《西

湖游览志》卷三:"万工池在(净慈)寺门外。宋建炎已前,寺累遭回禄,鞠为荆墟。崇(淳)熙间,有善青乌之术者云,须凿池以禳之。宗本乃募化为此,与力者万人,故名。"可知苏轼在杭时,并无万工池,其诗所咏"南屏金鲫鱼"为泛指。

7. 伍文定识马

伍公文定守嘉兴①,出,见一马,回顾之,因问马主,则海盐尹令人从杭州买回,与其仆骑归者。伍呼尹,问马价几何,尹言:"里胥以十二两行②,今用其半。马甚驽,恐不能任。"伍曰:"牵来吾再看。"方至阶,伍迎笑曰:"此良马,日行可五百里。"复问里胥买杭谁家者,胥曰:"吴兽医。"伍复笑曰:"兽医世养马,竟不识耶?可与我。"因为尹言马相,且曰:"是不饱耳。"千里马常有,伯乐不常有,非虚言也。既而改任,宸濠之役③,常乘之。

【注释】

① 伍文定:字时泰,松滋(今属湖北荆州市)人。弘治十二年(1499)进士,授常州推官。尝因忤刘瑾而下诏狱,瑾败,起补嘉兴同知。破江西姚源贼有功,擢河南知府,调吉安。正德十四年(1519)六月,宁王朱宸濠反,以大帅佐巡抚王守仁平之,功最,擢江西按察使。世宗即位,进右副都御史,提督操江。嘉靖六年(1527),进兵部尚书兼右都御史,提督云南、四川、贵州、湖广军讨伐云南土酋叛乱。因决意进兵,为人所诋,乃令致仕。九年七月,卒于家。天启时,追谥忠襄。

② 里胥:乡吏;里长。

③ 宸濠之役:指平定宁王朱宸濠之战。参见第239页第1则。

8. 流亡为高丽相

正德间①,太平石埭县有章仁者②,故富家,任侠好施,雄里间。仁始为邑诸生,屡试不中,遂聚众将为乱。既而举家就捕,仁独逃,莫知所之。及唐状元皋使高丽③,仁乃为高丽相,唐试南都时熟识之。仁戒唐勿泄,事事辄相告,唐大为高丽王所重。使回称旨,每为里人私言之。

【注释】

① 正德:明武宗年号(1506—1521)。

② 石埭：旧县名。明属池州府而非太平府，治广阳（今安徽黄山市黄山区西北，已没入太平湖中）。

③ 唐皋：字守之，歙县（今属安徽黄山市）人。正德九年（1514）进士第一，授修撰。与修《武宗实录》，进侍讲学士。未几，卒于官。著有《心庵文集》《史鉴会编》等。　高丽：朝鲜古称。参见第25页第18则注释⑤。

9. 赀郎不勾本

余相识一监生，故富家，拜馀姚县丞①，缘事罢归，居常怏怏。余戏而劝之曰："公，白丁②，以赀官八品，与明府分庭③。一旦解官，家又不贫，身计已了，何不乐也？"丞以情告曰："自吾营入泮宫④，至上纳费金千两，意为官当得数倍。今归不勾本⑤，虽妻子亦怨矣。"呜呼！以勾本获赢之心为民父母，是以商贾之道临之也。卖爵之弊，何可言哉！

【注释】

① 县丞：明县级属官，正八品。与主簿分掌粮马、巡捕之事。
② 白丁：指无功名之人。
③ 明府：县令。唐以后对县令的专称。
④ 泮宫：本指学宫。此指官府。
⑤ 勾（gòu）本：亦作"够本"。买卖不赔不赚；赌博不输不赢。

10. 论孟浩然诗

苏长公谓孟浩然诗韵高而才短①，如造内酒法手而无材料②。盖不知浩然之诗得《国风》之馀意③，故清澹而有天然之趣，在盛唐为独步，王、李所深服④，若多用故实以为材料，是一团浊气矣。引证根据，乃作文之法，不可以言诗。所谓"诗有别趣，非关理也"⑤，此言得之。且如古人所称羡之句，若"池塘生春草"之类⑥，皆自胸中流出，固未尝以其出何秘书而美其博物也。后人谓宋无诗，正坐此处。

【注释】

① 苏长公：后世对宋苏轼的敬称。后人称苏轼为"长公"，苏辙为"少公"。　孟浩然：唐诗人。

以字行,襄州襄阳(今属湖北)人。早年隐居鹿门山。年四十,游长安,应进士不第。后为荆州从事。开元二十八年(740)患疽卒,年五十二。其诗与王维齐名,并称"王孟"。有《孟浩然集》。

② 内酒:宫廷作坊所酿之酒。此则所引"造内酒法手",与原文出处文字有异。苏轼论孟浩然诗,见北宋陈师道《后山诗话》:"子瞻谓孟浩然之诗,韵高而才短,如造内法酒手,而无材料尔。"内法酒,指按宫廷法定规格所酿制之酒;造内法酒手,指宫廷酿酒师。

③ 国风:《诗经》的组成部分。包括《周南》《召南》《邶风》《鄘风》《卫风》《王风》《郑风》《齐风》《魏风》《唐风》《秦风》《陈风》《桧风》《曹风》《豳风》,称十五国风,一百六十篇。大抵为周初至春秋中叶作品。

④ 王、李:指唐诗人王维与李白。

⑤ 诗有别趣:语出南宋严羽《沧浪诗话·诗辩》:"夫诗有别材,非关书也;诗有别趣,非关理也。然非多读书,多穷理,则不能极其至。所谓不涉理路不落言筌者,上也。诗者,吟咏情性也。盛唐诸人,惟在兴趣,羚羊挂角,无迹可求。故其妙处,透彻玲珑,不可凑泊。如空中之音,相中之色,水中之月,镜中之象,言有尽而意无穷。"

⑥ 池塘生春草:南朝刘宋诗人谢灵运《登池上楼》诗中句,曰:"池塘生春草,园柳变鸣禽。"

11. 捍 寇 虚 死

嘉靖丙寅二月①,山寇入婺源②,知县李志学敛民财,修刺使人逆之,约从他道过。己因弃县,走浮梁匿③。寇遂入县中,纵囚大掠。俄抵休宁界④,本县集民兵御之。方逐北⑤,有程哑力与黑刘文子奋勇先众及寇,寇大骇走。众忌其得功,因立视不进,寇返斗,二人俱死。且寇不过百余人,设众随二人以鸟铳、弓弩继后追射,登可尽杀⑥;乃观望,致二人虚死,寇竟徐徐逸去,可恨也。初,哑力赁余家屋居,无妻子,虽不能言,然颇识字,尚气好斗,尝愤其嫂为义男所欺⑦,时时为报之。黑刘文,拳师也,其子恃拳捷,故皆以能死。昔越王式怒蛙以激将士⑧,齐庄公避螳螂而勇士归之⑨。二人虽微,然以捍寇战而没,何让蛙与螳螂也?不闻有存恤其家者,即后有急,谁肯勇往直前耶?

【注释】

① 嘉靖丙寅:即嘉靖四十五年(1566)。是年二月,浙西开化、江西德兴两县矿民暴乱,攻徽州、宁国等处,陷婺源。明廷封闭矿场,调浙江、南直隶、江西军会剿。

② 婺源:明徽州府婺源县(今属江西上饶市)。

③ 浮梁:明饶州府浮梁县(今属江西景德镇市)。
④ 休宁:明徽州府休宁县(今属安徽黄山市)。
⑤ 逐北:追击败兵。
⑥ 登:登时;立刻。
⑦ 义男:义子。无血缘关系而收以为子。
⑧ 怒蛙:鼓足气的蛙。《韩非子·内储说上》:"越王勾践见怒蛙而式之。御者曰:'何为式?'王曰:'蛙有气如此,可无为式乎!'士人闻之,曰:'蛙有气,王犹为式,况士人有勇者乎!'"式,楷模,榜样。
⑨ 齐庄公避螳螂:典出《韩诗外传》卷八:"齐庄公出猎,有螳螂举足将搏其轮。问其御曰:'此何虫也?'御曰:'此是螳螂也。其为虫,知进而不知退,不量力而轻就敌。'庄公曰:'以为人,必为天下勇士矣!'于是,回车避之,而勇士归之。"

12. 以能饮升职

严世蕃方贵盛时①,与嘉兴一张姓举子为莫逆之交②。嘉兴太守托举子求见世蕃③,候两三日矣,未得间。适世蕃召举子为豪饮,因为通白。世蕃暝然曰④:"且饮酒。"举子因荐太守酒量,世蕃喜,遂呼入。跪堂下,世蕃不为礼,直前拽起,大言曰:"人谓汝能饮,然乎?"太守惶恐,不敢对。遂列巨觥痛饮,至明旦始罢。太守寻升副使⑤。

【注释】

① 严世蕃:嘉靖朝首辅严嵩之子。父子专擅威福,内外勾结,贪贿纳奸,致朝纲大坏。嘉靖四十一年(1562),嵩被罢,世蕃远戍,寻坐大逆伏诛。
② 莫逆之交:谓彼此情投意合,交谊深厚。《庄子·大宗师》:"子祀、子舆、子犁、子来四人相与语曰:'孰能以无为首,以生为脊,以死为尻;孰知死生存亡之一体者,吾与之友矣。'四人相视而笑,莫逆于心,遂相与为友。""莫逆于心",谓无不顺心。
③ 太守:明专指知府,正四品。
④ 暝然:昏暗貌。此指面色阴沉。
⑤ 副使:明行省提刑按察使司副职,正四品。与佥事掌分道巡察。

13. 西　　瓜

西瓜,《本草》不载①,止载甜瓜。西瓜、甜瓜,本是二种。洪忠宣公《松漠记闻》②,从房中携归,今禁园乡圃皆有,则是西瓜南宋始至中国。曹子建"浮甘瓜于绿水"③,《南史》"梁武帝西园食绿沉瓜"④,当是甜瓜。杨升庵谓"绿沉为西瓜皮色"⑤,恐非,盖甜瓜亦有此色也。若"召平东门五色瓜"⑥,则是《本草》所谓胡瓜。故北人呼色黄者为黄瓜,色青者为青瓜,今南方俗呼为南瓜。五色离离⑦,秋后始熟,形如西瓜,而棱瓣稍深,不堪生食,盖召平瓜也。

【注释】

①《本草》:即《神农本草经》。秦汉时人托名"神农"所作。原书已佚,其内容由历代本草书籍转引而得以保存。明代有卢复辑佚本和缪希雍注疏本。凡载药草三百六十五种,分上、中、下三品,详述药物性味、功用和主治,为李时珍《本草纲目》问世之前最重要的药书。

② 洪忠宣:洪皓,字光弼,南宋鄱阳(今属江西上饶市)人。政和五年(1115)登进士第。建炎三年(1129),以徽猷阁待制、假礼部尚书出使金国,留北十五年乃还。因忤秦桧,贬英州安置,居九年。绍兴二十五年(1155)徙袁州,卒于途,年六十八。死后一日,桧亦死。帝闻皓卒,嗟惜之,赠四官,谥忠宣。著有《松漠纪闻》二卷,记留金时闻见杂事。始惧金人搜获,付诸火。归后遭谴谪,复追述一二以成书。其卷二有载西瓜一则,曰:"西瓜形如扁蒲而圆,色极青翠,经岁则变黄。其瓞类甜瓜,味甘脆,中有汁,尤冷。《五代史·四夷附录》云:'以牛粪覆棚种之。'予携以归,今禁圃乡圃皆有。亦可留数月,但不能经岁,仍不变黄色。鄱阳有久苦目疾者,曝干服之而愈,盖其性冷故也。"

③ 曹子建:曹植,字子建,魏沛国谯县(今安徽亳州市)人。曹操子,封陈王。以富才学,早年为操宠爱,一度欲立为太子。及曹丕为帝,备受猜忌。魏明帝太和六年(232),抑郁而卒。谥思,世称"陈思王"。下引文字及作者皆误,可参《文选》卷四十二录魏文帝(曹丕)《与朝歌令吴质书》:"浮甘瓜于清泉,沈朱李于寒水。"

④ 南史句:事见《南史·任昉传》:"(昉卒)武帝闻问,方食西苑绿沉瓜,投之丁盘,悲不自胜。"

⑤ 杨升庵:杨慎,字用修,号升庵,新都(今四川成都市新都区)人。正德六年(1511)殿试第一,授翰林修撰。嘉靖三年(1524),以疏谏议礼下诏狱,廷杖之,谪戍云南永昌卫。三十六年还蜀,又二年卒,年七十二。天启中追谥文宪。著有《丹铅馀录》《升庵集》《诗话补遗》等百馀种。其《升庵集》卷五十七《绿沉》:"《南史》梁武帝西园食绿沉瓜,是'绿沉'即西瓜皮色也。"

⑥ 召(shào)平:秦东陵侯。秦亡不仕,种瓜于长安城东,瓜美,人称"召平瓜""东陵瓜""五色瓜"。《史记·萧相国世家》:"召平者,故秦东陵侯。秦破,为布衣,贫,种瓜于长安城东,瓜美,故世俗谓之'东陵瓜',从召平以为名也。"后世诗文用以为安贫隐居之典。

⑦ 离离:明亮光鲜貌。

14. 夹　　棍

听讼拷掠之用夹棍,不知起何代。施之盗贼,固不嫌其酷。余为儿时,见官府犹重用之①,今以为常刑。民间词讼左证干连之人②,一问失对,辄加夹棍。皂隶索杖钱③,稍不如意,遂以夹棍之短而硬者,横错其足而夹之,往往成跛折废弃。天色阴雨,疼不能步履。小民赖手足生活,告词连逮④,不过为中见⑤,有何大罪,而忍施酷烈,使成痼疾乎?可谓不仁之甚。与除肉刑、禁笞背之心相去远矣⑥。

【注释】

① 重用:此谓慎重使用。

② 左证:作证。　干连:牵连。

③ 皂隶:古代贱役。后专以称衙门差役。

④ 连逮:牵连拘捕。

⑤ 中见:居中为双方作见证的人。

⑥ 除肉刑、禁笞背:指汉文帝、唐太宗废止酷刑。肉刑,古代残害受审者肉体之刑,有墨、劓、刖、宫、大辟等。汉文帝即位十三年,除肉刑三(即墨、劓、刖)。笞背,以鞭、杖击人背。唐太宗读《针灸图》,见人五脏皆系于背,故命禁用笞背之刑。后以二事为仁政之典。

15. 士 夫 好 古

今士夫好古,专以古官代今衔。如都御史则称明御史大夫①。既云明矣,明安得有御史大夫官哉?我朝洪武初,有宰相则有此官,既不置丞相,此官亦废久矣。若以古官名于文字中泛称今人犹可,乃署卷首尾以自称,甚至杂于郡县乘志中②,使初学不知此为何官,是谓生今反古,于心何安哉?

【注释】

① 都御史:明都察院长官。参见第129页第2则注释④。　御史大夫:明以前各代御史台长官,掌纠察弹劾。明废,改左右都御史。

② 乘(shèng)志:史志;史书。春秋时晋国史书为《乘》,后因以称一般史书。

松窗梦语

[明] 张瀚

《松窗梦语》八卷,明张瀚撰。瀚字子文,号元洲,仁和(今浙江杭州市)人。嘉靖十四年(1535)进士,授南京工部主事。历庐州、大名知府,累迁陕西左布政使。俄入为大理卿,进刑部右侍郎,改兵部,总督漕运。隆庆元年(1567),改督两广军务。寻再抚陕西,迁南京工部尚书。万历元年(1573),由张居正荐,代为吏部尚书。朝中进退率奉居正指。五年,居正遭父丧,谋夺情,示意瀚等上章请留,瀚独不与。居正怒,嗾言官劾之,勒致仕归。家居十八年卒,年八十五。赠太子少保,谥恭懿。

《松窗梦语》为作者罢归后追忆平生经历之作。书列二十三纪,分述历官措置、宦游涉览、四夷闻见,以及士农工商、花木鸟兽、象纬堪舆、灾祥术艺、风俗时序、忠廉权势等,内容丰赡。其中,多为作者亲历之事,故其所叙翔实可信,正可与史志相参证。然亦搀杂梦卜报应、神鬼灵异之闻,则属本书白璧之瑕。

选文标题为编者所拟。

1. 王廷相勉谕后进

余始释褐①,观政都台②。时台长仪封王公廷相③,道艺纯备,为时名臣。每对其乡诸进士曰:"初入仕路,宜审交游,若张某,可与为友。"稍稍闻于余。值移疾请假,公遣御史来视,且曰:"此非诸进士埒④。"余感公识别于俦伍中⑤,不可无谢,假满谒公私第。公延入,坐语之曰:"昨雨后出街衢,一舆人蹑新履,自灰厂历长安街⑥,皆择地而蹈,兢兢恐污其履,转入京城,渐多泥泞,偶一沾濡,更不复顾惜。居身之道,亦犹是耳。倘一失足,将无所不至矣。"余退而佩服公言,终身不敢忘。(卷一《宦游纪》)

【注释】

① 释褐:谓脱去平民衣服。此处指进士及第授官。

② 观政:明制,进士及第,选文学优等及善书者,使观政于诸司,练习办事,称庶吉士。参见第127页第1则注释⑤。 都台:此指都察院。

③ 王廷相:字子衡,仪封(今河南开封市兰考县东)人。幼有文名。弘治十五年(1502)进士,选庶吉士,授兵科给事中。正德时,为刘瑾所排挤,官位不显。嘉靖二年(1523),举治行卓异,迁山东右布政使。后历兵部左右侍郎、南京兵部尚书,迁至兵部尚书兼左都御史理都察院事。二十年,以郭勋案被责朋比阿党,斥为民。越三年病卒,年七十一。隆庆初(1567)复官,赠少保,谥肃敏。廷相博学而好议论,以经术称。亦工诗文,倡复古,为明"前七子"之一。

④ 埒(liè):等同;比并。此句赞赏张瀚特异,非诸进士可比并。

⑤ 俦伍:同类或同等之人。

⑥ 灰厂:即灰厂街。在明皇城外西南角(今北京市西城区府右街),东临太液池南海,西侧有太仆寺。成化中,又设西厂于此。 长安街:明皇城外南大街,以承天门(今天安门)中分为东西长安街。

2. 避 嫌 杀 人

古人杀一不辜得天下不为①。吾侪避嫌杀人,所希蜗角名耳②,不知事后并微名失之,何自坏心术为也?平生经历多矣,犹记凤阳民陈邦家资饶裕,一仆远出,途遇群盗,挟之同行,分与敝衣数件。归语其主,主惊惧,走首官司③。群盗恨之,即夜劫陈,杀其子,掳仆妻去,反诣官司,告富豪强占仆妇,忌坐仆死④。逮邦鞫讯,讦者云⑤:"但令仆妻出,真情自见。"妇竟不得。问官谓:"此非强占,何抗匿不出?"乃以邦富避嫌,遂坐邦死。长垣快手王崇儒买娼为妻⑥,赁富人娄榭之居。娄索租急,王夜令妇潜往娄所,且持刀入,大呼富豪强奸良人,乃索取衣饰赍资以去。娄大愤,奔诉县中。王驀赴兵道⑦,以银饰为买和⑧。兵道鞫之曰:"汝不强奸,恶用重贿买免?"坐娄死。余时审驳⑨,一时释之。问官又挟余曰:"曷不避嫌?"余曰:"何嫌可避!但求中情法耳,焉敢杀人以沽名哉!"(卷一《宦游纪》)

【注释】

① 不辜:无罪。

② 蜗角名:微小虚名。蜗角,蜗牛之角,喻微小之地。

③ 首:告发。

④ 忌坐仆死:意谓因忌恨而欲致仆于死。

⑤ 讦(jié)者:告发者。此指反告官司的强盗。

⑥ 长垣:明北直隶大名府长垣县(今属河南新乡市)。 快手:旧时衙署中专管缉捕的差役。

⑦ 驀赴:犹急赴。 兵道:即整饬兵备道。明于边疆及各省要冲设置按察司分道,由按察副使或佥事充任,掌整饬兵备兼治安。

⑧ 买和:出钱私下了结官司。

⑨ 审驳:审查驳正。

3. 升堂免祸

余守大名,谒巡台杨公选①,语地方兴革及官属贤否,余具以实对。有顷,问:"开州李守不免訾议②,何也?"余曰:"知府自知不如李,以台下明察,岂得疑李?此必有短之者。不出民间公论,特一乡宦私怨耳③。"杨曰:"何遽知乡宦?"余曰:"某官起盖牌坊第宅,遍役州民工作,索车辆搬运。州官爱民力,禁止之,怨谤由此。天地鬼神鉴临焉④,敢昧公心,以淆是非?"杨公改容揖余升堂⑤,足立未定,飞檐瓦砾忽堕击初立处,积二尺许。杨惊且喜曰:"此非天意哉!"盖故事属官无升御史堂者,适以天地鬼神矢证⑥,余幸免祸。足为诬枉之戒。(卷一《宦游纪》)

【注释】

① 巡台:巡抚。 杨选:字以公,章丘(今山东济南市章丘区绣惠镇)人。嘉靖二十三年(1544)进士。授行人,擢御史,迁易州兵备副使。二十九年,蒙古俺答汗围大同,超拜选为右佥都御史代右卫巡抚,与江东总兵官解其围。四十年,擢总督蓟辽副都御史,进兵部右侍郎。明年,以守边御敌不力论死,戮于市,枭其首示边。
② 开州:明大名府开州(今河南濮阳市)。 訾议:非议。
③ 乡宦:退休居住乡里的官宦。
④ 鉴临:审查;监视。
⑤ 升堂:登上厅堂。
⑥ 矢证:意谓发誓而得以验证。

4. 兄弟相搆

余为郡守,预约州邑①,凡事难断处者,听其申达。大名有兄弟构讼财产②,继而各讦阴私,争胜不已。县令不能决,申解至郡。余鞠之曰:"两人同父母生耶?"曰:"然。"余曰:"同气不相念③,乃尔相攻④,何异同乳之犬而争一骨之投也!"各重笞之,取一杻各械一手⑤,置狱不问。久之,亲识数十人入告曰:"两人已悔罪矣,愿姑宽宥。"唤出,各潸然泪下,曰:"自相构以来,情睽者十馀年⑥,今月馀共起居、同饮食,隔绝之情既通,积宿之怨尽释。"已乃指天向日而誓。余笑曰:"知过能改,良民也。"遂释之。(卷一《宦游纪》)

【注释】

① 预约:事先约定(共同遵守的条件或规章)。
② 构讼:造成诉讼。
③ 同气:此指有血缘关系的亲属,如兄弟姊妹。
④ 乃尔:犹如此。
⑤ 杻(chǒu):刑具。即手铐。
⑥ 情睽:感情背离。

5. 臧否人物

余入蜀,过山西。郭公民敬时按蜀已满①,将复命于朝。询余以藩臬臧否②,首及左辖某③。余谓:"坦夷无他肠④。"郭曰:"坦夷何多谬戾⑤?"余曰:"此乃气质之偏耳。"次及佥宪某⑥,余谓:"爽朗洞晰底里⑦。"郭曰:"信爽朗⑧,如处置乖方、低昂倒置何⑨?"余曰:"此或一事之误耳。"因谓论人不当因气质之偏,概其心术,以一事之误,概其生平。郭公敛容起谢曰:"此格言也。入蜀以来,未闻斯语。"(卷一《宦游纪》)

【注释】

① 郭民敬:字子庄,大同山阴(今山西朔州市山阴县古城镇)人。嘉靖二十六年(1547)进士,授寿光知县。以治行第一擢监察御史,按南畿。岁歉,奏蠲租赋,民赖以苏息。复按四川,墨吏望风解绶而去。性爽恺毅直,不肯诡随,志甘清苦。遭丧哀毁,寝苫三年。一日,竟以受湿病殒身。

② 藩臬臧否:指品评行省藩司、臬司官吏。藩臬,布政使与按察使的并称。

③ 左辖:本指左丞,古代尚书省副官。此借指为左布政使。明布政使司设左右布政使,掌一省之政。参见第164页第1则注释⑩。

④ 坦夷:坦率平易。

⑤ 谬戾:悖谬乖戾。

⑥ 佥宪:佥都御史的美称。明都察院设左右佥都御史,常为巡按地方所带职。参见第129页第2则注释④。

⑦ 洞晰底里:谓内心真诚通透。

⑧ 信:果真;确实。

⑨ 乖方:违背法度;失当。　低昂:高下。此喻事物轻重、本末等。

6. 岭东之捷

时广中剧贼,惟曾一本、林道乾称雄①,结连剽掠,横肆海上。庙堂难当事之人②,乃以属余。余闻命疾趋,移镇梧州③,易将领,招客兵④,备舸舰,制器械。事集矣,乃指授方略,会集三省诸军,分布要害,使贼进退无据。又以其间招抚道乾,令直捣其巢穴。贼始大窘,擒有日矣。适奉旨回籍⑤,而代者刘公焘乘传至⑥。余离任甫十日,一本剿灭。人谓:"岭东之捷,伊谁之功⑦?卒令后人坐享其成!"余方以得归故乡为幸。道出南安⑧,郡守林舜道迎迓⑨,曰:"督抚重臣,行李萧然如此。即马伏波、曹枢密⑩,不是过也!"余乘轻舟,不两旬而抵家。乃卜筑湖西,构屋三楹,辟地三亩,时游息其中。榜于门曰:"烟水矶。"题其柱曰:"敢谓身闲遗物累,只将

心赏寄烟霞。"又曰:"门前荫满先生柳⑪,座上香分处士梅⑫。"以寄吾志焉。(卷一《宦游纪》)

【注释】

① 曾一本:诏安(今属福建漳州市)人。嘉靖、隆庆年间海盗首领,聚众袭扰潮州、广州、雷州、琼州一带。隆庆三年(1569),为官军所败,被擒,死于狱中。　林道乾:澄海(今广东汕头市澄海区)人。初为潮州小吏。嘉靖末,以走私贸易,聚众反。隆庆二年(1568)受招抚,安置于潮阳招收都。后附者日众,朝廷深以为患。万历元年(1573),命总兵张元勋进剿。道乾兵败,退海上,不知所终。

② 庙堂:朝廷。亦作帝王之代称。

③ 梧州:明梧州府,治苍梧(今广西梧州市)。

④ 客兵:由外地调来的军队。

⑤ 奉旨回籍:罢免的委婉说法。《明史·张瀚传》:"隆庆元年,(瀚)改督两广军务。时两广各设巡抚官,事不关督府。瀚请如三边例,乃悉听节制。大盗曾一本,寇掠广州,诏切责,瀚停总兵官俞大猷俸。已,一本浮海犯福建,官军迎击,大破之,费银币。已,复犯广东,陷碙石卫,叛将周云翔等杀雷琼参将耿宗元,与贼合。建议镌瀚一秩调用。已而郭成大破贼,获云翔。诏还瀚秩,即家俟召,再抚陕西。"

⑥ 刘焘:天津卫(今天津市)人。嘉靖十七年(1538)进士。隆庆三年(1569)夏四月,以右都御史兼兵部侍郎总制闽广军务,协兵讨伐曾一本。素娴韬略,屡著勋绩,累官左都御史兼兵部侍郎。　乘传:谓奉命出任或出使。

⑦ 伊:是;此。

⑧ 南安:明泉州府南安县(治今福建泉州市南安市丰州镇)。

⑨ 林骐道:字介中,闽县(今福建福州市)人。嘉靖三十八年(1559)进士。历刑部郎中,出知南安。清操甚励,不以片刺通铨曹。迁四川副使,寻转贵州、广西参政。卒于官。

⑩ 马伏波:东汉大将马援。字文渊,扶风茂陵(今陕西兴平东北)人。从光武帝灭隗嚣,任陇西太守,安定西羌。授伏波将军,封新息侯。尝以"男儿要当死于边野,以马革裹尸还葬耳"自誓,出征匈奴、乌桓。建武二十五年(49),征武陵五谿蛮,病卒于军中,年六十三。援清约节俭,有戒诸子书传世。　曹枢密:北宋大将曹彬。字国华,真定灵寿(今属河北)人。后周皇戚,曾官河中都监、晋州兵马都监。入宋,改左神武将军,兼枢密承旨。征讨四方,屡建战功。乾德二年(964)冬,以都监伐后蜀,诸将多取子女玉帛,彬橐中唯图书、衣衾而已。开宝七年(974)九月,奉诏以昇州西南面行营都部署统军十万伐南唐,明年十一月克金陵,李煜降。未几,拜枢密使、检校太尉、忠武军节度使。卒谥武惠。赠中书令,追封济阳郡王。

⑪先生柳：喻指隐者。用东晋陶渊明《五柳先生传》之典。《宋书·隐逸传·陶潜》："潜少有高趣，尝著《五柳先生传》以自况，曰：'先生不知何许人，不详姓字，宅边有五柳树，因以为号焉。'"

⑫处士梅：喻指隐者。用北宋林逋之典。逋字君复，钱塘（今浙江杭州市）人。性恬淡，隐西湖孤山，种梅养鹤，终身不仕，亦不婚娶，故有"梅妻鹤子"之称。谥和靖先生。诗以《山园小梅》"疏影横斜水清浅，暗香浮动月黄昏"句最为有名。

7. 京　　师

京师为古燕都，左枕蓟辽①，右控宣大②，以暨山、陕诸边镇，而南面以统御寰宇。四海之内，辐辏归命，海外四夷，咸纳款输诚③。惟北虏黠骜难制，圣祖神谋④，移都金台⑤，居重驭轻，乃万世之长策也。洪武初，为北平布政司，永乐七年，改为北京。十九年，营建宫殿，后拓西苑⑥，中有太液池、琼华岛、广寒殿。乃筑城，周回四十里。立门九：南曰正阳，南之左曰崇文，右曰宣武；北之东曰安定，西曰得胜；东之北曰东直，南曰朝阳；西之北曰西直，南曰阜城。京城之外置御马苑，大小凡二十所，相距各三四里。置南海子⑦，大小凡三，养禽兽、植蔬果于中，以禁城北有海子，故别名南海子。城池宫阙崔巍壮丽，胜于旧京。东南财货与山海珍藏无不聚辇毂下⑧，诚为塞途积路。毋论天府国储⑨，即世戚巨珰⑩，口极膏粱，身衣纨绮，耳穷郑卫⑪，目盈燕赵⑫，犹未足以厌其欲也。自公卿百僚以下，兢兢奉法循例，趋朝鳞次，纪法森严，声容稍失，御史纠其前，金吾系其后⑬，天威咫尺，下逮矣⑭。百官常朝，仅可遥瞻天表⑮，而公卿入侍经筵，始得近睹龙颜。然侍立移时，惟祇聆讲读⑯，间闻天语，仅一唯喏而退。至出祀太庙，百官侍立阶傍，咸得亲炙休光⑰。第一岁之中⑱，仅三四出，而时或遣官告祭，不尽躬诣也。出正阳门十里，为天坛⑲。坛中建圆殿，覆以五色琉璃，而金顶光明映日，每郊祀上帝，以太祖配之。坛左有御寝室，朱门画栋，亦若殿庭，而规制稍狭。坛右为神乐观，道纪典乐官居之⑳。其室宇幽静，诸观不及也。出崇文门十里，为报国寺㉑。宽广深邃，百官奉表入觐者，皆寄居于中。其僧舍整洁，亦胜他寺。东出得胜五里，为演武场。其地广大，可容禁兵数十万。内有满井，其水时时自井涌出，而清冽莹澈，城中咸取汲焉。西出阜城门三十里，为西山。层峦叠嶂，龙飞凤舞。长溪曲折，自西旋绕而来，溪上锁以白石桥。过桥为碧云寺，古刹连云，朱扉映水，景最佳丽。迤逦而下，北六十里为天寿山，长陵在焉㉒。历代诸陵，高下相因，若辅若翼。登山顾盼，及四围山色之中，中开一境，平铺土壤数十里，若出尘寰、升霄汉，别具一洞天也。（卷二《北游纪》）

【注释】

① 蓟辽：指明顺天府蓟州（治今天津市蓟州区）与辽东都司（治今辽宁辽阳市）。此亦泛指明京师东北地区。

② 宣大：指明顺天府宣府镇（治今河北张家口市宣化区）与大同府（治今山西大同市）。此亦泛指明京师西北地区。

③ 输诚：献纳诚心。谓归顺，降服。

④ 圣祖：此指明成祖朱棣。

⑤ 金台：指古燕都北京。

⑥ 西苑：在紫禁城西华门外，为皇家游憩之地。辽辟有瑶屿，金于海子中经营琼华岛，元又以海子、琼华岛为中心营建上苑，赐水名太液池，有广寒殿诸胜。至明，扩改太液池，辟南海，与北海、中海合称三海，命为西苑。

⑦ 南海子：明御苑。在京师外城永定门外。参见第182页第6则注释④。

⑧ 辇毂：皇帝的车舆。代指京师。

⑨ 天府国储：此指皇帝与太子。

⑩ 世戚巨珰：指皇亲国戚与有权势的宦官。

⑪ 郑卫：即郑卫之音。春秋战国时郑、卫两国的民间音乐。因不同于雅乐，儒家尝以"乱世之音"斥之。后亦泛指淫靡之乐。

⑫ 燕赵：指美女或舞女歌姬。《古诗十九首·东城高且长》："燕赵多佳人，美者颜如玉。"

⑬ 金吾：武官名。掌皇帝、大臣警卫、仪仗以及宫中、京城昼夜徼巡之事。参见第206页第3则注释⑦。

⑭ 下逮：犹逮下。谓恩威及于下人。

⑮ 天表：天子仪容。

⑯ 祗（zhī）聆：敬听。

⑰ 亲炙休光：谓亲受盛德的教育或熏陶。此指亲近皇帝。休光，盛美的光华，喻美德或勋业。

⑱ 第：但是。

⑲ 天坛：在明京师外城南永定门内、正阳门大街东侧（今北京市东城区永定门内大街东）。永乐十八年（1420）建，为皇帝祭天祈年之所。

⑳ 道纪：即道纪司。明置僧录司、道录司，掌天下僧道。《明史·职官志三》："在外府州县有僧纲、道纪等司，分掌其事，俱选精通经典、戒行端洁者为之。"故此处"道纪"，应作"道录"。道录

司设有左右正(正六品)、左右演法(从六品)、左右至灵(正八品)、左右玄义(从八品)、神乐观提点(正六品)、知观(从八品)等官。然神乐观乐舞并不隶属道录司,《职官志三》又曰:"神乐观掌乐舞,以备大祀天地、神祇及宗庙、社稷之祭,隶太常寺,与道录司无统属。"

㉑ 报国寺:此处或误。崇文门外十里并无报国寺,史志未见载。而宣武门外西南、广安门内有慈仁寺,乃成化中宪宗为孝肃周太后弟吉祥建,俗呼报国寺(在今北京市西城区广安门内大街)。寺内有毗卢阁,藏窑变观音一尊,又有两株奇松,皆为寺中之绝。

㉒ 长陵:明成祖朱棣及皇后徐氏合葬墓。在顺天府昌平州北(今北京市昌平区十三陵镇),为明帝十三陵之首。陵地原名黄土山,因长陵而改名天寿山。

8. 琉 球 国

琉球在海东南,前朝不通中国。我明洪武初,国分为三,有中山、山南、山北,称三王。遣使入贡,各赐镀金银印、文绮①。已而中山王察度遣子侄、陪臣子弟入国学。上喜,礼遇独优,赐闽人三十六姓善操舟者②,令往来朝贡。景泰中,中山尚思达并山南、山北,遣使入贡。上令三年一贡,贡无过百馀人。自察度五传至尚真嗣。嘉靖壬辰③,尚真卒,子尚清请嗣。上遣给事中陈侃、行人尚高澄以太牢祀真④,封清嗣王,赐王、妃冠服、锦币。至是,尚清卒,复遣二使往。国王出迎,向不敢居正殿,迨奉王命,始正位焉。王居在山巅,国门名欢会府。正殿大一十六间,稍刻绘禽兽草木。四围堑栅三重,环以流水,树棘为藩篱。府门上有层楼,奉神像,司刻漏⑤,然朴素无金璧之饰。国王平居以鸟羽为冠,饰以珠贝,缠身以锦绮。天使至⑥,加衮冕、被袍服,强衣冠而相接⑦,待以客礼。出则乘木兽,令左右舆之,导从百馀人。并日凡三视朝,群臣搓手膜拜,尊且亲者入殿坐饮酒,卑疏者移时长跪阶下。岁元旦、圣节、长至⑧,君臣冠冕拜龙亭,奉正朔也⑨。国在海岛中,上多山洞。国之王亲不与政,有四五统帅,统诸洞。首法司官,司刑名;次那灞港官⑩,司钱谷;次耳目官,司访问。皆土官,为武职,以上世及所辖地为姓名。其大夫、长史、通事官,司朝贡,为文职,皆三十六姓人及入中国国学者为之。至于诸洞之中,往往皆村落,各有鸟了帅分属⑪,并以善战有力相雄长,自相树立,主一村之事,而归命于国王。赋法君民各有分土,以为禄食。国无征敛,有事一取诸民,事已即休。用刑甚严,窃盗即刲劓⑫,诸多不法,临事取决而已。国无货殖⑬,不通商贾,惟鱼盐泛小艇入,朝贡始乘大舟,航海而来。俗无文字,入学中国,始陈奏表章,著作篇什,有华风焉。望月盈亏以记时,视草木荣枯以验岁。风土气候,与南相类。田宜稻粱禾黍,畜多牛豕野马。男子去髭黥首⑭,羽冠毛衣,妇女皆以纮绳缠发,从头盘绕至额。家饶裕者,瓦屋不过二三楹,馀皆茅土蔵盖,风雨飘摇而已。市用日本钱,以十当一。人无贵贱,皆骁健猛悍,甘劳苦,耐饥寒,不知医药,而无疾疫。兵甲坚利,射可二百步,进止有金鼓。邻国视为勍敌⑮。然好相攻击,度不能胜,辄剖腹自毙。人死,以中元前后日浴尸溪中⑯,缠以布帛,裹以苇草,葬埋于土。王亲贵族盛以木匣,置山穴内,外通小牖,岁时祭扫,必启视之。畏信鬼神,以妇人为尸⑰,号女巫,其魁曰女君,白日啸聚,动数百人,携枝戴草,骑步纵横,时入王宫亵狎嬉戏,一唱百和,声音凄惨,倏忽往来,莫可踪迹。冯附淫昏⑱,矫诬祸福⑲,王及世子、陪臣皆顿首拜跪于前,不为异也。(卷三《南夷纪》)

【注释】

① 银印:银制官印。　文绮:华丽的丝织品。

② 闽人三十六姓:洪武二十九年(1396),太祖为方便琉球贡使往来,赐闽中舟工三十六姓,迁居琉球那霸,建唐营。此三十六姓,专掌航海、造船、文书翻译及与中国贸易,为琉球所重,渐成望族,所聚居之地亦改称"久米"。

③ 嘉靖壬辰:指嘉靖十一年(1532)。

④ 太牢:祭祀时并用牛、羊、豕三牲,为极尊之礼。

⑤ 刻漏:古计时器。以铜为壶,底穿孔,壶中立一有刻度的箭形浮标,壶中水滴漏渐少,箭上度数即渐次显露,视之可知时刻。汉制,刻漏以一百二十为度。

⑥ 天使:天子使者。此指明廷使臣。

⑦ 衮冕:古代帝王及上公的礼服与礼冠。　袍服:古代官服。　强衣冠:意谓盛装。

⑧ 圣节:古代帝王生日为圣节。　长至:冬至节。

⑨ 正(zhēng)朔:谓帝王新颁历法。

⑩ 那瀛港:即那霸。琉球国都(今日本冲绳县首府)。

⑪ 乌了帅:琉球国村级首领。

⑫ 剕(fèi)劓(yì):古代酷刑。剕,断足。劓,割鼻。

⑬ 货殖:谓经商营利。

⑭ 黥首:古习俗,于额上刺字或图纹。

⑮ 勍(qíng)敌:强敌。

⑯ 中元:农历七月十五日。旧时道观于此日作斋醮,僧寺作盂兰盆会,民俗亦有祭祀亡故亲

人等活动。

⑰ 尸:古代祭祀时代死者受祭的人。

⑱ 冯附淫昏:谓附从沉迷。

⑲ 矫诬祸福:谓假托名义以言吉凶祸福。

9. 士 人 出 处

夫士人惟出处两途①,出则荦荦②,处则冥冥③,求志达道,无二义也。古称三不朽④,曰:太上立德,其次立功,其次立言。岂非出则树绩旗常⑤,处则阐明圣学⑥,而均之一禀于道德耶? 士非此三者,无以托于世而列于士君子之林矣。兼之者,其命世之豪杰乎⑦! 道德不足,则功业、文章亦足表见。若夫希世取容⑧,求为富贵利达而已,又何足比其数也⑨。(卷四《士人纪》)

【注释】

① 出处(chǔ):谓出仕和隐退。

② 荦荦(luò—):卓绝貌。

③ 冥冥:避世隐居之处。西汉扬雄《法言·问明》:"鸿飞冥冥,弋人何篡焉?"李轨注:"君子潜神重玄之域,世网不能制御之。"

④ 三不朽:谓立德、立功、立言。《左传·襄公二十四年》:"大上有立德,其次有立功,其次有立言,虽久不废,此之谓不朽。"

⑤ 树绩旗常:意谓建立功勋、封侯拜爵。旗常,旗与常。旗画交龙,常画日月,乃王侯旗帜。借指王侯。

⑥ 圣学:孔子之学。

⑦ 命世:著名于当世。

⑧ 希世取容:谓迎合世俗、取悦于人。

⑨ 比其数:意谓尽其天年。比,周遍。数,岁数。

10. 君 子 宋 濂

濂始见上于金陵①,问:"世乱奈何?"对曰:"愿明公不嗜杀人,天下可定。"除翰林学士,授太子经,请读真德秀《大学衍义》②。上立取览,悦之,令大书揭两庑壁。

累升侍读学士③,兼赞善大夫④。侍上多所陈说,直谅不务文饰。上喜曰:"卿可参大政。"对曰:"臣少无他长,徒以文墨议论事。一旦授职不效,有负陛下。"顿首力辞。上尝廷誉公曰⑤:"古人太上为圣,其次为贤、为君子。若濂,事朕十九年,口无毁言⑥,身无饰行⑦,宠辱不惊,始终无异,不谓君子乎?匪惟君子,抑可谓贤矣。"公尝自言曰:"古人为学,使心正身修,措之行事,俯仰无愧而已。繁辞复说,道之蔽也。"后致仕,居青萝山⑧,闭门著述,人罕睹其面。(卷四《士人纪》)

【注释】

① 濂:宋濂,字景濂,号潜溪,浦江(今属浙江金华市)人。参见第136页第11则注释②。

② 真德秀:字景元,后更字景希,世称西山先生,南宋浦城(今属福建南平市)人。庆元五年(1199)进士。累官翰林学士、知制诰,拜参知政事。其为学力倡朱熹,著有《西山读书记》《大学衍义》等。《大学衍义》四十三卷,主要阐明帝王为治之序,为学之本,以为"帝王之治未有不本诸身而达之天下者,然后知此书所陈,实百圣传心之要典"。

③ 侍读学士:明翰林院属官,从五品。参见第127页第1则注释③。

④ 赞善大夫:明初东宫官属。参见第211页第8则注释⑤。

⑤ 廷誉:在朝廷上称赞。

⑥ 毁言:诽谤之言。

⑦ 饰行:矫饰其行为。

⑧ 青萝山:在浦江县城东三十余里。

11. 止进珍异之兽

隆庆辛未①,余抚关中②。汉中解全白兔二③,欲余具表以进④。余以珍异之兽,目所未睹,宜详验真伪。且走兽之性,驯习甚难,畜养不易,况自陕至京,所经道路辽远,所过驿地繁费。乃檄司道勘验⑤,竟停止不进⑥。嗟乎!人臣工于媚悦,谓可转移上心,不知上心侈逸,遂亡警戒,不亦昧于责难匡救之道乎!(卷五《祥瑞纪》)

【注释】

① 隆庆辛未:指隆庆五年(1571)。

② 关中:古地域名。泛指函谷关以西战国末秦故地(今陕西中部平原)。此处代指陕西。

③ 汉中：明汉中府（治今陕西汉中市）。
④ 具表：撰写奏章。
⑤ 檄：此指发函。　司道：指省级行政机构布政使司、按察使司，以及派出机构分守道、分巡道。分守道由布政使司左右参政、左右参议充任，分巡道由按察使司副使、佥事充任，掌行省与府州县之间协调监察事宜。
⑥ 竟：终于；到底。

12. 四季花卉

初春水仙开①，金心玉质，俗呼金盏银台，翠带飘拂，幽香袭人。时梅花同放，红者色如杏，白者色如李，心微黄者曰玉蝶，蒂色青者曰绿萼，有蜜色者曰蜡梅，种种皆佳。次瑞香②，枝叶扶苏③，花朵茂密，表紫里白，香芬比麝尤清④。次幽兰二种⑤，皆出土产，一茎一花曰兰，一茎数花曰蕙。若闽种，一茎四五花，多至八九花，且叶长色青，优于土产，其香清远，出诸花上。时蔷薇满架，如红妆艳质，浓淡相间。杂以白荼蘼、黄棠棣⑥，尤堪把玩。惟牡丹名曰花王，大者盈尺，色有紫、有蔷薇红、有玉楼春、有小桃红，而粉红为常品。香气馥郁，闻数十步，叶柔而长，飘拂掩映，万花莫及。次芍药，草本，红紫白三色，较牡丹差小，而叶亦相类。昔人谓牡丹为木芍药，盖富丽芬芳，可当伯仲。粉团本团圞丛集⑦，状如白球，然素缟无香。杜鹃出闽中⑧，近四明亦有之⑨，俗名石岩，色若丹砂，树小花繁。松亦有花，色黄如粉，调蜜为饵，香鲜适口。蒼葡白质黄心⑩，香亦透露，但千叶不结实耳⑪。时黄萱发丛叶中⑫，一茎六七花，以次渐开，旬馀始尽，食之可以忘忧。继即夜合⑬，花朵甚大，形似辛夷⑭，白叶赤心，每薄暮吐香，氤氲满室。复有山丹、卷丹、莺粟、满园香⑮，争妍弄色，皆可娱目。入夏，石榴吐焰，深者如杜鹃，浅者若蔷薇，千叶者无实，单叶者有实，种同而异。凤仙色嫩花繁⑯，种种不一。蜀葵花草干高挺⑰，而花舒向日，有赤茎、白茎，有深红、有浅红，紫者深如墨，白者微蜜色，而丹心则一，故恒比于忠赤。莲花二种，一曰并头，一曰台莲。大异常品，不独绿叶亭亭，红花艳艳，而微风动摇，香芬馥馥入座，芳妍可爱。所谓混质污泥之中，擎鲜翠盖之上，可当花之君子。更有茉莉，馨香无比，花朵繁茂，妇女争摘取之，簪插盈头，渐次舒放，可供四五旬之赏。种出岭南，今赣亦渐多。入秋，芭蕉淅沥⑱，修干巨叶，扶苏飘荡，花发于心，色黄如蜜，取充适口，味甘如饴。时则桂花满树，次第开放，大约可半月许。每步庭前,不觉香满怀袖,采贮瓶中,则几席间皆馥郁矣。秋葵色蜜心赤⑲,干细叶稀,凡十馀节,花大而单叶。鸡冠高者数尺⑳,矮者数寸,大者、小者、直者、横者、尖细者、肥大者,间有白色,而赤者如脂,亦称艳丽。季月㉑,菊黄华时,草木皆落,非荣华之候。故言菊有明㉒,他无有也。然其种甚多,余每岁植之,童子之心不颛,不谙浇灌栽培之法,多不成花。善植者临期各遗数种,如梁氏蜜芍药,程氏金芍药,谈氏紫绣球、金宝相、醉杨妃、紫牡丹,潘氏紫鹤翎,江氏状元红、银芍药,约三十馀本。列延爽阁下㉓,勤灌以水,可供月馀清玩。虽花色鲜明,不似春花秾艳,然清幽芳逸,真隐君子之花也。入冬,山茶花发,红浅二色,大曰宝珠,单叶千叶,亦有二种,而更奇者,如玉清绝。惟梅花虬枝如铁,苔藓翠碧,点铺老干,其花红白皆有单叶千叶,而幽香妍媚,不减于霜雪之中。玉蝶、绿萼尤为妙品,其实味酸,虽千叶亦间有实,古充荐筵㉔,所谓干蘷是也㉕。菖蒲名荃㉖,亦分数种,虎须为上,金钱次之。又有香苗、台蒲、牛顶,挺秀庭阴,凡十馀盂,清香隐隐。时香苗一种,开花三四茎,人咸称异。因忆唐人诗云㉗:"君恩已去若再返,菖蒲开花日东转。"是谓菖蒲必无花也。余家连岁见之,岂足为异。然而四时常青,其色不改,是亦草中之松柏,历岁寒而不凋者与?(卷五《花木纪》)

【注释】

① 水仙:多年生草本植物。地下鳞茎作卵圆形,叶条形,伞形花序,花白色,中心黄色,有香味。供观赏,鳞茎与花可入药。

② 瑞香:亦称睡香。常绿灌木,叶为长椭圆形。春季开花,花集生顶端,有红紫色或白色等,有浓香。

③ 扶苏:应作"扶疏"。枝叶繁茂纷披貌。

④ 麝:麝香。雄麝脐部香腺中的分泌物。干燥后呈颗粒状或块状,作香料或药用。

⑤ 幽兰:兰花。

⑥ 白荼䕷(tú mí):今名重瓣空心泡。蔷薇科。落叶灌木,以地下茎繁殖。茎色绿,有棱,生刺。羽状复叶,小叶五片。春末夏初开花,花单生,大而色白,重瓣,有香气,不结实。 黄棠棣:又称棣棠。蔷薇科。落叶灌木。叶长椭圆状卵形,有重锯齿。春末夏初开花,花单生,色黄,单瓣或重瓣。

⑦ 粉团:又名绣球。忍冬科。落叶灌木或亚乔木,灰褐色树皮。叶宽卵形,对生,有三角状锯齿。春季开花,聚伞形花序,球状,色白而无香。 团圞(luán):圆貌。

⑧ 杜鹃:又名映山红。杜鹃花科。半常绿或落叶灌木,多分枝。叶互生,卵状椭圆形。春季

开花,簇生于枝端,花冠阔漏斗形,色红。

⑨ 四明:明宁波府旧称(治今浙江宁波市)。

⑩ 薝蔔(zhān·bo):梵语 Campaka 的音译,意译为郁金花。《本草纲目》卷三十六《木三·卮子》集解引苏颂曰:"今南方及西蜀州郡皆有之。木七八尺,叶似李而厚硬,又似樗蒲子。二三月生白花,花皆六出,甚芬香,俗说即西域薝蔔也。"

⑪ 千叶:枝叶繁多。 结实:结果。

⑫ 黄萱:即萱草。俗称金针菜、黄花菜。多年生宿根草本。叶丛生,狭长,背面有棱脊。花漏斗状,橘黄色或桔红色,无香。可作蔬菜,或供观赏。古人以为种植此草,可使人忘忧,因称忘忧草。

⑬ 夜合:又名夜香木兰。木兰科。常绿灌木或小乔木。叶革质,椭圆形。花球形、倒卵形,纯白色,春末夏初清晨开放,入夜即合,香味幽馨。

⑭ 辛夷:玉兰别称。木兰科。落叶乔木,高数丈,木有香气。花初出枝头,苞约半寸,尖锐如笔头,故俗称木笔;花开似莲而小如盏,红色或白色,有莲花、兰花香。

⑮ 山丹:又名细叶百合。百合科。多年生草本。叶条形,散生于茎中部。花单生,或数朵排成总状花序,鲜红或紫红色。 卷丹:百合科。多年生草本。叶披针形,散生。花被片披针形,下垂反卷,橙红色,含芳香油,可作香料。 莺粟:即罂粟。一年生草本。叶互生,裂片披针形或条状披针形。花蕾卵球形,有长梗,未开放时下垂。花单生,花瓣圆形或扇形,有白、红、紫诸色。果实可提取鸦片和多种镇静剂。 满园香:即九层塔。唇形科。一年生草本。叶对生,卵形或卵状披针形,边缘有疏锯齿。花轮伞花序顶生,唇形,呈多层塔状,故名。其茎、叶、花皆芳香。

⑯ 凤仙:俗称指甲花。一年生草本。茎粗壮而直立。叶互生,披针形或狭椭圆形,边缘有锐锯齿。花单生,色多样,有粉红、大红、紫、白等,花形翘然如凤状,故名。

⑰ 蜀葵花:锦葵科。二年生草本。茎直立,密被刺毛。叶近圆心形。花大,单生或近簇生,总状花序,花瓣呈倒卵状,有红、紫、白、黄、黑紫诸色。全草入药。

⑱ 芭蕉:原生琉球群岛。多年生草本,植株高大。叶长而宽,鲜绿有光泽。花序顶生,白色。果实似香蕉而味不及。

⑲ 秋葵:即黄秋葵。锦葵科。一年生草本。茎圆柱形而细长,疏生散刺。叶掌状,边缘具粗齿及凹缺。花单生于叶腋间,黄色。果实筒状尖塔形,可作蔬菜。

⑳ 鸡冠:苋科。一年生草本。单叶互生,卵形或卵状披针形。夏季开花,多为红色,呈鸡冠状,故名。

㉑ 季月:每季最后一月。此指秋九月。

㉒ 菊有明:意谓菊生命力旺盛。明,强盛,兴旺。南宋罗愿《尔雅翼》卷三《菊》:"季秋,草木皆成非荣华之时也,故言菊有明,他无有也。"

㉓ 延爽阁:或为张瀚家中楼阁。

㉔ 荐笾(biān):此指祭品。笾,古代祭祀和宴会时盛果脯的竹器。
㉕ 干蔂(lǎo):干梅。
㉖ 菖蒲:古称荃。天南星科。多年生水生草本,有香气。叶狭长似剑。肉穗花序呈锥状圆柱形,淡黄色。全草入药。民间在端午节常用来与艾叶扎束,挂于门前。菖蒲有不同品种,如下文之香苗、台蒲、牛顶等。
㉗ 唐人:此指唐诗人张籍。下引为其《白头吟》诗中句,然文字有异,诗曰:"君恩已去若再返,菖蒲花开月长满。"见《张司业集》卷二。

13. 小邑异才

胡端敏为诸生①,寄籍昌化②。督学使得公卷③,奇之,曰:"小邑安得有此异才!"乃批云:"草里灵芝,鸟中丹凤。"后询知为仁和人,乃曰:"吾固知非此中士。"因期以解首④。胡云:"尚不如姚江之王守仁⑤。"督学云:"王亦可首。"又云:"尚不如天台之秦文⑥。"督学云:"此小有才,不能大用也。"后秦举第一,胡第二,王第六。后秦无建立,王执宸濠,封新建伯,胡豫发宸濠奸,位至大司马⑦。何先达知人,预料不爽如此。谓观文可以知人,信矣。(卷六《盛遇纪》)

【注释】

① 胡端敏:胡世宁,字永清,号静庵,仁和(今浙江杭州市)人。弘治六年(1493)进士。性刚直,不畏强御,且知兵。以德安推官迁南京刑部主事,后迁江西副使,疏论宁王宸濠逆反状,系锦衣狱,减死戍辽东。宸濠平,起为湖广按察使,累官至兵部尚书。嘉靖八年(1529),以疾乞归。明年卒,年六十二。谥端敏。

② 昌化:明杭州府昌化县(今浙江杭州市临安区昌化镇)。

③ 督学:明提督学校官。参见第225页第6则注释⑥。

④ 解(jiè)首:解元。明清两代称乡试第一名的人。

⑤ 王守仁:字伯安,馀姚(今属浙江宁波市)人。参见第246页第8则注释①。姚江,馀姚境内水名,亦代指馀姚。

⑥ 秦文:字从简,临海(今属浙江台州市)人。弘治五年(1492)乡试第一,明年举进士,授行人。正德中,迁刑部主事,谳狱精明,刘瑾竟不能害。迁贵州提学副使,改陕西。两督学政,以抑奔竞、斥浮薄为先。迁河南布政司左参政,因睹河洛居民凋敝,武宗巡游无度,遂告病归。

⑦ 大司马:明以称兵部尚书。

14. 先祖宽仁

两祖一夕夜归①,觉神阁有声②,燃灯照见一偷儿藏身其上。祖遽呼曰:"何事误登吾阁!"接以梯,令下,慰曰:"无恐。"袖有数铢金,取而授之,开户放出。吾族人每传诵此事。乡邻有横暴者,偶事相参差③,向暮吾祖在门④,其人蓬跣相过⑤,厉声詈⑥,态极狠恶。家僮愤恨不平,欲共击之。祖严拒禁之,立听恶声渐息始入。或问之,曰:"吾进内,群仆必殴之。昏夜愤击,生死莫测。吾甘受其辱,不与之较,彼自快心消气矣。"后其人果悔,偕二三父老来谢,一笑而释。(卷六《先世纪》)

【注释】

① 两祖:作者在本书中记其祖父辈事,见有毅庵祖、质庵祖。
② 神阁:供神像或祖宗牌位的木阁。
③ 参差(cēn cī):不一致;矛盾。
④ 向暮:傍晚。
⑤ 蓬跣(xiǎn):蓬头跣足。谓头发蓬乱、赤脚行走。
⑥ 詈(lì):骂;责备。

15. 权臣亦有恭谨可嘉者

故锦衣陆炳①,都督松之子也。松故兴国卫士,传其妻有阿母保护功②。松殁,上命炳代父掌卫事,亦授都督,寻加师保③,宠幸无比。岁戊午④,余往次铨曹⑤,陆遣使者一二辈远迎。余曰:"误矣。吾与乃公生平无半面之识,何故来迎?"使者曰:"不误。"往复主命,即扫除舍馆以待矣。迨入京,陆即过访,厚馈饮食。余曰:"仆素无交谊,足下遇之何厚也?"陆曰:"若非能知公,因公故人五台知之⑥。"余曰:"五台于魏郡相与善⑦,故谬称许。足下何信之深也?"陆曰:"五台刚直,不轻许可,每论议时务,必称引公以为法程⑧。仆企慕久矣,不意今日得望见颜色,以慰生平也。"自后数数过访,执礼甚恭。后余补官西蜀,道经承天⑨,会陆有父丧,愧无以答其意,为文奠之。后陆殁,为时宰相倾,籍没,其子亦逮系。余柄铨朝审⑩,始释其子。盖陆方宠贵,权倾中外,搢绅咸侧目⑪,余以折节礼下士夫⑫,其恭谨有可嘉者。

且当世庙时⑬,每逮搢绅下锦衣鞫讯,或诏谴廷杖,彼皆缓刑以俟上怒之解,赖其保全者甚众,不可谓无功于搢绅也。时亦以余言为公论云。(卷七《权势纪》)

【注释】

① 陆炳:其先平湖(今属浙江嘉兴市)人。父松袭锦衣卫职,侍从兴献王于安陆,选为仪卫司典仗。世宗入承大统,松以从龙恩迁锦衣副千户,累官后府都督佥事、协理锦衣卫事。松妻为世宗乳媪。炳幼即从母入宫中,稍长日侍左右。嘉靖八年(1529),举武会试,授锦衣副千户,进指挥使掌南镇抚司事。十八年,从帝南幸,次卫辉,夜四更行宫失火,炳负帝出,自是受宠,累迁都指挥同知。后结严嵩,屡致冤狱,陷害夏言、仇鸾等大臣。三十九年,卒于官。赠忠诚伯,谥武惠。隆庆初(1567),御史追论炳罪,削秩籍其产。万历三年(1575),张居正等以其救驾功奏免。

② 阿母:乳母。 保护:保育养护。

③ 师保:古为辅弼帝王、教导王室子弟的官,有师有保,统称"师保"。隋唐以后,为最高品级虚衔三师、三公或三公、三孤之一,如"太师""太保""少师""少保"等,多为勋戚及文武大臣之加官、赠官。

④ 岁戊午:指嘉靖三十七年(1558)。

⑤ 往次铨曹:意谓赴吏部依次接受选授(官职)。铨曹,掌管官员选拔的部门。明代为吏部文选清吏司。

⑥ 五台:陆光祖,字与绳,号五台居士,平湖(今属浙江嘉兴市)人。嘉靖二十六年(1547)进士,除浚县知县。历南京礼部主事,以严讷荐为吏部验封、考功、文选郎中,秉持公义,汲引人才,为讷所重。迁太常少卿,遭忌被劾,坐落职闲住。隆庆初复起,就进大理寺卿,半道丁父艰归。万历五年(1577),起故官。张居正以夺情杖言者,光祖遗书规劝之。累官至吏部尚书。二十年,会推阁臣,首光祖名,光祖力求去,许驰驿。在籍五年卒,年七十七。赠太子太保,谥庄简。

⑦ 魏郡:古郡名。此代指明直隶大名府(今属河北邯郸市)。大名,古为魏郡地,故称。时张瀚为大名知府,陆光祖为大名府浚县(今河南鹤壁市)知县,因而"相与善"。

⑧ 法程:犹效法。

⑨ 承天:世宗父兴献王朱祐杬封地安陆州(治今湖北荆门市钟祥市)。世宗即位,尊其父为兴献帝,又于嘉靖十年(1531)升安陆州为承天府,以与顺天府、应天府并称。十八年,又定其名为兴都,建兴都留守司,改荆州左卫为显陵卫,地位与凤阳同。

⑩ 柄铨:掌管吏部。 朝审:明代由朝廷召集大臣复审死刑案件的一种制度。

⑪ 搢绅:插笏于绅。绅,古代官宦或儒者围于腰际的大带。后代指官宦或儒者。

⑫ 折节:谓屈己下人。

⑬ 世庙:即世宗。嘉靖皇帝朱厚熜庙号。

16. 游震得清介

游公震得①,徽之婺源人。少家贫,樵采山中,年几三十,始奋志经史。以戊戌成进士②,扬历中外③,以清介特闻④。余参藩闽中⑤,游为右辖⑥,一见欢若平生,出肺腑,忘形骸。然刚毅峭直,不谐俗侣⑦。居常负气节,高自许可。尝曰:"士人驰驱王事,当如家事,利害死生以之可也⑧。若荣身肥家,余耻不为。"尝面折人过。时左辖㥄懦不任事⑨,昼寝室中,游往叱之曰:"当此盗贼纵横,地方荆棘之日,岂汝高枕肆志之秋耶!"左辖颦蹙曰⑩:"何事相迫乃尔!"游侧目视之,一哂而去。尝谒刘抚台⑪,以出剿无功,辄曰:"何为不胜?"刘曰:"以兵多贼少而遁。"后再出无功,辄又曰:"何复不胜?"刘曰:"以贼多兵少而败。"游曰:"如公言,安得兵贼相当,始称胜哉?"刘曰:"休矣,俟公他日图之耳。"后游果代刘抚闽。以空刺投时宰⑫,时宰责其馈遗不至,衔之⑬。公曰:"吾生平无私馈,岂以今日重失一抚臣哉!"竟以罢闲去。(卷七《忠廉纪》)

【注释】

① 游震得:字汝潜,婺源(今属江西上饶市)人。嘉靖十七年(1538)进士,由行人入为科道官。时世宗好方士言,公卿多以祝釐进,震得独昌言其失,上震怒,廷杖外补。后官至左副都御史巡抚福建。四十一年,倭寇陷兴化府,震得以失职罢。归创虹东书院,讲学其中。著有《让溪甲集》《让溪乙集》等。

② 戊戌:指嘉靖十七年(1538)。

③ 扬历:谓仕宦所经历。《三国志·魏志·管宁传》:"优贤扬历,垂声千载。"裴松之注:"《今文尚书》曰'优贤扬历',谓扬其所历试。"

④ 清介:清正耿直。

⑤ 参藩:指行省布政使司左右参政或参议。

⑥ 右辖:借指右布政使。

⑦ 俗侣:指尘世间友人。

⑧ 利害死生以之:用《左传·昭公四年》"苟利社稷,死生以之"语意,谓只要有利于国家的事,就不顾生死地去做。苟,假如;只要。以,用,做。

⑨ 㥄懦:畏怯软弱。㥄,同"懔"。

⑩ 颦蹙(pín cù):皱眉蹙额。形容忧愁不乐。

⑪ 刘抚台：刘焘，时任福建巡抚。参见第295页第6则注释⑥。
⑫ 空刺：谓仅以名刺拜谒上级，不送礼物。　时宰：当朝宰相。
⑬ 衔：怀恨。

17. 世俗节日

七夕织女渡河①，诣牵牛所②，其说肇于汉武帝。中秋玩月，肇于唐明皇。九日登高③，肇于汉桓景④。今世俗七夕妇女陈瓜果于几筵，望月穿针以为乞巧⑤，不知何昉⑥。中秋供月以饼，取团圆之象，遂呼月饼。九日食栗糕，取登高之意。古人佩茱萸⑦，饮菊花酒，皆时物也。白乐天诗云⑧："移坐就菊丛，糕酒前罗列。"自昔然矣。七月望祀⑨，释家谓之盂兰斋⑩，俗云鬼节，谓地狱放假五日，则矫饰甚矣。时民间翦纸为花，燃硝磺为灯，以木板泛于湖上，多至数百，夜望如星，亦足娱目。中秋泛湖，招邀良朋胜友，举觞把玩，甚畅幽怀。夜凉人静，月色湖光，上下澄澈如洗。当此之时，击楫浩歌，心神飞越，曾不知天之高、地之下，悠然乐而忘人世矣。即有蓬壶三岛⑪，何以过之？重九登城南吴山⑫，则前望大江，后眺西湖，此身已在九天之上。下视城坪，民居如曲房窈窕⑬，楼观错杂，不可穷览。陟紫阳之巅⑭，则怪石奇窟，深奥巉岩，可喜可愕。东望越山⑮，若俯而伏、卑而下也。稍北则龛、赭二山之中⑯，沧海渺茫，杳不知所之矣。（卷七《时序纪》）

【注释】
① 七夕：农历七月初七日之夕。民间传说，牛郎、织女每年于此夜在天河相会。　织女：即织女星。织女与其附近两个四等星，成一正三角形，合称织女三星。后衍化为神话人物。唐韩鄂《岁华纪丽·七夕》："七夕鹊桥已成，织女将渡。"原注引《风俗通》："织女七夕当渡河，使鹊为桥。"
② 牵牛：即河鼓。星座名。俗称牛郎星。后衍化为神话人物。《月令广义·七月令》引南朝梁殷芸《小说》："天河之东有织女，天帝之子也。年年机杼劳役，织成云锦天衣，容貌不暇整。帝怜其独处，许嫁河西牵牛郎，嫁后遂废织纴。天帝怒，责令归河东，但使一年一度相会。"
③ 九日：农历九月初九日重阳节。古以九为阳数之极，九月九日故称"重阳"。魏晋后，习俗于此日登高游宴。
④ 桓景：传说中东汉汝南人。南朝梁吴均《续齐谐记》："汝南桓景随费长房游学累年。长房谓曰：'九月九日，汝家中当有灾，宜急去，令家人各作绛囊盛茱萸以系臂，登高饮菊花酒，此祸可

除。'景如言,齐家登山。夕还,见鸡犬牛羊一时暴死。长房闻之,曰:'此可代也。'今世人九日登高饮酒,妇人带茱萸囊,盖始于此。"

⑤乞巧:旧俗,农历七夕妇女在庭院向织女星乞求智巧,称为"乞巧"。南朝梁宗懔《荆楚岁时记》:"七月七日为牵牛织女聚会之夜。是夕,人家妇女结彩缕,穿七孔针,或以金银鍮石为针,陈瓜果于庭中以乞巧。有喜子网于瓜上,则以为符应。"喜子,即蟢子,一种长脚小蜘蛛。

⑥何昉:谓始于何时。昉,始。

⑦茱萸:落叶灌木或小乔木。开小黄花,果实椭圆形,色红。香气辛烈,可入药。旧俗,重阳日佩茱萸以祛恶辟邪。

⑧白乐天:唐诗人白居易。下引诗句见白居易《九日登西原宴望》(《白氏长庆集》卷六)。句中"移坐"在白《集》中为"移座"。

⑨七月望祀:指农历七月十五日祭祀。即中元节。参见第299页第8则注释⑯。

⑩盂兰:即盂兰盆。梵语 Ullambana 的音译,意译为救倒悬。旧传目连从佛言,于七月十五日置百味五果,供养三宝,以解救其亡母于饿鬼道中所受倒悬之苦。见《盂兰盆经》。

⑪蓬壶三岛:古代传说中的海上仙山。东晋王嘉《拾遗记·高辛》:"三壶则海中三山也。一曰方壶,则方丈也;二曰蓬壶,则蓬莱也;三曰瀛壶,则瀛洲也。形如壶器。"

⑫吴山:在杭州城内西南隅。

⑬曲房:内室;密室。　窈窕:深远貌;秘奥貌。

⑭紫阳:山名。在杭州城南,吴山东南。山上多奇穴怪石。南宋时列为禁山。元时建有紫阳庵,因以名山。

⑮越山:此泛指钱塘江南岸诸山。

⑯龛、赭:龛山与赭山。在杭州城东。古时两山夹江对峙,今均在钱塘江南岸。

18. 宗室才俊

余尝经晋之蒲州①,会襄垣王西轩者②,年七十馀矣。见其二子,曰三峰、曰四峰,宴会中慨慷谈时务,上下今古,皆凿凿可行③,惜置之无用耳。使国家开入仕之禁④,俾得展其经画⑤,非汉向、唐勉、宋汝愚之流亚乎⑥?寻会山阴王龙田者⑦,质实好古,被服检身,一如儒者。其子元峰丰资异常,雅善诗文,喜为议论,多招致远方英俊,此何减东平乐善⑧、河间好贤⑨。使国家赐诏褒嘉,或授宗正之职⑩,以风励宗人,亦鼓舞之一机也。(卷八《宗藩纪》)

【注释】

① 蒲州：明平阳府蒲州县（治今山西运城市永济市蒲州镇）。

② 襄垣王：始封朱逊焴，代简王朱桂第五子，太祖孙。永乐二十二年（1424）封，别城蒲州，天顺六年（1462）薨。逊焴嫡长子仕壉袭封，后犯十恶，取赴京，囚死，子孙俱为庶人，不得承袭。成化十七年（1481），由逊焴第二子安惠王仕坯袭封，仅一年而薨。二十一年，仕坯嫡长子成鎔袭封，隆庆二年（1568）薨。明年，请袭封，廷议仕坯冒兄爵，不准承袭，子孙依世次降，封辅国中尉奉祀。据此，本则"襄垣王"当指朱成鎔。"西轩"或为其别号。

③ 凿凿：确实。

④ 入仕之禁：明宗室制与前代有较大不同。汉晋宗藩裂土临民，犹独立藩国；唐宋宗室不胙茅土，其贤能者皆策名仕籍，自致功业。有明诸藩，分封而不锡土，列爵而不临民，食禄而不治事，且不可参与四民（士农工商）之业，世袭罔替。此制奠定于洪武初年，完善于永乐年间。

⑤ 经画：经营筹划。

⑥ 汉向：西汉刘向。本名更生，字子政，沛（今江苏徐州市沛县）人。参见第258页第5则注释⑬。向为楚元王刘交四世孙。入仕，历谏大夫、宗正、光禄大夫，官至中垒校尉。　唐勉：唐朝李勉。字玄卿，郑惠王李元懿曾孙。大历中，累迁工部尚书，封汧国公，又出为永平军节度使兼汴宋节度使。德宗即位，加同平章事、检校左仆射、汴宋滑亳河阳等道都统。建中四年（783），勉为李希烈所败，失汴州，召入为司徒平章事，寻罢。贞元四年（788）卒，年七十二。赠太傅，谥贞简。　宋汝愚：宋朝赵汝愚。字子直，汉恭宪王赵元佐七世孙，居饶之馀干县（今属江西上饶市）。乾道二年（1166）进士第一，授秘书省正字，迁著作郎。历知信州、台州、江西转运判官、成都府等。光宗即位，进敷文阁学士、知福州，俄召为吏部尚书，除知枢密院事。庆元初（1195），为韩侂胄以同姓不宜居相位所诬，罢相出知福州，再贬永州，病作暴卒于道。侂胄败，尽复原官，赐谥忠定，赠太师，追封沂国公。理宗时，诏配享宁宗庙庭，追封福王，又进封周王。

⑦ 山阴王：始封朱逊煁，代简王朱桂第四子，太祖孙。永乐二十二年（1424）封，别城蒲州，成化三年（1467）薨。六年，逊煁庶长子仕堸袭封，弘治十六年（1503）薨。正德元年（1506），仕堸嫡长子成鐾袭封，嘉靖十四年（1535）薨。十六年，成鐾嫡长子聪㵢袭封，三十四年薨。三十七年，聪㵢嫡长子俊栅袭封，万历三十一年（1603）薨。本则"山阴王"当指朱聪㵢。"龙田"或为其别号。

⑧ 东平：指东汉东平王刘苍。光武帝子，明帝同母弟。建武十五年（39）封东平公，十七年进爵为王。少好经书，雅有智思。为人美须髯，腰带十围。明帝甚爱重之，及即位，授以骠骑将军，置长史掾史员四十八人，位在三公之上。永平中，修礼乐，定制度，苍皆主其事。帝每巡狩，苍常留镇。还国，帝临送凄然怀思，尝问："处家何等最乐？"苍曰："为善最乐。"帝以为其言甚大，副是腰腹。在王位四十五年薨，谥宪王。见《后汉书·东平宪王苍传》。

⑨ 河间：指西汉河间王刘德。景帝子，武帝异母兄。景帝前元二年（前154）封王。修学崇古，实事求是，广纳儒士，收集民间善书，所得皆古文先秦旧本，如《周官》《尚书》《礼记》《孟子》

《老子》等,并立《毛诗》《左氏春秋》为博士。在王位二十六薨,谥献王。见《汉书·河间献王德传》。

⑩ 宗正:掌皇族事务之官。汉魏以后,皆由皇族充任。明置宗人府,设宗人令一人、左右宗正各一人、左右宗人各一人,并正一品。掌皇九族之属籍,以时修其玉牒,书宗室子女適庶、名封、嗣袭、生卒、婚嫁、谥葬之事。凡宗室陈请,为闻于上,达材能,录罪过。明初置大宗正院,洪武二十二年(1389)改宗人府,并以亲王领之。

广志绎

[明] 王士性

《广志绎》六卷,明王士性撰。士性字恒叔,号太初,元白道人,临海(今属浙江台州市)人。万历五年(1577)进士,授确山知县,擢礼科给事中。首陈天下大计,上朝廷要务等四疏,凡数千言,深切时弊,多议行。又劾杨巍阿附辅臣申时行有失大臣谊,迁吏科。后以忤旨出为四川参议,调广西,复为云南副宪,山东参议,官至南京鸿胪寺卿。二十六年卒于官,年五十二。

士性游宦各地,足迹遍及两京十二省。每至一地,即广事搜访,悉加考证,赋诗作图笔记,纂成《五岳游草》《广游志》。晚年则追绎旧闻,以补未及,撰《广志绎》,凡山川险易、民风物产、方言饮食之类,巨细兼载,亦间附议论。故是书不止可资谈助,亦于经世致用大有裨益,使有志者得窥天下利病。

选文标题为编者所拟。

1. 古今疆域

古今疆域,始大于汉,最阔于唐,复狭于宋,本朝过于宋而不及于唐。江南诸省,咸自汉武帝伐南越始通中国①,而闽越、瓯越、於越以次归附②,西粤则其西路进兵之地也③。唐全有汉地,分天下为十道、十五采访使④,南北万里,东西万七千里,州府三百五十八,县一千五百五十一。又有通四夷羁縻路⑤,一曰营州⑥,入安东⑦;二曰登州⑧,海行入高丽、渤海道⑨;三曰夏州⑩,塞外通大同、云贵道⑪;四曰中受降城⑫,入回鹘道⑬;五曰安西⑭,入西域道;六曰安南⑮,通天竺道⑯;七曰广州⑰,通海夷道。故东至安东,西至安西,共府州八百五十六。宋北失燕云、山前、山后十五城于辽⑱;西北失银、夏、灵、盐四城,甘、凉、鄜、廓七城于元昊⑲;西失松、叠十一城于羌⑳;西南失滇云全省于段氏㉑。本朝北弃千里之东胜㉒,南弃二千里之交趾㉓,东北弃五百里之朵颜三卫㉔,西北弃嘉峪以西二千里之哈密㉕。若元人兼有沙漠,六朝偏安江左,其广狭又不在此内。(卷一《方舆崖略》)

【注释】

① 南越:国名。秦始皇三十三年(前214),秦将任嚣、赵佗率军南下攻占岭南,设南海、桂林、象三郡。秦末,中原大乱,赵佗代任嚣为南海郡尉。未几,佗并三郡而建南越国,自称"南越武帝",都番禺(今广东广州市)。汉初,臣服于朝,封南越王。元鼎六年(前111),汉武帝命伐南越,讨平之。其国历四主而亡。

② 闽越:古越族一支。其首领无诸相传为越王勾践后裔,自称"闽越王"。秦时废为君长,其地划入闽中郡。后助汉灭秦有功,于汉高祖五年(前202)复立为闽越王,都东冶(今福建福州市)。其势渐盛,攻东瓯,击南越。然内部又分出东越(东粤)。元鼎六年,汉武帝平南越、东粤,将部分闽越族人徙至江淮间,渐与汉族融合。 瓯越:又称东瓯。古越族一支。其首领摇相传亦为越王后裔。尝助汉灭项羽,汉惠帝时受封为东海王,都东瓯(今浙江温州市)。后渐与汉族融合。 於越:古越族一支。其首领为越王勾践,都会稽(今浙江绍兴市)。春秋末,曾为吴王夫差所败,卧薪尝胆,于周元王三年(前473)灭吴,称霸江淮。周显王三十六年(前333)为楚所并,部分族人流徙浙闽一带。汉武帝时,其族人又被迫徙于江淮,渐与汉族融合。

③ 西粤:明时称广西为西粤。

④ 道:唐行政区划名。唐太宗时分天下为十道,唐玄宗时又增至十五道。 采访使:唐开元二十一年(733),分全国为十五道,每道置采访处置使,掌检查刑狱及监察州县吏治。唐肃宗时改

为观察处置使。

⑤四夷:古代华夏族对四方少数民族的统称。含轻蔑之意。四夷为东夷、西戎、南蛮、北狄。 羁縻:谓笼络使不生异心。唐于边远少数民族地区设置羁縻都护府、都督府、州、县四级行政机构,共八百多个。由朝廷任命各族首领为都护、都督、刺史、县令,世袭,受都护府、边州都督府或节镇统辖。各府州户籍、赋税一般不入户部。

⑥营州:唐河北道营州,治柳城(今辽宁朝阳市)。

⑦安东:唐安东都护府。总章元年(668),唐灭高句丽,置安东都护府于平壤,以统辖其地及辽东半岛。唐高宗上元三年(676),因渤海与契丹势兴,府治迁辽城(今辽宁辽阳市)。仪凤二年(677),又迁新城(今辽宁抚顺市)。万岁通天元年(696),辽西契丹反唐,安东与内交通断绝。开元二年(714),府治内迁至平州卢龙(今属河北秦皇岛市)。天宝二载(743),复迁辽西故郡城(今辽宁锦州市义县)。平安史之乱后,唐肃宗上元二年(761),废安东都护府。

⑧登州:唐河南道登州,治蓬莱(今属山东烟台市)。

⑨高丽:朝鲜古称。参见第25页第18则注释⑤。 渤海:唐藩属国。武周圣历元年(698),由靺鞨粟末部所建,初称震国。玄宗先天二年(713),唐朝廷封其国主大祚荣为左骁卫大将军、渤海郡王,设忽汗州,加授大祚荣为忽汗州都督,改称渤海。最盛时辖境有五京十五府六十二州,其上京为龙泉府(今黑龙江牡丹市宁安市西南渤海镇)。后为辽所灭。

⑩夏州:唐关内道夏州,治朔方(今陕西榆林市靖边县红墩界镇白城则村北)。

⑪大同:隋防御突厥所筑城,唐改称永济栅或永清栅(在今内蒙古巴彦淖尔市乌拉特前旗北)。为进入单于都护府主要通道。 云贵:此指唐单于都护府(治今内蒙古呼和浩特市和林格尔县西北土城子)。唐龙朔三年(663),改瀚海都护府为云中都护府,统领南突厥所降诸部。麟德元年(664),再改名为单于都护府,辖呼延、云中、定襄、桑乾四都督府。

⑫中受降城:唐为抗击突厥,沿黄河北岸、阴山南麓所筑三座受降城之一。三受降城即东受降城(在今内蒙古呼和浩特市托克托县南)、中受降城(在今内蒙古包头市西南)、西受降城(在今内蒙古巴彦淖尔市乌拉特中旗西南)。

⑬回鹘:亦作"回纥"。古族名。参见第12页第6则注释⑩。

⑭安西:唐安西都护府。贞观十四年(640)平高昌后置,治西州(今新疆吐鲁番市东南高昌故城)。二十二年取龟兹,又移治龟兹国城(今新疆阿克苏地区库车县东),统辖安西龟兹、疏勒、于阗、焉耆(一说"碎叶")四镇。后与吐蕃争战,治所往复迁移于西州、龟兹、碎叶(今吉尔吉斯斯坦托克马克附近)间。安史之乱后,唐朝势力迅速削弱,安西之地遂为大食、吐蕃吞并。

⑮安南:唐安南都护府。调露元年(679),改交州都督府置,治宋平(今越南河内市)。由交州刺史充都护。至德二载(757)改名镇南都护府,永泰二年(766)又改安南都护府。大中后,所辖北境渐入南诏,府治尝迁海门镇(今越南海防市安阳北)。收复旧治后置静海军节度使,以节度使兼领都护。五代时,由当地首领充任节度使,其地臣属于南汉。南汉灭,遂废弃。

⑯ 天竺：古印度别称。时分东、西、南、北、中五天竺国。《新唐书·西域传上》："天竺国，汉身毒国也，或曰摩伽陀，曰婆罗门。去京师九千六百里，都护治所二千八百里。居葱岭南，幅圆三万里，分东、西、南、北、中五天竺，皆城邑数百。南天竺濒海，出师子、豹、貒、橐它、犀、象、火齐、琅玕、石蜜、黑盐。北天竺距雪山，圜抱如壁，南有谷，通为国门。东天竺际海，与扶南、林邑接。西天竺与罽宾、波斯接。中天竺在四天竺之会，都城曰茶镈和罗城，滨迦毗黎河。有别城数百，皆置长；别国数十，置王。"

⑰ 广州：唐岭南道广州，治南海（今广东广州市）。

⑱ 宋北失燕云句：指五代后唐末年，石敬瑭乞兵于契丹，灭后唐，建后晋，将燕云十六州割让给契丹。后周显德六年（959），从辽收复十六州中的瀛、莫二州，为后周北部边境。北宋沿之。故实有十四州不属于北宋领土。十六州中，幽、蓟、瀛、莫、涿、檀、顺七州在太行山北支东南，故称"山前"；云、儒、妫、武、新、蔚、应、寰、朔九州在太行山西北，故称"山后"。

⑲ 西北失银、夏两句：宋初，党项贵族跖拔氏附宋自立，号大夏，宋赐姓赵氏。后又附辽抗宋，由辽册封夏王。北宋明道元年（1032），元昊继夏王位，始建年号"显道"。北宋宝元元年（1038），元昊称帝，都兴庆府（今宁夏银川市）。宋称之为西夏。此后，宋、辽、夏形成鼎峙局面。西夏最盛时辖二十二州，东部有银、夏、盐、宥、石、龙、洪七州，中部有兴、灵、怀、静、顺、定、韦七州，西部有凉、甘、肃、瓜、沙五州，其鄯、廓、湟三州则为吐蕃所占。

⑳ 松、叠：唐剑南道松州，治嘉诚（今四川阿坝州松潘县）；陇右道叠州，治合川（今甘肃甘南州迭部县）。两地均在唐中期入于吐蕃。

㉑ 段氏：即大理国王。大理国，五代后晋天福三年（938），由通海节度使白族段思平所建，都羊苴咩城（今云南大理州大理市大理镇）。至宋，段氏尝受封为云南节度使、大理国王。南宋宝祐二年（1254），蒙古军攻大理，其末主段兴智降，国灭。元至元十三年（1276），置云南行省，段氏任为世袭总管。

㉒ 东胜：元属中书省河东山西道宣慰司大同路东胜州（治今内蒙古呼和浩特市托克托县）。明初置东胜右卫。景泰后，其地入于蒙古鞑靼诸部。

㉓ 交趾：即安南国。参见第68页第8则注释②。明永乐五年（1407），平安南，置交趾省，辖十五府四十一州。宣德二年（1427），复独立建国。

㉔ 朵颜三卫：洪武二十二年（1389），明廷在大兴安岭以东蒙古兀良哈部、翁特牛部、乌齐叶特部分设朵颜、泰宁、福馀三卫，授封首领及各级官职，以安畜牧，统称朵颜三卫或兀良哈三卫。泰宁卫驻牧地为屈裂儿河（今内蒙古兴安盟境归流河）、塔儿河（今吉林白城市境洮儿河）流域，朵颜卫驻牧地为戮儿河（今内蒙古呼伦贝尔市、兴安盟境绰尔河）流域、朵颜山（在今内蒙古兴安盟扎赉特旗内）一带，福馀卫驻牧地为脑温江（今黑龙江齐齐哈尔市境嫩江）、福馀河（今黑龙江齐齐哈尔市境乌裕尔河）流域。三卫驻牧地亦统称兀良哈地区。三卫既立，未久即叛，联合鞑靼诸部屡乱北境。永乐间，成祖尝五次亲征。参见第164页第1则注释⑫。宣德末，三卫南下，

夺取大宁(今内蒙古赤峰市宁城县)。自此,长城以北不复为明地。

㉕ 哈密:即哈密国。初为明藩属国,正德时为土鲁番所并。参见第218页第1则注释①。

2. 江南彬彬乎盛矣

江北山川夷旷①,声名文物所发泄者不甚偏胜②;江南山川盘郁③,其融结偏厚处则科第为多,如浙之馀姚、慈溪④、闽之泉州⑤、楚之黄州⑥、蜀之内江、富顺⑦、粤之全州、马平⑧,每甲于他郡邑。然文人学士又不拘于科第处,尝不择地而生。即如国初,刘伯温以青田⑨、宋景濂以浦江⑩、方逊志以宁海⑪、王子充以义乌⑫,虽在江南,皆非望邑。其后,李献吉以北地⑬、何大復以信阳⑭、孙太初以灵武⑮、李于鳞以历下⑯、卢次楩以濮阳⑰,皆在江北。然世庙以来⑱,则江南彬彬乎盛矣。(卷一《方舆崖略》)

【注释】

① 夷旷:平坦而宽阔。

② 声名文物:亦作"声明文物"。谓文明教化与典章制度。语本《左传·桓公二年》:"文物以纪之,声明以发之。" 发泄:此指发明创造。

③ 盘郁:曲折幽深貌。

④ 馀姚:明绍兴府馀姚县(今浙江宁波市馀姚市)。 慈溪:明宁波府慈溪县(今浙江宁波市江北区慈城镇)。

⑤ 泉州:明泉州府(治今福建泉州市)。

⑥ 黄州:明黄州府(治今湖北黄冈市)。

⑦ 内江:明成都府内江县(今四川内江市)。 富顺:明叙州府富顺县(今属四川自贡市)。

⑧ 全州:明桂林府全州县(今属广西桂林市)。 马平:明柳州府马平县(今广西柳州市)。

⑨ 刘伯温:刘基,字伯温,青田南田(今属浙江温州市文成县)人。参见第368页第4则注释①。

⑩ 宋景濂:宋濂,字景濂,浦江(今属浙江金华市)人。参见第136页第11则注释②。

⑪ 方逊志:方孝孺,字希直,一字希古,号逊志,人称正学先生,宁海(今属浙江宁波市)人。参见第262页第8则注释⑨。

⑫ 王子充:王祎,字子充,义乌(今属浙江金华市)人。元末,师从柳贯、黄溍,遂以文章名世。朱元璋攻取婺州,召为中书省掾史。入明,累官至翰林待制同知制诰兼国史院编修官。洪武五年

(1372),奉使云南,招谕元梁王,遇害。建文中,赠翰林学士,谥文节。正统中,改谥忠文。其子绅,字仲缙。祎死时,绅年十三,事母兄尽孝友。及长,受业于宋濂,濂颇器之。二十五年,得蜀王聘,为成都府学训导。二十八年,请赴云南求父遗骸,不获,述《滇南恸哭记》以归。

⑬ 李献吉:李梦阳,字献吉,号空同子,庆阳(今属甘肃)人。参见第224页第6则注释①。

⑭ 何大复:何景明,字仲默,号大复山人,信阳(今河南信阳市西北)人。参见第230页第12则注释⑥。

⑮ 孙太初:孙一元,字太初,号太白山人,自称秦人。正德、嘉靖间隐士。善为诗,风仪秀朗,携铁笛鹤瓢遍游中原,东逾齐鲁,南涉江淮。客湖州,与刘麟、龙霓、陆昆、吴玙等友善,结社称苕溪五隐。卒,年三十七。葬城南道场山。 灵武:明陕西宁夏卫灵州所(今宁夏银川市灵武市)。

⑯ 李于鳞:李攀龙,字于鳞,号沧溟,历城(今山东济南市)人。嘉靖二十三年(1544)进士,官至河南按察使。工诗文,与王世贞同为"后七子"首领,时称"王李"。 历下:历城古称。

⑰ 卢次楩:卢楠,字次楩,大名浚县(今属河南鹤壁市)人。以赀为国子监生员。博闻强记,落笔数千言,诗文为王世贞所称。负才忤县令,诬以杀人,榜掠论死,系狱数年,为谢榛、陆光祖所救。有《蠛蠓集》五卷。 濮阳:明大名府开州县(今河南濮阳市)。此则谓卢楠里贯为"濮阳",误。濮阳,开州旧称,明时与浚县同隶京师大名府。

⑱ 世庙:明世宗朱厚熜。

3. 南 海 子

南海子即古上林苑①。中、大、小三海,水四时不竭,禽、鹿、獐、兔、果蔬、草木之属皆禁物也。据址,周一万八千六百丈,尚不及百里,仅当汉之十一。虽有按鹰等台,亦不为甘泉校猎之用②,乃本朝度越处③。然非独官家也,即史称茂陵富民袁广汉④,筑园于北山下,构石为山,高十馀丈,养白鹦鹉、紫鸳鸯、牦牛⑤、青兕⑥,积沙为洲屿,激水为波涛,致江鸥、海鹤孕雏产鷇⑦,延漫林池,奇草异树,重阁修廊,移刻行不能遍⑧。广汉后罪没,鸟兽草木皆移入上林苑中。然袁园称东西四里,南北五里,则亦周十八里。今极称吴中佳丽⑨,然缙绅中何得有此,况民间乎?(卷二《两都》)

【注释】

① 南海子:明南苑。在京城永定门外。参见第182页第6则注释④。 上林苑:本指秦汉宫苑。参见第10页第4则注释⑧。此泛指皇家园囿。

② 甘泉:秦宫。在秦内史云阳西北(今陕西咸阳市淳化县西北)甘泉山。汉武帝增筑扩建,在此朝诸侯王,缮外使,亦作夏日避暑之处。

③ 度越:犹超越。

④ 袁广汉:西汉茂陵(今陕西咸阳市兴平市东)人。据东晋葛洪《西京杂记》卷三:"茂陵富人袁广汉,藏镪巨万,家僮八九百人。于北邙山下筑园,东西四里,南北五里。激流水注其内,构石为山,高十余丈,养白鹦鹉、紫鸳鸯、牦牛、青兕,奇兽怪禽,委积其间。积沙为洲屿,激水为波潮,其中致江鸥、海鹤孕雏产鷇,延漫林池,奇树异草,靡不具植。屋皆徘徊连属,重阁修廊,行之移晷不能遍也。广汉后有罪诛,没入为官园,鸟兽草木皆移植上林苑中。"引文中"北邙山",即北邙岩,又称北邙坂,在汉长安城北。

⑤ 犛(máo)牛:野牛。形如牦牛,但比牦牛体大。一说即牦牛。

⑥ 青兕(sì):古代犀牛类兽名。一角,青色,重千斤。

⑦ 孕雏产鷇(kòu):谓养育幼鸟。雏,泛指幼禽。鷇,由母哺食的幼鸟。

⑧ 移刻:一会儿。谓短时间。

⑨ 佳丽:此指秀丽风光或园林。

4. 都 人 好 游

都人好游,妇女尤甚。每岁元旦则拜节①,十六过桥走百病②,灯光彻夜。元宵灯市,高楼珠翠,毂击肩摩③。清明踏青,高梁桥盘盒一望如图画④。三月东岳诞⑤,则耍松林。每每三五为群,解裙围松树团坐,藉草呼卢⑥,虽车马杂沓过,不顾。归则高冠大袖,醉舞驴背,间有坠驴卧地不知非家者。至中秋后,游踪方息。昔人谓,辇毂之下⑦,万姓走集,无怪乎醉人为瑞也⑧。所可恨者,向有戒坛之游⑨,中涓以妓舍僧⑩,浮棚满路,前僧未出,后僧倚候,平民偶一闯,群僧棰之且死⑪。迩以法严禁之,十数年恶俗一清矣。(卷二《两都》)

【注释】

① 拜节:拜年。

② 十六:正月十六日。　走百病:明代北方习俗,妇女在元宵或正月十六日夜相率出游,且须过桥,以祛除百病。

③ 毂击肩摩:车毂相击,人肩相摩。形容车马行人来往拥挤。

④ 高梁桥:又称"高亮桥"。在京城西直门外长河上。元至元二十九年(1292)始建。此句意

谓提携各种盘盒的踏青妇女，正络绎不绝地跨过高梁桥，往西山而去，远望如图画一般。

⑤ 东岳诞：道教以农历三月二十八日为东岳大帝诞辰日。自宋代始，民间于是日立泰山庙会，以祭东岳大帝。

⑥ 藉草呼卢：谓坐在草地上赌博。呼卢，赌博。

⑦ 辇毂：皇帝车舆。代指京城。

⑧ 醉人为瑞：《佩文韵府》卷六十三之十二引《邺侯家传》："（唐）德宗播迁，人乏食，无酿酒者。后京师稍宁，有一醉人，聚观以为祥瑞。"

⑨ 戒坛：僧徒传戒之坛。在京西西山最深处。唐武德中建寺，名慧圣，明正统中易名万寿寺。坛在殿中，以白石为之，凡三级，周遭皆列戒神。

⑩ 中涓：宫中宦官。　舍（shě）：施予；施舍。

⑪ 棰：杖击；鞭笞。

5. 姑苏人好古

姑苏人聪慧好古，亦善仿古法为之，书画之临摹，鼎彝之冶淬①，能令真赝不辨。又善操海内上下进退之权，苏人以为雅者，则四方随而雅之；俗者，则随而俗之。其赏识品第本精，故物莫能违。又如斋头清玩②、几案、床榻，近皆以紫檀、花梨为尚③，尚古朴不尚雕镂，即物有雕镂，亦皆商、周、秦、汉之式，海内僻远皆效尤之，此亦嘉、隆、万三朝为始盛④。至于寸竹片石，摩弄成物，动辄千文百缗，如陆子匡之玉⑤、马小官之扇⑥、赵良璧之锻⑦，得者竞赛，咸不论钱，几成物妖⑧，亦为俗蠹⑨。（卷二《两都》）

【注释】

① 鼎彝：古代祭器。上面多刻有表彰先人功德之文字。　冶淬：此谓冶炼锻造。

② 斋头：书斋。　清玩：清雅玩品，如书画、金石、古器、盆景等。

③ 紫檀：常绿乔木。质坚，紫红色，可做贵重家具、乐器或美术品。　花梨：即花榈木。质坚，纹理细密。

④ 嘉、隆、万：指明嘉靖（1522—1566）、隆庆（1567—1572）、万历（1573—1620）三朝。

⑤ 陆子匡：应为"陆子刚"。苏州玉匠。

⑥ 马小官：马勋。苏州扇匠。

⑦ 赵良璧：苏州锡匠。据明王世贞《觚不觚录》："画当重宋，而三十年来忽重元人，乃至倪元

镇以逮明沈周,价骤增十倍。窑器当重哥、汝,而十五年来忽重宣德,以至永乐、成化,价亦骤增十倍。大抵吴人滥觞而徽人导之,俱可怪也。今吾吴中,陆子刚之治玉,鲍天成之治犀,朱碧山之治银,赵良璧之治锡,马勋治扇,周治治商嵌及歙,吕爱山治金,王小溪治玛瑙,蒋抱云治铜,皆比常价再倍,而其人至有与缙绅坐者。近闻此好流入宫掖,其势尚未已也。"

⑧ 物妖:妖物。

⑨ 俗蠹:此指庸俗害人之物。

6. 中州善俗

中州俗淳厚质直①,有古风,虽一时好刚,而可以义感。语言少有诡诈,一斥破之,则愧汗而不敢强辩。其俗又有告助,有吃会。告助者,亲朋或征逋追负而贫不能办②,则为草具③,召诸友善者,各助以数十百而脱之。吃会者,每会约同志十数人,朔望饮于社庙④,各以馀钱百十交于会长蓄之,以为会中人父母棺衾缓急之备⑤,免借贷也,父死子继,愈久愈蓄。此二者皆善俗也。(卷三《江北四省》)

【注释】

① 中州:古豫州(今河南一带)地处九州之中,称为中州。此指河南省。

② 征逋追负:征收、追讨拖欠税赋或债务。

③ 草具:草拟;初步制定。

④ 社庙:祭祀土地神之庙。

⑤ 棺衾:棺材与衾被。泛指殓尸之具。此谓收殓。

7. 新旧函谷关

函谷新旧二关①,旧函谷在灵宝,去河岸数十里,正老子骑青牛、尹喜望紫气处也②。新函谷在新安。汉时重关内族,以为帝里之民,故彻侯不治事者谓关内侯③。楼船将军杨仆伐越归④,耻为关外人,乃尽献家赀,请徙关内,武帝遂为移关于其家外以就之。汉家法纪乃至于是。(卷三《江北四省》)

【注释】

① 函谷新旧二关:旧关为战国秦置,在桃林东(今河南三门峡市灵宝市北函谷关镇)。因其

路在谷中,深险如函,故名。汉武帝元鼎三年(前114),东移至弘农新安东(今河南洛阳市新安县),置都尉,去故关三百里。

② 正老子句:《史记·老庄申韩列传》:"老子修道德,其学以自隐无名为务。居周久之,见周之衰,乃遂去。至关,关令尹喜曰:'子将隐矣,强为我著书。'于是,老子乃著书上下篇,言道德之意五千馀言而去,莫知其所终。"司马贞索隐引《列异传》:"老子西游,关令尹喜望见其有紫气浮关,而老子果乘青牛而过。"

③ 彻侯:爵位名。秦统一后所立二十级军功爵中的最高级。汉初因袭之,多授予有功异姓大臣,受爵者还能以县立国。后避武帝讳,改称通侯。 关内侯:次于彻侯,为第十九级爵位。言有侯号而居京畿,无国邑。秦汉二十级军功爵,一至四级为士卒;五至九级为军吏,位比大夫;十至十八级为军将,位比九卿;十九、二十级均为列侯。

④ 楼船将军:汉将军名号之一。汉代最高军职称将军,分两种:一为常设将军,如车骑将军、卫将军、前后左右将军等,掌军事之外兼预政事。一为临时派遣出征将军,如伏波将军、度辽将军等,战事结束,名号随之取消。楼船将军即属于后一种。 杨仆:西汉宜阳(今河南洛阳市宜阳县韩城镇)人。武帝时,官至主爵都尉,上以为能。南越反,拜为楼船将军,以功封将梁侯。后以骄悍为帝所责,带罪破东越、击朝鲜。还,免为庶人,病死。

8. 汝宁大荒

汝宁本乐土①,癸巳、甲午大荒②,杀人以食,死尸横道,有骨无肉,汝、颍城中明货人肉以当屠肆③。最可恨者,宝丰杨松家有祖父④,其祖饿甚,令松谋父烹之,松遂杀父,与祖共食,此亦天地之一大变也。故流贼四起,贼首确山、泌阳、桐柏间则陈金⑤,汝宁则王商⑥,汝、颍间则王自简⑦,皆号召千百人,张舆盖、执干戈以叛。所幸浮光、商固五州县丰稔⑧,助乱者寡,不能成大事也。盖荆山之北⑨,汝宁之南,左有金刚台⑩,右有栲栳山⑪,皆乱民所必资。金刚台在商城,山高数十里,其上平原,周十馀里,立营置寨,足屯数千人,土沃可耕,路险阻不得上,与麻城天台山相为犄角⑫。栲栳山在确山、桐柏间,山高与金刚台同,其上则连大山,逶迤数百里不绝。吴元济昔据之以得淮、蔡⑬,城墙、台基、阑干、石址俱存,俗又称方城山⑭,谓即楚方城。如草泽风尘⑮,二处皆当扼塞。(卷三《江北四省》)

【注释】

① 汝宁:明汝宁府,治汝阳(今河南驻马店市汝南县)。领二州十二县。

② 癸巳、甲午：指万历二十一年（1593）、二十二年（1594）。二十二年正月二十日，神宗谕吏部曰："昨岁各省灾伤，山东、河南及徐淮近河之地为尤甚，民间至有剥树皮屑草子为食，又至有割死尸杀生人而食者。朕虽居深宫之中，念切恫瘝，不遑寝处。"

③ 汝、颍：指汝宁与颍州。明颍州（治今安徽阜阳市），属南直隶凤阳府（治今安徽滁州市凤阳县）。

④ 宝丰：明汝州宝丰县（今属河南平顶山市）。

⑤ 确山：明汝宁府确山县（今属河南驻马店市）。　泌阳：明南阳府泌阳县（今属河南驻马店市）。　桐柏：明南阳府桐柏县（今属河南南阳市）。　陈金：未详何许人。

⑥ 王商：未详何许人。

⑦ 王自简：颍州人。万历二十二年（1594）春，聚集千人以反，流动于沈丘、新蔡、息县一带。旋为颍州兵备副使李骥千所擒，伏诛。

⑧ 浮光：指明汝宁府光州（治今河南信阳市潢川县）与光山县（今属河南信阳市）。因其境有浮光山，光州、光山因之得名，故称浮光。　商固：明汝宁府商城县与固始县（二县今均属河南信阳市）。光州明时尝领固始、光山、息县（今属河南信阳市）三县，故此处称"五州县"。

⑨ 荆山：在明襄阳府南漳县（今属湖北襄阳市）西。漳水发源于此。山有抱玉岩，传为楚人卞和得璞处。"荆山之北"与下文"汝宁之南"，即指南阳泌桐至汝宁浮光五州县一带地区。该地沿桐柏山、大别山与湖广分界，地势险要，有平靖、武阳、大胜、白沙、虎头诸关。

⑩ 金刚台：在商城东南。

⑪ 栲栳山：在桐柏西南（今湖北随州市西北境内）。

⑫ 麻城：明黄州府麻城县（今湖北黄冈市麻城市）。　天台山：在麻城西北（今湖北黄冈市红安县北境）。与金刚台南北峙立。

⑬ 吴元济：唐淮西节度使吴少阳之子。元和九年（814），少阳死，元济自立。宪宗发兵讨之。淮西镇所辖申（今河南信阳市西北）、光（今河南信阳市潢川县）、蔡（今河南驻马店市汝南县）三州，唐军攻战近四年，不克。元和十二年，裴度为相，奏请取消监军宦官，督师攻入蔡州，擒吴元济，灭淮西镇。

⑭ 方城山：在明南阳府裕州（治今河南南阳市方城县）北。相传楚修筑长城于此，故称楚方城。

⑮ 草泽风尘：此指民反为乱。

9. 孔庙之桧

孔子庙前之桧①，围不四五尺，高与檐齐。而《志》称围一丈三尺②，高五丈者，

《志》所称旧桧也。此非手植,乃手植之馀。盖手植者,金时毁于火,此其根株复萌蘖者。《志》称晋永嘉三年枯③,隋义宁元年复荣④,唐乾封二年枯⑤,宋康定元年复荣⑥,则所指手植者。元至正三年复荣⑦,则指今桧也。今肤理犹然生意⑧,第不知荣于何日耳。(卷三《江北四省》)

【注释】

① 孔子庙:省称"孔庙"。纪念和祭祀孔子的祠庙。在明兖州府曲阜县(今山东济宁市曲阜市)。曲阜,鲁国国都,孔子故里。鲁哀公(前494—前468在位)时,在孔子故宅立庙,历代迭加增修,至明中叶扩至现存规模。北宋宝元(1038—1039)间,建府第于孔庙北,称孔府,为孔子后裔直系子孙"衍圣公"住宅,明嘉靖(1522—1566)间重修。孔子死后,葬于城北泗水之涘,历代构筑植林,为其家族墓园,称孔林,至清康熙二十三年(1684)已扩至三千亩。 桧(guì):柏科,常绿乔木,寿命可达数百年。茎直立,叶呈鳞状,雌雄异株,春天开花。木材桃红色,有芳香,细致坚实。

② 志:《明一统志》。其卷二十三有《手植桧》条,曰:"在孔庙大成门北,高五丈馀,围一丈三尺,宣圣手植也。晋永嘉三年枯,隋义宁元年复荣,唐乾封二年枯,宋康定元年复荣,金时毁,其根亦为人所戕。元至元三年复荣。"

③ 永嘉:晋怀帝司马炽年号(307—312)。

④ 义宁:隋恭帝杨侑年号(617—618)。

⑤ 乾封:唐高宗李治年号(666—667)。

⑥ 康定:宋仁宗赵祯年号(1040)

⑦ 至正:元顺帝孛儿只斤妥懽帖睦尔年号(1341—1368)。此与《志》未合,《志》中作"至元"。元有两次使用"至元"年号,一为世祖孛儿只斤忽必烈(1264—1294),一为顺帝(1335—1340)。此处或指后至元。

⑧ 肤理:此指物体表面纹理。 生意:犹生机。

10. 晋 中 之 俗

晋中俗俭朴,古称有唐、虞、夏之风①。百金之家,夏无布帽;千金之家,冬无长衣;万金之家,食无兼味②。饭以枣,故其齿多黄;食用羊,故其体多肉;朔风高厉,故其色多黯黑,而少红颜白皙之徒。其水泉深厚,故其力多坚劲,而少湿郁微肿之疾。地有洞,故房至可避。商有伴,故其居积能饶③。惟五六月歊暑炎烁之时④,日则捉扇而摇,夜仍烧炕而睡,此不可以理诘也。(卷三《江北四省》)

【注释】

① 唐:陶唐氏。传说中远古部落名。尧乃其领袖,居于平阳(今山西临汾市西南)。 虞:有虞氏。传说中远古部落名。舜乃其领袖,居于蒲阪(今山西运城市永济市蒲州镇)。 夏:夏后氏。中国历史上第一个朝代。姒姓。传说禹本为夏后氏部落领袖,因治水有功,继舜而即位。禹死,子启杀原定继承人伯益,传子自此始,即从部落联盟转化为世袭国家。建都阳城(今河南郑州市登封市东南)、斟鄩(今河南郑州市巩义市西南)、安邑(今山西运城市夏县禹王城)等地。传至桀,为商汤所灭。凡十四代、十七君。

② 兼味:两种以上的菜肴。

③ 居积:囤积。 饶:富裕;丰足。

④ 歊(xiāo)暑炎烁:谓暑气灼热。歊,热气蒸发貌。

11. 浙江三民

杭、嘉、湖平原水乡①,是为泽国之民;金、衢、严、处丘陵险阻②,是为山谷之民;宁、绍、台、温连山大海③,是为海滨之民。三民各自为俗:泽国之民,舟楫为居,百货所聚,闾阎易于富贵④,俗尚奢侈,缙绅气势大而众庶小⑤;山谷之民,石气所钟,猛烈鸷愎⑥,轻犯刑法,喜习俭素,然豪民颇负气,聚党与而傲缙绅⑦;海滨之民,餐风宿水,百死一生,以有海利为生不甚穷,以不通商贩不甚富,闾阎与缙绅相安,官民得贵贱之中,俗尚居奢俭之半。(卷四《江南诸省》)

【注释】

① 杭、嘉、湖:明杭州府(治今浙江杭州市)、嘉兴府(治今浙江嘉兴市)、湖州府(治今浙江湖州市)。

② 金、衢、严、处:明金华府(治今浙江金华市)、衢州府(治今浙江衢州市)、严州府(治今浙江杭州市建德市)、处州府(治今浙江丽水市)。

③ 宁、绍、台、温:明宁波府(治今浙江宁波市)、绍兴府(治今浙江绍兴市)、台州府(治今浙江台州市临海市)、温州府(治今浙江温州市)。

④ 闾阎:此指民间或平民。

⑤ 众庶:民众;百姓。

⑥ 鸷愎:残忍刚愎。

⑦ 党与:同党;同类。

12. 人轿之始

古者妇人用安车①,其后以舆轿代之,男子虽将相不过乘车骑马而已,无轿制也。陶渊明病足②,乃以意用篮舆③,命门生子弟舁之。王荆公告老金陵④,子侄劝用肩舆⑤,荆公谓,自古王公贵人无道者多矣,未有以人代畜者。人轿自宋南渡始⑥。故今俗惟杭最多最善,岂其遗耶?(卷四《江南诸省》)

【注释】

① 安车:可坐乘的小车。参见第27页第22则注释③。
② 陶渊明:东晋诗人。一名潜,字元亮,浔阳柴桑(今江西九江市西南)人。《晋书》《宋书》均谓其系陶侃曾孙,后人亦有疑其说者。历仕江州祭酒、镇军参军、彭泽令等,后辞官归隐。长于诗文辞赋。诗多写田园风光及乡村生活情景,寓以隐逸之情。南朝宋元嘉四年(427)卒,私谥靖节。有《陶渊明集》。
③ 意用:谓能运用心思。 篮舆:古代供人乘坐的交通工具。形制不一,一般以人力抬着行走,类似后世的轿子。
④ 王荆公:王安石,字介甫,号半山,宋临川(今江西抚州市临川区)人。神宗时累官至宰相,推行新政。熙宁七年(1074)罢相。一年后复原官。九年再度罢相,退居江宁,封荆国公。
⑤ 肩舆:轿子。
⑥ 宋南渡:指宋室渡长江迁于南方建都。建炎三年(1129)正月,金兵南袭扬州,高宗渡江至镇江,再退杭州。五月,由杭州北上,驻江宁,改江宁为建康府。绍兴二年(1132)正月,高宗定都临安府(治今浙江杭州市)。

13. 白鹿洞书院

白鹿洞书院在五老峰下①,始自南唐,以李善道为洞主②,建学置田,以给诸生。至宋而大盛,与嵩阳、石鼓、岳麓为四大书院③。盖是晦翁过化之处④,岩壁间多遗手泽⑤,然其地逼塞蒸湿,无夷旷之致,惟是松风石溜与五老秀色幽寒动人云。白鹿者,唐李渤与兄涉俱隐洞中⑥,养白鹿以自娱,至今间有见者。(卷四《江南诸省》)

【注释】

① 白鹿洞书院：在江西庐山五老峰东南麓。唐李渤隐居读书于此，曾蓄一白鹿自娱，人称白鹿先生。因其地四山环合，俯视似洞，渤遂以白鹿名洞，搆筑台榭。南唐时就此建学馆，称庐山国学。宋初改名白鹿洞书院，为当时著名书院之一。其后屡废屡建，直至清末。历代朝廷多次赐书赐匾，南宋朱熹、明代王守仁等先后执教于此。朱熹所撰《白鹿洞书院揭示》影响极大，被奉为办学纲领。《揭示》见《晦庵集》卷七十四、《朱子全书》卷五，曰：

父子有亲，君臣有义，夫妇有别，长幼有序，朋友有信。

右五教之目。尧、舜使契为司徒，敬敷五教，即此是也。学者学此而已。而其所以学之之序，亦有五焉，其别如左：

博学之，审问之，慎思之，明辨之，笃行之。

右为学之序。学、问、思、辨四者，所以穷理也。若夫笃行之事，则自修身以至于处事接物，亦各有要，其别如左：

言忠信，行笃敬，惩忿窒欲，迁善改过。

右修身之要。

正其义不谋其利，明其道不计其功。

右处事之要。

己所不欲，勿施于人。行有不得，反求诸己。

右接物之要。

熹窃观古昔圣贤所以教人为学之意，莫非使之讲明义理，以修其身，然后推以及人，非徒欲其务记览，为词章，以钓声名，取利禄而已也。今人之为学者，既反是矣。然圣贤所以教人之法，具存于经，有志之士，固当熟读深思而问辨之。苟知其理之当然，而责其身以必然，则夫规矩禁防之具，岂待他人设之而后有所持循哉？近世于学有规，其待学者为已浅矣。而其为法，又未必古人之意也。故今不复以施于此堂，而特取凡圣贤所以教人为学之大端，条列如右，而揭之楣间。诸君其相与讲明遵守，而责之于身焉，则夫思虑云为之际，其所以戒谨而恐惧者，必有严于彼者矣。其有不然，而或出于此言之所弃，则彼所谓规者，必将取之，固不得而略也。诸君其亦念之哉。

② 李善道：南唐饶州(今江西上饶市鄱阳县)人。为庐山国学主教，学徒数百人，皆为时望。卒后祀于白鹿洞。　洞主：唐宋对设于名山胜地书院中主持教授者，称山长或院长；地以洞名者或称洞主。

③ 嵩阳：嵩阳书院。在河南登封太室山。原为嵩阳寺，北魏孝文帝太和年间始建。五代后周改为太乙书院，宋太宗时改称太室书院，仁宗景祐二年(1035)更名嵩阳书院，设山长，置学田。为有宋著名书院之一。程颢、程颐曾讲学于此。其后时兴时废，清康熙间重修。　石鼓：石鼓书院。在湖南衡阳石鼓山。唐元和间，李宽读书于此。宋太宗至道间，李士真就遗址重建，仁宗景祐间赐名"石鼓"，置学田，权作州学。为有宋著名书院之一。后废置无常，民国抗日

战争中毁于战火。　岳麓:岳麓书院。在湖南长沙岳麓山。宋开宝九年(976)潭州太守朱洞创建,大中祥符八年(1015)真宗赐名赐书。为有宋著名书院之一。南宋张栻、朱熹讲学于此,学者日众。其后虽有替废,不久即修复,名儒讲学肄业不断。

④ 晦翁:朱熹,号晦庵。南宋学者。参见第155页第21则注释⑥。　过化:谓经过其地而教化其民。

⑤ 手泽:犹手汗。后多用以称先人或前辈的遗墨、遗物等。

⑥ 李渤:字濬之,唐洛阳(今属河南)人。北魏横野将军申国公李发之后。父钧,官殿中侍御史,以不能养母废于世。渤耻之,不肯仕,与仲兄涉偕隐庐山,以读书业文为事。元和初(806),以右拾遗召,渤上书托疾不赴。韩愈遗书劝之,始出而家于东都。每朝政有阙,辄附章列上。九年,以著作郎召,遂起。迁右补阙,以直忤旨,改丹王府咨议参军、分司东都。太和中,召拜太子宾客,卒。

14. 蕲黄士风

蕲、黄之间①,近日人文飚发泉涌,然士风与古渐远,好习权奇②,以旷达为高,绳墨为耻③,盖有东晋之风焉。然其一段精光④,亦自铲埋不得。毋论士大夫,即女郎多有能诗文者,如周元孚、董夫人辈⑤。又毋论诗文,近且比丘尼辈出,高谭禅理,如所云澹然、明因、自信等⑥,余盖于李卓吾《八观音问》中崖略见之⑦。李以菩萨身自任,踪迹太奇,其与耿司寇以学问相倾⑧,不啻剑刃⑨。(卷四《江南诸省》)

【注释】

① 蕲、黄:明黄州府蕲州(治今湖北黄冈市蕲春县蕲州镇)、黄州府(治今湖北黄冈市)。明初,蕲州设为府,洪武九年(1376)降为州,领广济、黄梅二县。

② 权奇:奇谲非凡。

③ 绳墨:木工画线工具。以喻规矩、准则、法度等。

④ 精光:谓精神光彩。

⑤ 周元孚:周弘禴,字元孚,麻城(今属湖北黄冈市)人。万历二年(1574)进士,授户部主事。倜傥负奇有节概,以直言上疏多得罪,累官尚宝司少卿。十九年,坐事罢归,卒于家。工诗,尤好古文辞,亦于星历、弧矢、剑术无所不通。　董夫人:字少玉。元孚继室。清润婉秀,见元孚时时诵唐诗,亦随而诵之,能忆记千首。元孚教以学诗,乃稍稍出其奇,以与元孚酬和。不久,少玉以羸疾卒,年二十九。元孚集其遗篇而梓之,请序于王世贞。序见《弇州四部稿续稿》卷五十五,题作《西陵董媛少玉诗序》。

⑥ 澹然:恬淡闲静貌。此处借指佛教中的空寂之境。 明因:佛教轮回之说有因缘与果报,明因即指参透因缘。 自信:佛教谓明因识果而后信受胜法于己。

⑦ 李卓吾:李贽,原姓林,名载贽,后改姓名,号卓吾,又号宏甫,别号温陵居士,晋江(今福建泉州市)人。嘉靖三十一年(1552)举人。历国子监博士、南京刑部员外郎、姚安知府。万历九年(1581),辞官客居黄州黄安,寻移居麻城,于芝佛院讲学著述,成《初潭集》《焚书》等作。公开以"异端"自居,以为儒家经典并非"万世之至论",又倡"童心说",指斥道学之伪善,而承继王守仁"良知"说与禅学思想。后游学于大同、京师、南京、济宁等地,纂成《藏书》六十八卷。三十年,以"敢倡乱道,惑世诬民"罪名被逮于通州,俄自杀于狱中,年七十六。 《八观音问》:即《观音问》("八"疑为衍文)。《焚书》卷四《杂述》中篇目,是篇有《答澹然师》《答自信》《答明因》诸则。 崖略:大略。

⑧ 耿司寇:耿定向,字在伦,黄安(今湖北黄冈市红安县)人。嘉靖三十五年(1556)进士,除行人。擢御史,举劾无所私。万历中,历刑部左右侍郎,擢南京右都御史。卒,年七十三。赠太子少保,谥恭简。定向立朝有时望,历徐阶、张居正、申时行、王锡爵四辅,皆能无龃龉。其学本王守仁,与弟定理、定力俱讲学。尝招李贽居黄安,后两人渐交恶,互为攻讦。贽颇机辩,定向不能胜也。

⑨ 刴(zì)刃:用刀剑刺入。

15. 蕲州四珍

蕲竹为器,抽削如丝,纤巧甲于天下。复有蕲艾、蕲龟、蕲蛇。艾则惟荆王府内片地出者佳①,然不多得。蛇与龟皆生于他乡村。蛇则头有方胜②,尾有指甲,两目如生,自刴肠盘屈而死者,可已大风③。龟则背有绿毛,可辟蝇虫,置之书箧,数年不死,然多赝者,以小龟涂马矢放阴沟中,绿毛自生,携出者不久即落也。竹则以色莹者可簟④,节疏者可笛,带须者可杖。(卷四《江南诸省》)

【注释】

① 荆王:首封朱瞻堈,仁宗第六子。永乐二十二年(1424)封,宣德四年(1429)就藩建昌(今江西抚州市南城县)。王宫中有巨蛇,蜿蜒自梁垂地,瞻堈大惧,请徙。正统十年(1445),徙蕲州。景泰四年(1453)薨,子见潚嗣。见潚骄横荒淫,虐死生母,棰杀同母弟见溥,淫其妻,又尝集恶少轻骑微服,掠人妻女。三弟见濞密闻于孝宗,召入京,禁锢于西内,废为庶人,未几赐死。弘治七年(1494),以见溥子祐橺嗣为荆王。十七年祐橺薨,子厚烃嗣。嘉靖三十二年(1553)厚烃薨,以其孙翊钜嗣。隆庆四年(1570)翊钜薨,次子常𣵠嗣。万历四年(1576)常𣵠薨,无子,弟常盉嗣。

二十五年薨,子由樊嗣。天启二年(1622)由樊薨,子慈烜嗣。崇祯十六年(1643)正月,流贼张献忠陷蕲州,慈烜先一月薨,贼围王宫,劫掠而去。

② 方胜:一种首饰。形状为两个菱形部分重叠相连。

③ 大风:麻风病。

④ 簟(diàn):竹席。

16. 香 山 嶴

香山嶴乃诸番旅泊之处①,海岸去邑二百里,陆行而至,爪哇、渤泥、暹罗、真腊、三佛齐诸国俱有之②。其初止舟居,以货久不脱,稍有一二登陆而拓架者③,诸番遂渐效之,今则高居大厦,不减城市,聚落万头,虽其贸易无他心,然设有草泽之雄,睥睨其间,非我族类,未必非海上百年之隐忧也。番舶渡海,其制极大,大者横五丈,高称之,长二十余丈,内为三层,极下镇以石,次居货,次居人,上以备敌、占风。每一舶至,报海道④,檄府倅验之⑤,先截其桅与柁,而后入嶴。若入番江⑥,则舟尾可搁城垛上,而舟中人俯视城中。又番舶有一等人名"昆仑奴"者⑦,俗称黑鬼,满身如漆,止馀两眼白耳。其人止认其所衣食之主人,即主人之亲友皆不认也。其生死惟主人所命,主人或令自刎其首,彼即刎,不思当刎与不当刎也。其性带刀好杀,主人出,令其守门,即水火至死不去,他人稍动其肩镯则杀之⑧,毋论盗也。又能善没,以绳系腰,入水取物。买之一头,值五六十金。(卷四《江南诸省》)

【注释】

① 香山嶴(ào):明广州府香山县壕镜(今澳门特别行政区)。

② 爪哇:爪哇国(今印度尼西亚爪哇岛)。明藩属国。 渤泥:渤泥国(今文莱达鲁萨兰)。明藩属国。 暹罗:暹罗国(今泰国)。明藩属国。 真腊:真腊国(今柬埔寨)。明藩属国。 三佛齐:三佛齐国(今印度尼西亚大巽他群岛大部分地区)。明藩属国。成化六年(1470),为满剌加国(今马来西亚半岛)所灭。

③ 拓架:谓辟地构筑。

④ 海道:此或指广东市舶提举司。明置市舶提举司,设提举一人(从五品)、副提举二人(从六品),其属吏目一人(从九品)。掌海外诸蕃朝贡市易之事,检验使人表文勘合,查禁私货等。初有福建之泉州、浙江之明州、广东之广州三市舶,嘉靖元年(1522)以倭祸起于市舶,遂革福建、浙江二市舶司,惟存广东市舶司。

⑤ 府倅：知府副官。如同知。
⑥ 番(pān)江：或指珠江自番禺至出海口段。
⑦ 昆仑奴：唐朝以来对东南亚马来黑人仆役的称呼。昆仑，指唐前后南洋诸岛屿及其国家。
⑧ 扃鐍(jiōng jué)：锁钥、门闩之类。

17. 廉州四民

廉州中国穷处①，其俗有四民：一曰客户，居城郭，解汉音②，业商贾；二曰东人，杂处乡村，解闽语③，业耕种；三曰俚人，深居远村，不解汉语，惟耕垦为活；四曰蛋户，舟居穴处，仅同水族④，亦解汉音，以采海为生。郡少耕稼，所资珠玑，以亥日聚市，黎蛋壮稚以荷叶包饭而往⑤，谓之"趁墟"⑥。（卷四《江南诸省》）

【注释】

① 廉州：明广东廉州府(治今广西北海市合浦县)。
② 汉音：汉语。
③ 闽语：汉语方言之一，分布在福建、台湾、海南和广东东部一带。主要有闽北语、闽南语、闽东语、闽中语、莆仙语五种。
④ 水族：少数民族之一。自称"虽"，史称"僚""夷""水苗""水家""抚水蛮"等。与古百越有历史渊源。主要分布于贵州东南、广西北部及云南东部。
⑤ 黎蛋：众多蛋民。蛋，同"蜑"。蛋民，指南方沿海从事渔业的水上居民。
⑥ 趁墟：赶集。

18. 苏轼谪海外

苏子瞻谪海外①，其自称为醉人所推骂，自喜不为人认识。虽未必尽然，然其言自是胸中脱洒，虚舟飘瓦②，不为膻行忤物之致③。其《量移谢表》云④："疾病连年，人皆相传为已死；饥寒并日，臣亦自厌其馀生。"读之令人悚然。（卷四《江南诸省》）

【注释】

① 海外：此特指宋广南东路琼州，明广东琼州府(今海南省)。北宋绍圣四年(1097)，苏轼自惠州再贬昌化军(治今海南儋州市中和镇)。元符三年(1100)正月，徽宗即位，太后摄政。四月，

大赦元祐旧臣。五月,苏轼携家渡海北归。

② 虚舟飘瓦:无人驾御的舟船和随风飘飞的屋瓦。喻胸怀恬淡旷达。

③ 膻行:令人仰慕的德行。《庄子·徐无鬼》:"羊肉不慕蚁,蚁慕羊肉,羊肉膻也。舜有膻行,百姓悦之。"成玄英疏:"羊肉膻腥,无心致蚁,蚁闻而归之;舜有仁行,不慕百姓,百姓悦之。故羊肉比舜,蚁况百姓。"此处意谓苏轼不欲以高德令民众仰慕,与人隔膜。

④ 量移谢表:应为《谢量移汝州表》。宋元丰七年(1084)四月,命苏轼自黄州移汝州,轼上谢表。见《东坡全集》卷六十七。量移,唐宋指官吏因罪远谪,遇赦酌情调迁近处任职。谢表,古代臣下感谢君主的奏章。

19. 蜀　　江

蜀有五大水入。嘉陵江从汉中自北入①,岷江从松潘自西北入②,大渡河从西番自西入③,马湖江出云南自西南入④,涪江出贵州自南入⑤,总会于瞿塘三峡向东而出⑥。以七百里一线之路,当贵、滇、番、汉之流,故江水发时,一夜遂高二十丈,至滟滪如马⑦,此海内水口之奇也。江行在两崖间,天造地设,如凿成石岘⑧,其狭处,谓非亭午不见日⑨,月影亦然。霜降水涸,仅如溪流。自四月至九月,石险水深,行人不敢渡,为其湍急,舟一触石则如齑粉。蜀舟甚轻薄,不轻又难于旋转。谚云:"纸船铁艄工。"蜀江篙师,其点篙之妙,真百步穿杨不足以喻。舟船顺流,其速如飞,将近崖石处,若篙点去稍失尺寸,则迟速之顷转手为难,舟遂立碎,故百人之命悬于一人。上者犹可牵船⑩,篾缆名曰火仗,长者至百丈,人立船头,望山上牵缆人不见,止以锣声相呼应而已。犹幸寡崖无树木勾冒⑪,上者但畏行迟,不惧触石,所谓"三朝三暮,黄牛如故"也。若火仗一断,则倒流碎石,与下无异。夏水下川,则虽一日江陵⑫,真以身为孤注也。巫山神女庙⑬,宋时范成大谓有神鸦送客⑭,余乃未见。滟滪实一石,远望之乃似碎石合成者,土人谓其下有三足,如鸡足也,某年大旱得见之。(卷五《西南诸省》)

【注释】

① 嘉陵江:源自秦岭西北大山,经汉中府(治今陕西汉中市)凤县、略阳县,入保宁府(治今四川南充市阆中市)广元县,至重庆府治(今重庆市)注入长江。

② 岷江:源自岷山南麓,经松潘卫(治今四川阿坝州松潘县),入成都府(治今四川成都市)灌县、新津,至叙州府治宜宾(今四川宜宾市)注入长江。

③ 大渡河：主流源自朵甘都指挥使司果洛山（今青海果洛州班玛县北），经长河西鱼通宁远宣慰司打煎炉（今四川甘孜州康定县），入天全六番招讨司（驻今四川雅安市天全县），至嘉定州治（今四川乐山市）注入岷江。

④ 马湖江：长江上游金沙江末段的别称。金沙江自朵甘都司朵甘丹招讨司结古（今青海玉树州玉树县），经武定府（治今云南楚雄州武定县），入东川府（治今云南曲靖市会泽县）、马湖府（治今四川宜宾市屏山县），至叙州府宜宾纳岷江而下，为长江。金沙江屏山至宜宾段，称马湖江。

⑤ 涪江：涪陵江，亦称"黔江"。上游为乌江、鸭池河。其源有二，皆出乌蒙山东麓。南源三岔河出乌撒府（治今贵州毕节市威宁县）东，北源六冲河出乌撒府东北（今毕节市赫章县境内），两源汇合于贵州宣慰司鸭池（今贵州毕节市黔西县新仁乡化屋村），始称鸭池河。东北流经乌江关（今贵州遵义市播州区乌江镇）而下，称乌江。经思南府（治今贵州铜仁市思南县），入重庆府彭水县（今属重庆市），称涪陵江。西北流至涪州治（今重庆市涪陵区）注入长江。

⑥ 瞿塘三峡：即长江瞿塘峡、巫峡和西陵峡。西起白帝城（今重庆市奉节县白帝镇），东至南津口（今湖北宜昌市夷陵区南津关村），全长三百八十余里。

⑦ 滟滪：即滟滪堆。瞿塘峡口夔门前江心中突起的巨石，为长江三峡著名险滩。陶宗仪《说郛》卷六十五下引唐韦庄《峡程记》："滟滪堆乃积石所成，江心突兀而出，《水经》所载'白帝城西有孤石，冬月石出二十馀丈，夏即没'。世俗相传：'滟滪大如象，瞿唐不敢上；滟滪大如马，瞿唐不可下。'是也。"此石今已炸毁。

⑧ 石岘（xiàn）：小而高的石岭。此或为"石砚"之误。古人常以山形之石凿砚，砚附于山，故又名砚山。南宋贾似道《悦生随抄》："江南李氏后主尝买一砚山，径长才逾尺，前耸三十六峰，皆大犹手指，左右则引两阜坡陀，而中凿为砚。及江南国破，砚山因流转数十人，为米老元章得。"

⑨ 亭午：正午。

⑩ 上者：此指逆水行舟。俗称"上水"。

⑪ 勾罥（juàn）：勾绊。罥，用绳索绊取。

⑫ 江陵：明荆州府，治江陵（今湖北荆州市荆州区）。唐李白《早发白帝城》："朝辞白帝彩云间，千里江陵一日还。"（《李太白全集》卷二十二）

⑬ 神女庙：在巫山十二峰之一飞凤峰麓（今重庆市巫山县石碑乡青石村），与神女峰隔江相对。始建于唐仪凤元年（676）。

⑭ 范成大：字致能，号石湖居士，南宋平江吴县（今江苏苏州市）人。绍兴二十四年（1154）进士。历著作佐郎、吏部郎官、知处州，累迁礼部员外郎兼崇政殿说书。乾道中，尝假资政殿大学士使金，慷慨有节，归除中书舍人。后历知静江府兼广南西道安抚使、四川制置使、参知政事等。晚年以资政殿学士退居故乡石湖。绍熙三年（1192）加大学士，次年卒，年六十八。工诗词，有《石湖集》《揽辔录》《吴船录》《桂海虞衡志》等行于世。"神鸦送客"见于《吴船录》卷下，曰："（神女）庙有驯鸦，客舟将来，则迓于数里之外，或直至县下，船过亦送数里。人以饼饵掷空，鸦仰喙承

取不失一。土人谓之神鸦,亦谓之迎船鸦。"

20. 蜀　　道

　　李太白称"蜀道之难,难于上青天"①,不知者以为栈道,非也。乃归、巴陆路②,正当峡江岸上,峻坂巉岩,行者手足如重累③。黄山谷谪涪云④:"命轻人鲊瓮头船,行近鬼门关外天。"人鲊瓮,在秭归城外,盘涡转毂⑤,十船九溺。鬼门关正在蜀道,今人恶其名,以其地近瞿塘,改瞿门关,亦美。此地名为楚辖也,蜀不修。蜀请楚修,楚谓虽楚地,楚人不行,蜀行之,楚亦不修。万历戊子⑥,徐中丞元泰抚蜀⑦,邵中丞陛抚楚⑧,徐饷工费八百金于楚以请,邵修之而还其金。至今道路宽夷,不病倾跌。惟是归、巴郡邑僻小残惫,不足供过客之屦履,携家行者,苦于日不完一站则露宿,少停车之所,又荒寂无人烟聚落,故行者仍难之。(卷五《西南诸省》)

【注释】

① 李太白:唐诗人李白,字太白。下引见其《蜀道难》诗(《李太白全集》卷三)。

② 归、巴:明荆州府归州(治今湖北宜昌市秭归县归州镇)、巴东县(今属湖北恩施州)。

③ 重(chóng)累:犹重叠。

④ 黄山谷:黄庭坚,字鲁直,号山谷道人、涪翁,北宋洪州分宁(今江西九江市修水县)人。治平进士,以校书郎迁著作佐郎。后以修实录不实遭贬。出苏轼门下,而与苏轼齐名,世称"苏黄"。有诗名。论诗标榜杜甫,主张"无一字无来处"和"夺胎换骨,点铁成金",开创江西诗派。又能词,兼擅行草。有《山谷集》。绍圣元年(1094)十二月,庭坚以修实录抵诬神考谪涪州别驾、黔州安置。二年二月,由汉沔趋江陵上夔峡,作《梦李白诵竹枝词三叠》,其二曰:"命轻人鲊瓮头船,日瘦鬼门关外天。北人堕泪南人笑,青壁无梯闻杜鹃。"人鲊瓮,长江险滩,在巫峡中归州城下。鬼门关,即瞿塘峡口夔门。此处所引,文字略有出入。

⑤ 盘涡转毂:谓水流旋涡如飞转的车轮。

⑥ 万历戊子:指万历十六年(1588)。

⑦ 徐元泰:字汝贤,宣城(今属安徽)人。嘉靖四十四年(1565)进士,授魏县知县。历吏部主事、浙江按察使、顺天府尹、右副都御史。万历十三年(1585)巡抚四川,率军平松、茂、建昌番寨之乱,三年乃定。累官南京刑部尚书。十七年,以疾辞归。家居二十馀年,卒。著有《喻林》等。

⑧ 邵陛:字世忠,馀姚(今属浙江宁波市)人。隆庆二年(1568)进士。历江南、江北、江西巡按御史。万历中迁湖广巡抚。著有《两台奏议》十卷。

21. 大 理

乐土以居,佳山川以游,二者尝不能兼,惟大理得之①。大理,点苍山西峙②,高千丈,抱百二十里如弛弓③,危岫入云,段氏表以为中岳④。山有一十九峰,峰峰积雪,至五月不消,而山麓茶花与桃李烂熳而开。东汇洱河于山下⑤,亦名叶榆,绝流千里,沿山麓而长,中有三岛、四洲、九曲之胜⑥。春风挂帆,西视点苍如蓬莱、阆苑⑦,雪与花争妍,山与水竞奇,天下山川之佳莫逾是者。且点苍十九峰中,一峰一溪飞流下洱河。而河崖之上,山麓之下,一郡居民咸聚焉。四水入城中,十五水流村落,大理民无一坡半亩无过水者,古未荒旱,人不识桔槔⑧。又四五月间,一亩之隔,即倏雨倏晴,雨以插禾,晴以刈麦,名"甸溪晴雨"。其入城者⑨,人家门扃院落捭之即为塘,甃之即为井⑩。谓之乐土,谁曰不然?余游行海内遍矣,惟醉心于是,欲作菟裘⑪,弃人间而居之,乃世网所撄⑫,思之令人气塞。(卷五《西南诸省》)

【注释】

① 大理:明大理府(治今云南大理州大理市大理镇)。

② 点苍山:即苍山。在府治西。高千馀仞,有峰十九,苍翠如玉,盘亘百馀里。

③ 抱:环绕。 弛弓:放松弦的弓。

④ 段氏:大理国王。参见第 317 页第 1 则注释㉑。

⑤ 洱河:即洱海。又名"叶榆泽"。在府治东。由河床塌陷而形成的高原湖泊。以外形似耳,故名洱海。

⑥ 三岛:指洱海中由北至南的玉矶、赤文、金梭三岛。 四洲:青莎漙洲,在喜洲镇东北、万花溪入海处,俗称"海舌"。大鹳淜洲,在喜洲金圭寺北、青莎漙洲南。鸳鸯洲,在湾桥镇古生村东北、阳溪入海处。马濂洲,在凤仪镇夏家村,波罗江入海处。 九曲:由北至南依次有凤翼、牛角、萝莳、莲花、蟠矶、鹤翥、大鹳、波作、高岩九曲。曲者,湾也。因皆在洱海东岸,故称"洱东九曲"。

⑦ 蓬莱:传说中海上神山。参见第 209 页第 5 则注释⑥。 阆(làng)苑:阆风巅之苑。传说中仙人住处。

⑧ 桔槔:井上汲水工具。在井旁立架设一杠杆,一端系汲器,一端悬绑石块等重物,用不大力量即可将灌满水的汲器提起。

⑨ 其入城者:此指点苍山流下的溪水。

⑩ 甃(zhòu):用砖瓦所砌井池之壁。此处用为动词。

⑪ 菟(tú)裘:古地名。在鲁虚邘(今山东济宁市泗水县)。《左传·隐公十一年》:"羽父请杀桓公,以求大宰。公曰:'为其少故也,吾将授之。使营菟裘,吾将老焉。'"后因以称告老退隐之处。

⑫ 世网:此指尘世俗务。　　缨:缠绕。

22. 火 把 节

云南一省以六月二十四日为正火把节。云是日南诏诱杀五诏于松明楼①,故以是日为节。或云孟获为武侯擒纵而归②,是日至滇,因举火祓除③。或又云是梁王擒杀段功之日④,命其属举火以禳之也⑤。二十后,各家俱燃巨燎于庭,人持一小炬,老幼皆然,互相焚燎为戏,烬须发不顾,贫富咸群饮于市,举火相扑达旦,遇水则持火跃之。黑盐井则合各村分为二队⑥,火下斗武,多所杀伤。自普安以达于云南⑦,一境皆然,至二十五乃止。(卷五《西南诸省》)

【注释】

① 南诏:唐初西南夷乌蛮有六部,以"诏"为王或首领,故称"六诏"。即越析诏(据今云南大理州宾川县)、浪穹诏(据今洱源县)、邆睒诏(据今洱源县东南邓川镇)、施浪诏(据今洱源县东)、蒙巂诏(据今巍山县北)、蒙舍诏(据今巍山县)。蒙舍诏因地处五诏之南,故又名"南诏"。贞观二十三年(649),南诏细奴逻建立大蒙政权。开元二十六年(738),其王皮逻阁在唐朝支持下统一六诏,迁都太和城(今大理镇南太和村)。南诏立国后,游离于唐与吐蕃间,时而归唐,时而附吐蕃。历传十三王,其中十王受唐册封。其全盛时辖有今云南全境及蜀南、黔西等地。天复二年(902),其权臣郑买嗣起兵叛,灭南诏,建大长和国。

② 孟获:三国蜀建宁(今云南曲靖市)人。当地豪强,为夷、汉所服。刘备死,孟获联结雍闿起兵反,屡为诸葛亮所败,经七擒七纵,终于心服,不再反蜀。后官至御史中丞。　　武侯:诸葛亮谥忠武侯。参见第81页第13则注释⑧。

③ 祓除:除灾去邪之祭。

④ 段功:元第九代大理总管。至正二十三年(1363),红巾军明玉珍将兵三万攻云南,占昆明。梁王奔威楚求救于段功,功进兵败玉珍于关滩江,并逐之出七星关。梁王拜功为云南省平章政事。未几,梁王忌其功,杀之。大理旧臣仍立其子段宝,梁王怒,遣兵攻大理。凡七攻不克,乃讲和。

⑤ 禳:指除去邪恶或灾异。

⑥ 黑盐井:在明楚雄府定远县东北(今云南楚雄州禄丰县黑井镇)。明设盐课提举司于此,专管盐务。

⑦ 普安:明贵州宣慰司普安州(治今贵州六盘水市盘县西北)。

谷山笔麈

[明] 于慎行

《谷山笔麈》十八卷,明于慎行撰。慎行字可远,又字无垢,东阿(今山东济南市平阴县东阿镇)人。隆庆二年(1568)进士,改庶吉士,授编修。神宗朝,历左谕德、侍讲学士、礼部侍郎,官至礼部尚书。万历十八年(1590)致仕,家居十馀年,以读书著述为事。三十三年,以中外屡荐,起掌詹事府。数日卒,年六十四。赠太子少保兼东阁大学士,入阁参机务。居二年,诏加太子太保,谥文定。

《谷山笔麈》为其家居时所作,记述明万历前典章、人物、兵刑、财赋、礼乐、边塞、释道诸事。其中,尤以记嘉靖、隆庆、万历三朝事为详,盖为作者亲历或耳闻目睹矣,颇具史料参考价值。后学沈域《刻笔麈小引》曰:"是编也,识力议论,传古信今,凿凿不磨,故足润色皇猷、砥砺世道,可秘而笥之不广其传乎?"其论大致不诬。

选文标题为编者所拟。

1. 张居正经筵进讲

江陵相君柄政①,上眷顾殊绝,古今无两。每日御讲筵,讲臣出就直庐②,平漏③,相君以侍书入,在文华后殿东偏张一幄,相君、司礼侍立,造膝密语④,于此见之。上顾相君有所欲语,正字即却走⑤,出殿门,少刻,闻语止乃入。一日,江陵在直庐感病,上御文华后阁,亲调椒汤,使使赐之。又盛暑御讲,上先就相君立处,令内使摇扇殿角,试其凉暄;隆冬进讲,以毡一片铺丹地⑥,上恐相君立处寒也。(卷二《纪述一》)

【注释】

① 江陵:张居正,字叔大,号太岳,江陵(今湖北荆州市荆州区)人。少颖敏绝伦,十五为诸生。嘉靖二十六年(1547)进士,改庶吉士,授编修。居正美仪容,勇而深沉,常以豪杰自许,首辅严嵩、徐阶辈皆器重之。迁侍裕王(穆宗)邸讲读,王亦甚贤之。进侍讲学士领翰林院事。隆庆元年(1567),迁吏部左侍郎兼东阁大学士,入阁。四年,进吏部尚书、建极殿大学士。神宗即位,加少师、太子太师、左柱国、中极殿大学士,代高拱为内阁首辅。时帝年幼,一切军国重事皆由居正裁决。当国十年,推行改革。财政上清丈土地,推行一条鞭法,总括赋役;吏治上推行考成法,立限考事,综核名实,裁减冗员,整顿邮传和铨政;军事上则用谭纶、戚继光等练兵,防御鞑靼攻掠,平定西南叛乱。然亦专断,尝以神宗诏毁天下书院。又以父死夺情任职,群臣论者均遭迁谪,颇逆清议。万历十年(1582)进太师,寻卒,年五十八。赠上柱国,谥文忠。死后遭弹劾,尽夺官、谥,家亦抄没。至熹宗天启间,诏复故官予葬祭。

② 直庐:皇宫中侍臣值宿之处。

③ 平漏:犹"漏尽"。谓天将晓。东汉蔡邕《独断》卷下:"夜漏尽,鼓鸣则起;昼漏尽,钟鸣则息也。"

④ 造膝密语:形容亲切交谈或密谈。造膝,犹"促膝",谓对坐而膝相接近。

⑤ 正字:明詹事府司经局低级属官。参见第211页第8则注释⑤、第242页第4则注释④。

⑥ 丹地:古代帝王宫殿内涂红地面。

2. 神宗戏冯保

上初登极,或时与宫中小内使戏,见冯珰保入①,即正襟危坐曰:"大伴来矣。"

小内使侍上游戏者,冯珰常阴罪之,故宫中皆严冯珰,珰亦稍专横,即上有所责罚,非出冯口,毋敢行者。及上稍长,积不能平②,而左右一二亲昵,稍稍以冯珰罪状闻,上以太后故③,不敢发,然心恨之云。一日,上戏以所御扇藏殿中隐处,戒左右毋泄,而令冯珰求扇,冯汗流四驰,求之不得,以是为剧④。又一日,见冯珰衣大红色甚鲜,问曰:"何处得此?"方食蜜饴⑤,即以赐冯,亲为纳之袖中,油尽污乃止。冯退而泣。(卷二《纪述一》)

【注释】

① 冯保:深州(今属河北衡水市)人。嘉靖中为司礼监秉笔太监。隆庆元年(1567),提督东厂兼掌御马监事。与张居正深相结,穆宗得疾,保密嘱居草遗诏,为阁臣高拱所见而责之。保言于后妃,矫遗诏令与阁臣同受顾命。神宗登极,保升立宝座旁,举朝大骇。命掌司礼、提督东厂兼总内外。首辅高拱劝言臣交章论保,而保匿其疏,与居正定谋逐拱去,遂以居正代之。保内倚太后,外倚居正,数挟持帝,帝积怒不能堪。已而居正死,太后归政,保失所倚,遂谪为奉御、南京安置,久之乃死。 珰:古代宦者冠饰,因以代称宦官。

② 积:郁积于心。

③ 太后:即穆宗李贵妃,神宗生母。漷县(今北京市通州区漷县镇)人。神宗即位,上尊号慈圣皇太后。太后遇帝颇严,帝甚畏之。万历四十二年(1614)二月崩。谥曰孝定贞纯钦仁端肃弼天祚圣皇太后。

④ 剧:游戏;嬉闹。

⑤ 蜜饴:蜜糖。

3. 迎 銮

天下之事有机①,机之所在,有不可以理论而可以势解者②,以策士之所以胜也③。凡天下之事,有可为而不为者,此其心必有所在而难于言,拂而语之,千百言而不入,探而操之,一二语而有馀,此所谓机也。秦桧之杀岳王④,世以为守金人之盟,综其实,不然,杀岳者,高宗之志也,高宗志不在于迎渊圣而桧知之耳⑤。我英宗北狩,群臣疏请迎复,至再三不报,虏酋伯颜、也先索人出迎⑥,至再三不报,及送至都门,竟无一介行李及于迎驾⑦,势穷情极,遂至自入,景帝之心可知也。其语诸大臣曰:"当时大位,是卿等要朕为之。"及遣使入虏,又命之曰:"若见也先等,好生说话,不要弱了国势。"盖欲激怒而绝之也。当是之时,君臣大义、骨肉至情,岂足动其听哉？唯有利害可陈耳。设有战国策士，必将说之曰："今不亟迎上皇，虏日以上皇为名，拥车驾于前行，入居塞上，攻剽城邑，守边将吏不敢北向发一矢，又迫上皇传旨，索金犒虏，边臣何以予之？一年不迎，一年不止，是坐而自困也。此其小也。万一上皇怨陛下不迎，扈从诸臣有如喜宁辈进策⑧，拥胡骑数万，结一二边将，由甘肃、宁夏而入，直至咸阳，复正位号，布告天下，东向而请命于太后⑨，陛下胡以处之？周王以狄兵入⑩，有故事矣。此其远者。万一边镇亲王有为不轨之谋者，以迎驾为名，称兵塞上，假托祖训，合从诸藩，即其谋不遂，而朝廷固已多事矣。惟有亟迎上皇，奉入大内，则群谋自解，祸难潜消，陛下安枕九重之上，孰与悬口实于天下而阴受其害耶？"此言一出，奉迎之使立遣矣。而在廷诸公，不闻有言及此者，乃徒以君臣骨肉之说进，宜其不入也。何也？利害之念重，必有甚于所虑者，乃可进也。（卷三《迎銮一》）

【注释】

① 机：关键；根由。

② 势：情势；形势。

③ 策士：本指战国时期游说诸侯的纵横之士，后泛指出谋献策的人。

④ 秦桧之杀岳王：指南宋绍兴十一年（1141），高宗命秦桧以"莫须有"罪杀岳飞事。

⑤ 渊圣：指宋钦宗。靖康二年（1127）四月，金兵掳徽宗、钦宗二帝北还；五月，康王赵构即位于南京（今河南商丘市），遥上钦宗尊号曰孝慈渊圣皇帝。

⑥ 伯颜、也先：明正统时蒙古瓦剌部首领。时瓦剌部立脱脱不花为可汗，丞相脱懽之子也先嗣爵，称太师淮王。于是北部皆服属也先，脱脱不花唯具空名，不复相制。正统十四年（1449）七月，也先率兵大举入寇，败明军于土木堡，俘英宗，拘于其弟伯颜帖木儿营中。景泰元年（1450）八月，也先、伯颜送英宗归。

⑦ 行李：使者。

⑧ 喜宁：女真族。太监。扈从英宗北征，土木兵败被俘，叛。献策于也先，并引路攻夺明关。景泰元年二月，充瓦剌使入宣府和谈，为边将所执，解京磔于市。

⑨ 太后：即宣宗孝恭皇后孙氏。邹平（今属山东滨州市）人。宣宗即位，封贵妃。无子，阴取宫人子为己子，即英宗。宣德三年（1428）册为皇后。英宗立，尊为皇太后。英宗北狩，太后命郕王监国。景帝即位，尊为上圣皇太后。英宗还，幽南宫，太后数入省视。英宗复辟，上徽号曰圣烈慈寿皇太后。天顺六年（1462）九月崩。谥曰孝恭懿宪慈仁庄烈齐天配圣章皇后。

⑩ 周王以狄兵入：指春秋时周襄王借狄兵伐郑。襄王十三年（前639），郑文公伐滑，周襄王

遣使说和,郑执其使。襄王怒,乃请狄。十七年,狄兵入而伐郑。事见《国语·周语中》。狄,春秋时通称为北狄,北方游牧民族,分"赤狄""白狄""长狄"三部,与中原屡有征战。

4. 邪污宜疏

沈大宗伯在部①,于礼教风俗锐意匡正,前后所奏禁奢抑浮不下数疏。一日,言及倡优一种,最伤风化,欲建议通行天下尽为汰除。予曰:"此恐不能为,亦不必尔。自古以来,有此一类,先王以礼防民,莫之能废,必有以也②。何者?天地六气③,自有一种邪污,必使有所疏通,然后清明之气可以葆完④,辟如大都大邑,必有沟渠以流其恶,否则,人家门庭之内,皆为秽浊所留矣。先王救俗之微权⑤,有不可以明喻者,存而不问可也。"沈公以为然,因止其事。(卷三《国体》)

【注释】

① 沈大宗伯:沈鲤,字仲化,归德(今河南商丘市)人。嘉靖四十四年(1565)进士,改庶吉士,授检讨。神宗立,进左赞善。历侍讲学士、礼部右侍郎、吏部左侍郎,屏绝私交,好荐贤士而不使知。万历十二年(1584),擢礼部尚书,久之加太子少保。鲤在部,持典礼多所建白。如考先朝典制,自丧祭、冠婚、宫室、器服率定为中制颁天下,以戒时俗之侈靡;又奏行学政八事,革不端之士习;又请复建文年号,重定《景帝实录》,勿称郕戾王等。二十九年,命以故官兼东阁大学士入参机务,屡辞不允,明年七月始入,时年七十有一矣。三十二年,加少保,改文渊阁大学士,又进少傅兼太子太傅。鲤为官正直,颇孚士望,人称"归德公"。三十四年致仕。四十三年卒,年八十五。赠太师,谥文端。有《亦玉堂稿》十卷存世。大宗伯,明时以称礼部尚书。

② 有以:有道理;有规律。

③ 六气:六种自然气候现象。《左传·昭公元年》:"六气曰阴、阳、风、雨、晦、明也。"

④ 葆完:保持完全而不受损害。葆,通"保"。

⑤ 微权:机变;权谋。

5. 新郑被逐

新郑之入也①,江陵有力。其始,相得甚欢,如出一口。既而诸相皆逐,惟二人同事,新郑稍稍自用,用宋程之策②,间摘江陵之党,江陵不能平也。已,会今上即位,新郑条上五事,大率禁中官之权,使政归内阁,中官见之大恨。一日,内使奉旨至阁,传谕云云,新郑曰:"旨何人调?"中使以上意应,新郑即曰:"上冲年③,安知调旨? 皆若曹所为也,吾且逐若曹矣。"中使入言状,冯珰大恐,新郑又已令台谏六人劾之,冯珰又恐,谋逐新郑益亟,按其奏不下。江陵即行视陵地,往返三日,抵邸,称病不出。一日,有旨召成国、内阁、六部至会极门宣谕④,新郑以为台谏疏行,且法冯珰也,甚有喜气。或叩今日宣谕何事,即应曰:"当是双马。"谓处冯珰也。江陵方卧病,令二人掖之而入,皆伏门下,中使捧诏,新郑以手仰接,中使不也,以授成国,新郑色变,及发读之,乃逐新郑旨也。自是宫府一体⑤,同心若兰矣⑥。(卷四《相鉴》)

【注释】

① 新郑:高拱,字肃卿,新郑(今属河南郑州市)人。嘉靖二十年(1541)进士,选庶吉士,逾年授编修。穆宗居裕邸,进为侍讲。四十五年,以首辅徐阶荐,拜礼部尚书兼文渊阁大学士,入阁。穆宗即位,进少保兼太子太保。渐与徐阶反目,至互为攻讦,为人所劾,以少傅兼太子太傅罢,既而阶亦乞归。隆庆三年(1569),张居正请复起拱,召以大学士兼掌吏部事,故人多不自安。拱在内阁,以才略自许,性迫急而不能容物,先后逐陈以勤、赵贞吉、李春芳、殷士儋去,以致物议。神宗即位,拱以主幼,欲收司礼监权还之内阁,又命言官合疏攻冯保,与居正谋。而居正与保交好,私以语保,保诉于太后责拱擅权不可容,诏数罪而逐之。万历六年(1578)卒,年六十六。明年,居正请复其官与祭葬,廷议论拱定蒙古俺答汗封贡互市功,赠太师,谥文襄。

② 宋程:未详何许人。或为高拱门生。《明史·高拱传》:"拱初持清操,后其门生、亲串颇以贿闻致物议。"

③ 冲年:幼年。神宗朱翊钧十岁登极。

④ 成国:此指成国公朱希忠。希忠字贞卿,怀远(今属安徽蚌埠市)人。永乐朝成国公朱能玄孙。嘉靖十五年(1536)袭爵。希忠性机敏,善结纳,名在诸勋贵之上。历掌五军都督后、右两府,总神机营,提督十二团营及五军营。常代帝出城祭天地,赏赐不可胜计。万历元年(1573)九月卒,年五十八。追封定襄王,谥恭靖。十年,以其非例违祖训,追夺王爵。

⑤ 宫府:此指内宫与内阁。意谓冯保与张居正内外一体,共操大权。

⑥ 同心若兰:谓意气相投,交情深厚。语出《周易·系辞上》:"二人同心,其利断金;同心之言,其臭如兰。"

6. 新郑罢归里中

新郑既为江陵所逐,罢归里中,又有王大臣之搆①,益郁郁不自安。一日,遣一仆入京，取第中器具，江陵召仆问其起居，仆泣诉："抵舍病困，又经大惊，几不自存。"江陵为之下泣，以玉带、器币杂物可直千金，使仆赍以遗之。又新郑家居，有一江陵客过，乃新郑门人也，取道谒新郑，新郑语之曰："幸烦寄语太岳，一生相厚，无可仰托，只求为于荆土市一寿具②，庶得佳者。"盖示无他志也。万历戊寅③，江陵归葬④，过河南，往视新郑，新郑已困卧不能起，延入卧内，相视而泣云。是年，新郑卒，无子，夫人张氏遣一仆入京上疏，求恤典⑤，因赍千金器物往献江陵，江陵却之，其仆泣曰："夫人使告相公：先相公平生廉，所爱惟此器物，无子孙可遗，谨以献相公，庶见此物如见先相公也。"江陵色动，怜之，乃尽纳其所献。翌日，恤典下矣。（卷四《相鉴》）

【注释】

① 王大臣：总兵戚继光三屯营南兵，因犯错逃亡，流落都下。万历元年（1573）正月，伪着内侍服，潜入乾清宫，被获下东厂。冯保既逐首辅高拱去，意犹未解，欲缘此诬拱。乃与张居正谋，令人馈王大臣饮食，纳刃其袖中，许以千金，教以诬拱谋大逆，遣刺幼帝。大臣许之。逾日，锦衣卫都督朱希孝等会鞫，将杖，大臣疾呼："许我富贵，乃掠治我耶！且我何处识高阁老？"希孝惧，不敢鞫而罢。会左都御史葛守礼、吏部尚书杨博等论救，居正迫于众议而劝保，保乃以生漆酒喑大臣，移送法司坐斩，拱获免。事见《明史纪事本末》卷六十一、《明史·宦官传二》。

② 寿具：寿材。老人生前所备棺材。

③ 万历戊寅：万历六年（1578）。

④ 归葬：人死后将尸体运回故乡埋葬。此指张居正归父葬。万历五年（1577）九月，居正父丧，外乞去职守制，示意冯保使勉留，上允之，居正乃吉服视事。编修吴中行、检讨赵用贤等合疏论居正夺情贪位，居正怒而杖之，驱出国门，士论哗然。夺情，谓减少居丧期间哀痛之情。此指居丧不去职丁忧。

⑤ 恤典：帝王对臣属规定的丧葬善后礼式。

7. 小人谄态

小人谄态，无所不至，古今一揆①。蔡京在位②，其党有薛昂者③，以京援引，得至执政，举家为京避讳，或误及之，辄加笞责，己尝误及，即自批其口。谄至如此，良可哀也。江陵在位，有朱御史者，为人幕之客，江陵卧病，举朝士夫建醮祈祷④，御史至于马上首顶香盒驰诣寺观，已而行部出都⑤，畿辅长吏例致牢饩⑥，即大惊，骂曰："不闻吾为相公斋耶？奈何以肉食馈我！"此又甚于昂矣。嗟夫！佞人也，诚以趋事权要之心事其君上，必为忠臣，事其父母，必为孝子，而甘心于此，人奴厕养不足为污矣⑦。（卷四《相鉴》）

【注释】

① 一揆：谓同一道理；一个模样。
② 蔡京：字元长，北宋兴化仙游（今属福建莆田市）人。熙宁进士。元祐年附司马光旧党，绍圣年又附章惇新党。徽宗朝，勾结宦官童贯，以谋起用。崇宁元年（1102）为右仆射，次年升左仆射兼门下侍郎，后加太师。为相期间，以恢复新法为名，搜刮民财，大兴土木。大观三年（1109），为谏官所劾，罢相居杭州。政和二年（1112），复拜相，进封鲁国公。宣和二年（1120），以太师鲁国公致仕。六年，落致仕，领三省事。七年，又罢。值金兵攻宋，钦宗即位，天下以京为"六贼"之首，贬为分司南京、河南居住，又逐岭南，途中死于潭州，年八十。
③ 薛昂：北宋杭州（今属浙江）人。元丰八年（1085）进士。崇宁初（1102），历官至给事中兼大司成。大观三年（1109），拜尚书左丞，后出知江宁，徙河南。政和三年（1113），蔡京复用事，昂迁门下侍郎。寻请罢，授彰化军节度使，改特进，充资政殿大学士知应天府。昂始终依附蔡京，举家为京讳。靖康初（1126），言者斥其罪，诏以金紫光禄大夫致仕。南宋建炎元年（1127）八月，杭州军校陈通以衣粮不足发动兵变，昂不请命而领州事。乱平，责徽州居住。
④ 建醮：旧时僧道设坛为亡魂或病人祈祷。
⑤ 行部：谓巡行所属部域，考核政绩。
⑥ 牢饩（xī）：本指祭祀用牛羊豕等牺牲。此处泛指肉食。
⑦ 人奴厕养：意谓君子、小人杂处混养。 不足为污：不难变得卑贱、肮脏。

8. 葛守礼廉直

穆考初政，新郑以藩邸之旧即欲自用①，华亭积不能堪②，因百计逐之。且太宰杨公、御史大夫王公及六官之长各率其属上疏③，及台省属官交章论奏，凡二十八疏，大略保华亭之功，劾新郑之罪，以为不可一日使处朝廷。穆考甚眷新郑，及见论者日众，不得已策罢之。是时葛端肃公守礼为大司徒④，而独不上疏。少司徒二人，其一桂林徐公养正⑤，新郑之同馆也，其一扶沟刘公自强⑥，新郑之里人也，皆请葛公上疏，葛终不肯，曰："人之所见不同，有者自有，无者自无，何可强乎？"二公不得已，乃为白头疏上之⑦。已而葛公自罢，徐遂迁南大司空去⑧。其后二年，新郑再相,感葛公之谊,因召而用之。时刘方为大司寇⑨,新郑从容语曰:"当时公等作白头疏时,一何忍也?"刘曰:"当时若无此疏,今日安得在此?"新郑曰:"葛先生尚在此耶?"刘为赧然。葛公,廉直人也,新郑第以旧恩用之⑩,新郑当大权,多所快恣,而葛掌御史台,不肯附丽,新郑亦少疎之。其后王大臣事,葛公又为宛转⑪,以不及祸。交道始终如此公者,世不几见。(卷五《臣品》)

【注释】

① 藩邸之旧:藩王府旧僚。嘉靖中,穆宗为裕王,高拱尝入王府为侍讲。

② 华亭:徐阶,字子升,松江华亭(今上海市松江区)人。嘉靖二年(1523)进士第三人,授翰林院编修。尝从王守仁门人游,有声士大夫间。历延平府推官、黄州府同知、浙江按察佥事、江西按察副使,累官吏部右侍郎兼翰林院学士。三十一年,以礼部尚书兼东阁大学士入阁参机务。四十一年,逐严嵩,以少师兼太子太师、吏部尚书、武英殿大学士代为首辅,寻首充建极殿大学士。隆庆二年(1568)致仕。万历十一年(1583)卒,年八十一。赠太师,谥文贞。

③ 太宰杨公:杨博,字惟约,蒲州(今山西运城市永济市蒲州镇)人。嘉靖八年(1529)进士。历知盩厔、长安,征为兵部武库主事、职方郎中。从巡九边,受上官赏识。二十五年,超拜右佥都御史,巡抚甘肃,大兴屯田水利,修筑墩台城堡,境内肃然。后以兵部左侍郎经略蓟州、保定军务,击退蒙古把都儿和打来孙十馀万犯境之骑,擢兵部尚书。又命以总督宣府、大同及山西军务,调蓟辽,帝眷倚若左右手。久之,改吏部尚书。隆庆改元,累进少师兼太子太师。万历元年(1573),以疾乞归,逾年卒,年六十六。赠太傅,谥襄毅。明尊称吏部尚书为太宰。　御史大夫王公:王廷,字子正,南充(今属四川)人。嘉靖十一年(1532)进士,授户部主事,改御史。以疏劾吏部尚书汪鋐,谪亳州判官,历苏州知府,有政声,累迁右副都御史总理河道。三十九年,以户部右侍郎兼左佥都御史总督漕运,巡抚凤阳诸府。后以御倭功迁南京礼部尚书,召为左都御史。隆庆元年(1567),论逐高拱。及拱再相,廷乞休以避之,仍斥为民。万历初(1573),以巡抚四川都御史曾省吾奏,诏改故官致仕。十七年卒,谥恭节。明废御史大夫之名,设都察院左右都御史,故因旧称都御史为御史大夫。

④ 葛守礼:字与立,德平(今山东德州市临邑县德平镇)人。嘉靖七年(1528)举乡试第一,明年成进士,授彰德推官。后为兵部主事,改礼部。帝深知其廉,迁河南提学副使、山西按察使、陕西布政使、右副都御史巡抚河南,入为户部侍郎督饷宣府、大同,升南京礼部尚书。隆庆元年(1567),起为户部尚书,奏定国计簿式,减少科派,多有建树。时内阁纷争日剧,举朝攻高拱,独守礼不为动,寻乞养母归。拱再相,深德守礼,起为刑部尚书,改左都御史。万历初(1573),张居正、冯保欲以王大臣事搆杀拱,守礼力为解。三年,以老乞休,六年卒。赠太子太保,谥端肃。　大司徒:周官,掌国家土地与人民。明为户部尚书之别称。时葛守礼正任此职。明又以大司农为户

部尚书之别称。大司农,汉武帝时官称,掌租税钱谷、盐铁财政,为九卿之一。后世所置略同。明废,其职并入户部。

⑤ 徐养正:字吉甫,马平(今广西柳州市)人。嘉靖二十年(1541)进士,与高拱等同选庶吉士。授礼科给事中,改户科。二十七年,劾严嵩之子世蕃奸状,嵩怒,矫诏廷杖六十,谪云南通海县典史,量移肇庆府推官。历贵州提学佥事、云南按察司佥事,迁南京光禄寺少卿。嵩败,累官至南京户部右侍郎。四十五年,进户部左侍郎。隆庆二年(1568),升南京工部尚书,未任致仕,卒。

⑥ 刘自强:字体乾,扶沟(今属河南周口市)人。嘉靖二十三年(1544)进士,擢吏部郎中。忤严嵩父子,以太仆少卿出为陕西参议,后入为礼部郎中。四十五年,进户部右侍郎。隆庆二年(1568)转左,升南京右都御史。四年,复召为刑部尚书。六年致仕,卒。

⑦ 白头疏:谓不具名奏疏;匿名疏。

⑧ 南大司空:指南京工部尚书。大司空,周官名。汉成帝时,改御史大夫为大司空,与大司徒、大司马并称为三公。明用作工部尚书之别称。

⑨ 大司寇:周官名。掌刑狱纠察之官。后世以为刑部尚书之别称。据本书卷十三:"自嘉、隆以来,士风文字雅好古风,官名称谓亦多从古,如称六卿为大司徒、大司马之类,此皆周官旧名,职任相合,称之是也。"如称吏部尚书为"冢宰"或"太宰",户部尚书为"大司徒"或"大司农",礼部尚书为"大宗伯",兵部尚书为"大司马",刑部尚书为"大司寇",工部尚书为"大司空"。

⑩ 第:次序。此指按序升迁。

⑪ 宛转:谓通融或斡旋。

9. 陆树声清望第一

华亭陆文定公树声登第四十年①,立朝不盈数载,每迁一官,辄以病罢,闭门宴坐,焚香啜茗,即亲戚故人,罕接其面。嘉靖数十年间,海内清望②,必以平泉先生为第一。自其为吉士移疾归里③,其后告满诣阙,分宜柄国④,官无大小,皆有定价,而馆职尤重。世蕃知公无所絜⑤,第使人索松江绫子二百匹,当以翰苑予之⑥。陆公谢曰:"本不敢希翰苑,又实无一绫,惟公所置之。"遂不往谒。张龙湖公治⑦,陆之座主也⑧,为之解于分宜,分宜曰:"彼陆生者,何其径廷⑨。"张曰:"蠢人,不足较。"乃令出试。以南宫举首⑩,不得已授馆职,而意终不释然。龙湖忧之,乃私以锦币四双、白金四十使人持候分宜门下,使使召陆:"吾为汝谒,可往见相公一谢。"陆从命往,龙湖又使严太史介之同行,至门,张公所遣使持金币者以刺授陆⑪,使自为献,陆公大愕,严告之故,陆公不言,怀其刺而入,一指即出⑫,终不出刺,分宜出送二公,见门左持金币者,问曰:"此谁所具?"陆曰:"不知。"竟不献而出。分宜大恨。陆公授职未几,又以告去矣。数告数起,历南雍、南部时⑬,华亭当国,公落落穆穆也⑭。万历改元,以大宗伯召⑮,在位逾年,与内阁论事不合,复称疾求去。(卷五《臣品》)

【注释】

① 陆树声:字与吉,号平泉,松江华亭(今上海市松江区)人。少力田,暇即读书,举嘉靖二十年(1541)会试第一,选庶吉士,授编修。三十一年,请急归,遭父丧。其后屡起屡辞,乃为太常卿,掌南京祭酒事。亲拟学规十二章,训励诸生。召为吏部右侍郎,引疾不拜。隆庆中再起故官,不就。神宗即位,即家拜礼部尚书。上疏止兵部增北边岁币,又力陈省奏牍、防壅蔽、纳谠言、别忠邪等策以应四方灾异,皆嘉纳。万历改元,不愿受中官辱,连疏乞休。张居正许以入阁留之,亦不从,力辞而去。比出国门,士大夫倾城追送,皆谢不见。后病卒于家,年九十七。赠太子太保,谥文定。

② 清望:清白美好的名望。

③ 吉士:即庶吉士。明翰林院留馆见习之进士。参见第127页第1则注释⑤。

④ 分宜:严嵩,字惟中,分宜(今属江西新余市)人。弘治十八年(1505)进士,改庶吉士,授编修。移疾归,读书钤山十年,为古诗文,颇著清誉。久之,召为国子祭酒。嘉靖七年(1528),历礼部右侍郎、吏部左侍郎,进南京礼部尚书改吏部。在南京五年,以贺万寿节至京,会更修《宋史》,留嵩以礼部尚书兼翰林学士董其事。二十一年,拜武英殿大学士入阁,仍掌部事,时嵩年已六十馀。二十三年,进吏部尚书兼谨身殿大学士。二十七年,以善撰醮祀青词,一意媚上。又排陷曾铣、夏言等重臣,始擅专朝政。为首辅十五年,铲除异己,轻者去之,重者致死。又擢其子世蕃为工部侍郎,内结中官,贪贿纳奸,至政以贿成,官以赂授,朝纲大坏。四十一年,徐阶荐山东方士蓝道行于帝,帝入其扶乩之言,有意去嵩。得御史邹应龙抗疏极论嵩父子不法,乃令嵩致仕,世蕃远戍。寻世蕃坐大逆,伏诛,黜嵩及诸孙皆为民。隆庆元年(1567),嵩老病寄食墓舍以死,年八十八。

⑤ 絜(xié):提持。所絜,此指提持的礼物。

⑥ 翰苑:翰林院。此句意谓当以翰林院官职授之。

⑦ 张治:字文邦,号龙湖,茶陵(今属湖南省株洲市)人。正德十五年(1520)会试第一,选庶吉士,授编修,进左赞善。嘉靖时历两京吏部侍郎、南京吏部尚书。持身方正,锐然以辨邪正为己任。二十八年(1549),进礼部尚书兼文渊阁大学士入阁。时严嵩专权,治悒悒不自得,逾年病卒。谥文毅。

⑧ 座主:进士考试主考官或总裁官。参见第139页第13则注释⑫。

⑨ 径廷:亦作"径庭"。谓从庭中横绝而过。引申为非礼、过分。
⑩ 南宫举首:谓礼部会试第一名。南宫,尚书省别称,此指礼部。
⑪ 刺:名刺;名帖。
⑫ 一指:一次指点的工夫。谓极短的时间。
⑬ 南雍:明设于南京的国子监。雍,辟雍,古之太学。　南部:明南京六部。
⑭ 落落穆穆:洒脱而端庄。
⑮ 大宗伯:明称礼部尚书。参见第174页第12则注释⑧、第349页第8则注释⑨。

10. 吴岳清操绝代

汶上太宰吴介肃公岳①,清操绝代,嘉靖末年为真定巡抚,见分宜虐焰②,即移疾自罢,屏居南旺湖上③,茅屋数间,薄田一二顷,仅给衣食,日惟默坐一室,阅禅经数卷。客有过者,亦时或出见,或留设食,食不过数品,率脯菜三四品④。然不出谒客,有时游行,惟跨一驴,或讽其矫⑤,公曰:"吾罢吏居家,从来不用邑中夫役,欲觅舆夫,力又不能,老不能骑马,故跨一驴,取其简便,实不矫也。"及嘉靖乙丑⑥,分宜罢相,华亭当国,收罗海内人望,乃起公为御史中丞⑦,报者以檄至,仆入白状,公方趺坐行气未已,仆白一二语,摇首不答,仆不敢言,出俟门外,可炷香顷⑧,乃下床索檄观之,掷不更视,已而亲友从臾⑨,乃出就征。一时士论翕然⑩,以为得人。(卷五《臣品》)

【注释】

① 吴岳:字汝乔,汶上(今属山东济宁市)人。嘉靖十一年(1532)进士,授户部主事。历郎中督饷宣府,拒收美金数千。出知庐州、保定府,历浙江参政、湖广按察使、山西右布政使,以清静得民迁右佥都御史,协理院事。隆庆元年(1567),历吏部左右侍郎,迁南京吏部尚书。抑浮薄,杜侥幸,南都缙绅惮之。病卒。赠太子太保,谥介肃。
② 虐焰:残暴气焰。
③ 南旺湖:在汶上县西南,与蜀山湖南北并列。京杭大运河会通河段穿行其间。
④ 脯(fǔ)菜:干肉和蔬菜。
⑤ 矫:此指矫情。故意违背常情以立异。
⑥ 嘉靖乙丑:嘉靖四十四年(1565)。此与史不合。据《明史·宰辅年表》,严嵩罢相在嘉靖四十一年五月;徐阶三月进少师,五月代嵩为首辅。

⑦ 御史中丞：唐宋监察机关御史台次官。明废御史台，置都察院，故左右副都御史、左右佥都御史差可比前代御史中丞。

⑧ 可炷香顷：大约燃一炷香的时间。

⑨ 从(sǒng)臾：亦作"从谀"。怂恿；奉承。

⑩ 翕(xī)然：一致称颂貌。

11. 海 瑞 入 狱

琼山御史大夫海忠介公瑞①，尝为闽中邑博士②，御史行县，诣学宫，令长以下皆伏谒堂下，惟公平立不跪，曰："若至台院，当以属礼见，此堂乃师长教士之地，不当诎体③。"两训导夹公而跪，公立其中，时谓之"笔床博士"④。已而，浙江省试，延为主考，公欲以故事自出试目⑤，御史不肯，公即呼其从者，出聘币返御史⑥，曰："试目，考官事也，以考官召而不得与事，于义谓何？"即拂衣出。二司宛转留之⑦，竟出一目乃已。后迁一令，召入为户部主事，止携一奴入京，寄居一寺，出门，未尝有钥，僧入其室视之，惟故袍一领而已。乙丑⑧，上封事⑨，时自分必死，人亦无有以更生望者，已而竟免，盖华亭相公有力云。传闻公疏即入，世庙震怒，握其疏，绕殿而行，曰："莫教走了！"一宫女主文书者在旁窃语曰："彼欲为忠臣，岂肯走乎？"已而，召黄太监问之，黄曰："此人极戆，朝臣皆恶之，无与立谈。昨此疏既上，其仆已亡去矣。"上问："何以处之？"黄曰："彼欲以一死成名，皇上杀之，正彼所甘心，不如置狱中，使之自毙。"上是其言，既而有旨："此畜物有比干之心⑩，但朕非纣也。"公在狱中三年，遇穆考登极，赦以为大理丞，已而拜都御史。（卷五《臣品》）

【注释】

① 海瑞：字汝贤，琼山（今海南海口市）人。嘉靖二十八年（1549）举乡试。明年入都，上《平黎策》，识者壮之。三十三年，再试不中，署南平教谕。四十一年，迁淳安知县，清廉严正，不阿权贵。擢嘉兴通判，寻以忤上官坐谪兴国判官。久之，陆光祖为文选，擢瑞为户部主事。世宗晚年久不视朝，深居西苑设坛祈祷，总督、巡抚等大吏争上符瑞，廷臣无敢言时政者。四十五年二月，瑞独上疏，谓世宗"一意修真，竭民脂膏，滥兴土木，二十馀年不视朝，法纪弛矣"。上疏时自知触忤必死，市一棺，诀妻子。世宗得疏大怒，逮瑞下诏狱，移刑部论死，为首辅徐阶、刑部尚书黄光升所救。穆宗即位，大赦出狱，复故官，俄改兵部，擢尚宝丞，调大理寺。隆庆初，历两京左右通政。三年，以右佥都御史巡抚应天等十府，属吏皆惮其威，摧豪强而抚贫弱。由是怨顾兴，寻为人所

劾,遂改督南京粮储,小民闻其去,号泣载道,家绘像祀之。高拱掌吏部,素衔瑞,瑞因此而称病归。万历十三年(1585),召瑞为南京右佥都御史,道改南京吏部右侍郎,瑞时年已七十二。帝屡欲召用瑞,为执政阴沮之,乃命为南京右都御史。十五年卒于官。赠太子太保,谥忠介。

② 邑博士:县学官。明县学设教谕、训导等官,掌教诲所属生员。参见第183页第7则注释①。

③ 诎体:屈身拜伏。

④ 笔床:卧置毛笔的器具。用玉石、竹木、金属等制作,有凹槽,古制可卧笔四管。其横截面当如"山"字,以喻海瑞中立、两边夹跪之形。

⑤ 试目:考试题目。

⑥ 聘币:聘任所备礼物。币,本为缯帛,古以束帛为享聘之礼。此指聘用之物。

⑦ 二司:指明一省之承宣布政使司、提刑按察使司。

⑧ 乙丑:指嘉靖四十四年(1565)。海瑞上疏应在四十五年二月。

⑨ 封事:密封奏章。古代臣下上书奏事,为防泄露,用皂囊封缄,故称。

⑩ 畜(chù)物:牲畜。

12. 神宗不理政

今上在御日久,习知人情,每见台谏条陈,即曰:"此套子也①。"即有直言激切,指斥乘舆②,有时全不动怒,曰:"此不过欲沽名尔,若重处之,适以成其名。"卷而封之。予尝称圣明宽度,具知情状,有当事大臣所不及者,而太宰宋公独愀然曰③:"此反不是。时事得失,言官须极论,正要主上动心,宁可怒及言官,毕竟还有惊省,今若一概不理,就如痿痹之疾,全无痛痒,无药可医矣。"同列皆服其言。此后数年,百凡奏请,一切留中④,即内阁密揭⑤,亦不报闻,而上下之交日隔矣。回忆此公之言,为之三叹。(卷五《臣品》)

【注释】

① 套子:固定格式与办法。

② 乘(shèng)舆:帝王所乘坐的车子。代指帝王。

③ 宋公:宋纁,字伯敬,商丘(今属河南)人。嘉靖三十八年(1559)进士,授永平推官。擢御史,按西关、应天诸府。隆庆中,再按山西,擢顺天府丞,寻以右佥都御史巡抚保定诸府。万历初(1573),与张居正不合,引疾归。居正卒,廷臣交荐,以故官抚保定,寻迁南京户部右侍郎。十四

年,迁户部尚书,应对灾荒,斟酌盈虚,筹措缓急,上下赖之。十八年,代杨巍为吏部尚书,奖廉抑贪,亦为人所劾,五疏乞休,不允。十九年卒于官,年七十。赠太子太保,谥庄敬。

④ 留中:指将臣子所上奏章留置宫禁之中,不交办。

⑤ 密揭:秘密奏疏。

13. 孙承恩廉静

嘉靖中,华亭相君为大宗伯,其同邑孙公承恩亦以大宗伯掌詹①,二公对巷而居。徐公宾客甚盛,延接不暇,孙公生平寡交,退食闭门深卧而已。一日,着一布袍,负暄读书②,其仆窃语曰:"同为尚书,他家车马盈门,相公第中,鬼亦不至,我曹何望?"孙公闻之,呼其仆曰:"任尔等他往,留我一人在此,教鬼负去。"其廉静如此③。(卷五《臣品》)

【注释】

① 孙承恩:字贞甫,华亭(今上海市松江区)人。正德六年(1511)进士,授编修。世宗登极,以太子属官充经筵讲官,多所发明。累擢礼部尚书,掌詹事府。后世宗不理朝政,斋宫设醮,承恩独不肯冠黄冠,遂乞致仕归。卒,谥文简。

② 负暄:冬日受阳光曝晒取暖。

③ 廉静:谓秉性谦逊沉静。

14. 杨公多雅致

杨公好奇①,多雅致,平生宦游所历名山,皆取其一卷石以归②,久之积石成小山,闲时举酒酬石,每石一种,与酒一杯,亦自饮也。予慕其事而无石可浇,山园种菊二十馀本③,菊花盛开,无可共饮,独造花下④,每花一种,与酒一杯,自饮一杯,凡酬二十许者,径醉矣。(卷五《臣品》)

【注释】

① 杨公:杨巍,字伯谦,海丰(今属广东汕尾市)人。嘉靖二十六年(1547)进士,除武进知县。擢兵科给事中。上疏忤吏部,出为山西佥事,迁参议,分守宣府,以防御功擢右佥都御史巡抚宣府。穆宗立,进右副都御史移抚山西,复乞养母去。神宗即位,起为兵部右侍郎。万历二年

(1574),改吏部右侍郎,进左,又以终养归。十年,复起为工部尚书。明年,改户部,迁吏部尚书。素历清操,有时望,然年迈无主见,尝为人所玩。十八年,屡疏乞归。归十五年卒,年九十二。赠少保。

② 卷(quán)石:如拳大之石。

③ 本:量词。用于花木。株,棵,丛。

④ 造:到;去。

15. 成国兄弟孝友

成国兄弟孝友著闻①。成国多藏②,太傅好客③,成国时时分金予之,即太傅巨费,往索成国,成国无不如请。成国病卧东第,太傅第相去稍远,则列羽林于道④,直至成国卧内,成国欠伸饮食及何人侍左右,倾刻传报,或有不如节⑤,应时而至。及成国没,太傅日夜号泣,每上食几筵,即取座饮食其旁,若与相对,且食且泣,遂至发病以死,闻者悲之。太傅无子,子其弟子,成国有子不慧,嗣爵未久而没。数年之间,门第零落,宾客尽散,盛衰之感,有足悲焉。(卷六《勋戚》)

【注释】

① 成国:成国公朱希忠。参见第345页第5则注释④。

② 多藏:多所聚敛。

③ 太傅:成国公之弟朱希孝。万历初,官至太保兼太子太傅、后军都督府左都督掌锦衣卫。冯保以王大臣诬高拱,尝与吏部尚书杨博、左都御史葛守礼会鞫此案。参见第346页第6则注释①。万历二年(1574)卒。赠太傅。

④ 羽林:此处泛指禁卫军。明亲军上直卫共二十六卫:锦衣卫、旗手卫、金吾前卫、金吾后卫、羽林左卫、羽林右卫、府军卫、府军左卫、府军右卫、府军前卫、府军后卫、虎贲左卫、金吾左卫、金吾右卫、羽林前卫、燕山左卫、燕山右卫、燕山前卫、大兴左卫、济阳卫、济州卫、通州卫、腾骧左卫、腾骧右卫、武骧左卫、武骧右卫。以上均不属五军都督府管辖。

⑤ 如节:适度;适意。

16. 艺文以得难见少为贵

欧阳修游隋州①,得韩愈遗稿,读而慕之,苦心探赜②,至忘寝食,遂以文名天下。彼时韩公之文犹未盛行于世,欧公从断简遗编,遂受正法眼藏③,可谓天授。

今韩、欧之文布满天下,有能苦心探赜而得其玄珠者几何人哉④?苏氏之文出于《孟子》⑤,其时孟子之书未列学官,固侯鲭之一味也⑥。乃今举世服之,如布帛菽粟,人人厌饫⑦,而无知其味者矣。自古艺文经籍,得之难则视之必重,见之少则入之必深。何也?得之易则不肯潜心,见之熟则忘其为贵也。今夫墨池之士临拓旧帖,多于残编断简得其精神,不以其难且少耶?试使为文者如拓帖之心,则《兰亭》数语、峄山片石用之不竭⑧,何以多为?不然,即积案盈箱,富于武库之藏⑨,亦不足为用矣。(卷七《典籍》)

【注释】

① 随州:北宋京畿路随州(今属湖北)。欧阳修幼孤,随母往随州依其叔父欧阳晔,至弱冠后应举乃去。据胡柯《欧阳修年谱》,大中祥符三年庚戌(1010),"是岁,崇公终于泰州军事判官。公叔父晔,时任随州推官,因卜居焉。公母夫人郑氏,年方二十九,携公往依之,遂家于随。贫无资,以荻画地,教公书字。稍长,多诵古人篇章,使学为诗"。九年丙辰,"公年十岁,在随。家益贫,借书抄诵。州南大姓李氏子好学,公多游其家,于故书中得唐韩昌黎文六卷,乞以归,读而爱之"。天圣四年丙寅(1026),"公年二十,自随州荐名礼部"。明年,"是春试礼部,不中"。又明年,"公携文谒胥学士偃于汉阳,胥公大奇之,留置门下。冬,携公泛江,如京师"。另据《宋史·欧阳修传》:"修游随,得唐韩愈遗稿于废书簏中,读而心慕焉。苦志探赜,至忘寝食,必欲并辔绝驰而追与之并。"

② 探赜:探究奥秘。

③ 正法眼藏(zàng):佛教语。禅宗指全体佛法为正法,朗照宇宙谓眼,包含万有谓藏。相传释迦牟尼以正法眼藏付与大弟子迦叶,是为禅宗初祖,为"以心传心"授法之始。借指事物的诀要或精义。

④ 玄珠:黑明珠。道家、佛教以喻"道"之实体或教义真谛。

⑤ 苏氏:此指北宋苏洵、苏轼、苏辙父子三人。亦专指苏洵。"三苏"论文,皆推重《孟子》。苏洵有《苏氏孟子》二卷,其《上欧阳内翰第一书》曰:"孟子之文,语约而意尽,不为巉刻斩绝之言,而其锋不可犯。"(《嘉祐集》卷十二)苏轼作《孟轲论》曰:"自孔子没,诸子各以所闻著书,而皆不得其源流,故其言无有统要,若孟子,可谓深于《诗》而长于《春秋》者矣。其道始于至粗,而极于至精。充乎天地,放乎四海,而毫厘有所计。至宽而不可犯,至密而不可察,此其中必有所守,而后世或未之见也。"(《东坡全集》卷四十三)苏辙则著有《孟子解》一卷,其《上两制诸公书》曰:"今辙山林之匹夫,其术术技艺无以大过于中人,而何敢自附于孟子?然其所以泛观天下之异说,三代以来,兴亡治乱之际,而皎然其有以折之者,盖其学出于孟子而不可诬也。"(《栾城集》卷二十二)又,苏门弟子晁补之《再上苏公书》曰:"虽然,不佞生十五年,知读阁下书,阁下盖尝自谓

学出于孟子矣。"(《苏门六君子文粹》卷六十七)

⑥ 侯鲭(zhēng):即"五侯鲭"。汉娄护用王氏五侯家珍膳合烹的杂烩。泛指精美的荤菜。五侯,汉成帝母舅王谭、王根、王立、王商、王逢时同日封侯,号曰五侯。鲭,鱼和肉合烹而成的食物。

⑦ 厌饫:吃饱;吃腻。引申为满足。

⑧《兰亭》数语:指《兰亭集序》,东晋王羲之书。穆帝永和九年(353)三月上巳,王羲之与谢安、孙绰等四十一人修禊于山阴(今浙江绍兴市)兰亭,临流赋诗,羲之草序,用蚕茧纸、鼠须笔书之。　峄山片石:指《峄山碑》。秦始皇二十八年(前219),巡行时登峄山所刻,颂秦功德,后有秦二世诏辞。相传为李斯篆书。原刻石已佚。今传本为南唐徐铉仿刻。峄山,又名邹山、邹峄山、邾峄山,在邹县北(今山东邹城市东南)。

⑨ 武库:称誉人的学识渊博,干练多能。

17. 写意与写照

古人之诗如画意,人物衣冠不必尽似,而风骨宛然;近代之诗如写照①,毛发耳目无一不合,而神气索然②。彼以神运,此以形求也。汉、唐之古风,盛唐之近体,赠送酬答,不必知其为谁,而一段精神意气,非其所与者不足当之,所谓写意也③;近代之诗,赠送酬答,必点出姓氏、地名、官爵,甲不可乙,左不可右,以为工妙,而不知其反拙矣,此所谓写照也。(卷八《诗文》)

【注释】

① 写照:写真。描写逼真。

② 索然:空洞乏味貌。

③ 写意:指绘画、作诗不求工细形似,但求以精练之笔勾勒形象之神态,抒发作者情感。

18. 煮成之药与合成之药

古人之文如煮成之药,今人之文如合成之药。何也? 古人之文,读尽万卷,出入百家,惟咀嚼于理奥①,取法其体裁,不肯模拟一词,剽窃一语,泛而读之,不知所出,探而味之,无不有本,此如百草成煎,化为汤液,安知其味之所由成哉? 今之工文者不然,读一家之言,则舍己以从之,作一牍之语,则合众以成之,甚至全句抄录,连篇缀缉,为者以为摹古,读者以为逼真,此如合和众药,萃为一剂②,指而辨之,孰参孰苓③,孰甘孰苦,可折而尽也④。乃世之论文者,以渣滓为高深,汤液为肤浅,取古人之所不为,谓其未解,拾古人之所已吐,笑其未尝,不亦鄙而可怜也哉!(卷八《诗文》)

【注释】

① 咀嚅(jǔ rú):体味;钻研。
② 萃:聚集。
③ 孰参孰苓:哪些是人参哪些是伏苓。人参、伏苓,皆为药草名。
④ 可折而尽:意谓可以全部判断出来。折,判断,裁决。

19. 称 谓 有 体

凡臣子对君称谓有体,李泌对德宗曰①:"臣若苟合取容②,何以见肃宗、代宗于天上?"此称谓法也。凡人言死则曰"见某于地下",人主之祖、父则曰"见于天上",此不可不知。嘉靖中,上在西城召太医令徐伟入胗龙脉③,进殿蒲伏膝行,见上倨坐小床,龙衣曳地,不敢以膝压衣,奏曰:"皇上龙衣在地上,臣不敢前。"上遽以手抠衣,出腕而胗,伟但一时语耳。出至直庐,手札赐内阁曰:"伟适胗脉,称'衣在地上',足见忠爱。地上,人也,地下,鬼也。"云云。赏赉甚厚④。伟见札惶惧失色,自谓若有神佑,设使误称"地下",罪万死矣。盖世庙严而多忌,误有所犯,罪至不宥⑤,而伟偶中上旨,非虑所及,故且喜且惧耳。此与泌"天上"之称,亦偶合矣。(卷十《谨礼》)

【注释】

① 李泌:唐大臣。字长源,其先辽东襄平(今辽宁辽阳市)人,后居京兆。少聪敏,博涉经史,善属文,尤工于诗,以王佐自负。玄宗时待诏翰林、东宫供奉。安史乱起,奔肃宗,深见信任,使掌机务,权逾宰相,有"白衣宰相"之称。代宗时召为翰林学士。德宗时拜中书侍郎平章事,封邺侯。德宗:唐德宗李适(kuò)。代宗李豫长子,肃宗李亨长孙。在位时年号建中(780—783)、兴元(784)、贞元(785—804)。

② 苟合取容:谓附和讨好别人以求自己安身。
③ 西城:即西苑。在紫禁城外、皇城西,有太液池(今北海、中海和南海)。嘉靖中,世宗好神

仙道术,设斋醮于西苑,深居而不理政事。　朕:同"诊"。察看;诊察。

④ 赏赉(lài):赏赐。

⑤ 不宥:不宽恕;不原谅。

20. 倭寇朝鲜

万历壬辰①,倭寇朝鲜,朝廷遣兵援,恐其不胜,欲调播酋杨应龙兵东救朝鲜②。又听一妄男子上言,欲发暹罗之兵③,使由海道捣其巢穴,庙堂以为奇策,识者闻之,无不骇笑。播酋不奉汉法,阻兵拒命,朝廷遣使即讯,数年不出,此何等情形也,乃欲调其甲士出入中土,窥见虚实,纵使有功,何以善后?此岂制播酋之方?至于暹罗小国,僻在海南,日本视之,何啻培塿④?而欲使捣其国都,是以蠛蠓入鼎也⑤!匪独如此⑥,纵使播酋恭顺,暹罗盛强,势亦不能。何也?由蜀至辽,一经两海,水土不习,强弱亦异,而暹罗小国乃在占城之南⑦,琉球之西⑧,三十余年不通朝贡,使者佩虎符而往⑨,将安问津?况能发其兵乎?此等见解,如醉如痴,谋国若斯,不败何为?国家福德,天实默佑,非人力也。方议调兵时,有一当路过东⑩,驻车相访,语次,叹曰:"暹罗可调否?恐其兵入中国,多所蹂践,奈何?"予笑应曰:"暹罗知在何方?取得来再虑未迟。"此公亦未披舆图,不知暹罗所在也。因忆唐元稹为宰相⑪,会成德王廷凑反,围牛元翼于深州,官军不能解,乃用于方计,遣客间说贼党,使出元翼,又赂吏、兵令史,伪出告身二十通⑫,令以便宜给赐,事闻,稹遂罢相。此政与遣程鹏举觅兵暹罗事类⑬。(卷十一《筹边》)

【注释】

① 万历壬辰:万历二十年(1592)。是年五月,倭酋关白平秀吉(丰臣秀吉)犯朝鲜,陷王京(今韩国首都首尔),朝鲜王李昖奔义州求救。七月,命副总兵祖承训率师援朝鲜,与倭战于平壤,败绩。十月,命李如松提督蓟辽、保定、山东军务,充防海御倭总兵官救朝鲜。明年正月,李如松攻倭于平壤,克之。寻进逼王京,战于碧蹄馆,明军中伏败。四月,倭弃王京遁。七月,召援朝鲜诸边镇兵还。

② 播酋杨应龙:播州宣慰使杨应龙。唐贞观十三年(639),废隋牂柯郡,置播州(治今贵州遵义市)。其地屡为南诏国所侵占。唐僖宗乾符三年(876),太原人杨端率军攻入播州,遂主州事,诏封播州侯。宋置安抚司,元置宣抚司,明置宣慰司,皆以杨氏袭领之。至杨应龙,历二十九代。万历二十八年(1600),杨应龙叛,俄败亡。杨氏据播,凡七百二十五年。

③ 暹罗:明中期由暹、罗斛两国合并为暹罗国(今泰国)。

④ 培塿(pǒu lǒu):本作"部娄"。小土丘。

⑤ 蠛蠓(miè měng):小飞虫。体微细,将雨,群飞塞路。

⑥ 匪:非;不是。

⑦ 占城:占城国(今越南南部)。

⑧ 琉球:琉球国(今日本萨南诸岛、冲绳诸岛和先岛诸岛)。

⑨ 虎符:兵符。调兵遣将凭证。

⑩ 当路:掌权者。

⑪ 元稹:字微之,唐河南(治今河南洛阳市)人,居京兆万年(今陕西西安市)。早年家贫。举贞元九年(793)明经科、十九年书判拔萃科。历监察御史。元和四年(809),因得罪宦官及权臣,贬为江陵士曹参军,量移通州司马。闲散无事,专力于诗章,与白居易相酬和,人称"元白"。十四年,召入为膳部员外郎。诗文为宰相令狐楚所赏,以为当今鲍、谢。长庆元年(821),召入翰林,授中书舍人、承旨学士。明年,拜同中书门下平章事。是时,恒州成德军衙内兵马使回鹘人王廷凑杀节度使田弘正,自称节度使留后、知兵马使,与卢龙节度使朱克融起兵叛。穆宗命河东节度使裴度充幽镇两道招抚使、泾原节度使田布代魏博节度使率魏军进讨,又以深州刺史牛元翼为成德军节度使。二年正月,王廷凑、朱克融连兵围困牛元翼于深州。朝廷赦免二人,赐节钺,令其罢兵,俱不奉诏。稹因天子拔擢,欲立功以报,用谋士于方之策,行反间计于贼党,又贿赂兵部、吏部令史出具委任文书二十份,以伺机赏给,救出牛元翼。然此谋为人所知,利用稹与裴度隙隐,密告稹结客刺度。三司讯鞫无据,二人俱罢相,稹出为同州刺史,度守右仆。稹在同州二年,改越州兼御史大夫、浙东观察使。太和三年(829),召为尚书左丞。振举纲纪,出郎官颇违公议者七人。然稹素无操行,人情不服。明年,以检校户部尚书兼鄂州刺史、御史大夫、武昌军节度使。五年七月,暴病而卒,年五十三。追赠尚书右仆射。有《元氏长庆集》六十卷、补遗六卷。

⑫ 告身:授官文凭。

⑬ 程鹏举:即前文所称"妄男子"。别史作"程鹏起",为广西无赖。据明沈德符《万历野获编》卷十七:"关白侵朝鲜事起,建白者章满公车。……有一妄男子程鹏起,求往海外暹罗国借兵,以攻关白,可令回师自救,以解朝鲜之困。石司马大喜,以为奇策。即请于上,加参将职衔,给饷召募。其僚掾二十人,皆无赖椎埋辈也,并授指挥,充中军旗鼓等官。先入朝鲜,约会师之期,索其赂数万;至闽、广造船募兵,费饷数十万,俱匿入橐中,盘桓海上不发,始为言者论罢辍行。"

21.《兰亭帖》复出人间

世传《兰亭帖》殉葬昭陵是也①,然以史考之,此本复出人间矣。五代贼帅温韬盗发唐帝诸陵②,见昭陵宫室闳丽,不异人间,中为正寝,东西厢列石床,床上石函中为铁匣,悉藏前代图书,锺、王笔迹纸墨如新③,韬悉取之,遂传人间。此知《兰亭》真帖出自昭陵,人间必有其本,第不知复沦没于何代耳。(卷十五《杂记一》)

【注释】

① 兰亭帖:行书法帖。东晋王羲之书。真本相传共二十八行,三百二十四字,唐时为太宗所得。太宗曾命人钩摹数本,分赐亲贵近臣。太宗死,以真迹殉葬。存世唐摹墨迹以冯承素(一说褚遂良)"神龙本"为最著,石刻则首推欧阳询"定武本"。 昭陵:唐太宗陵墓。《兰亭帖》随太宗入葬,有二说。其一,见刘㻋《隋唐嘉话》卷下:"帝崩,中书令褚遂良奏:'《兰亭》先帝所重,不可留。'遂秘于昭陵。"其二,见何延之《兰亭记》(载张彦远《法书要录》卷三):"贞观二十三年,圣躬不豫,幸玉华宫含风殿。临崩,谓高宗曰:'吾欲从汝求一物,汝诚孝也,岂能违吾心耶!汝意如何?'高宗哽咽流涕,引耳而听受制命。太宗曰:'吾所欲得《兰亭》,可与我将去。'及弓剑不遗,同轨毕至,随仙驾入玄宫矣。"

② 温韬:唐京兆华原(今陕西铜川市耀州区)人。少为盗,后事岐王、凤翔节度使李茂贞,为华原镇将,冒姓李,名彦韬。唐末,茂贞改华原为耀州,以韬为刺史。后梁太祖朱全忠围茂贞于凤翔,韬以耀州降梁,已而复叛归茂贞,授义胜军节度使。梁末帝时,韬复叛茂贞降梁,授静胜军节度使,改姓温,名昭图。韬在镇七年,悉掘境内唐诸陵,取其所藏金宝图书。后唐庄宗灭梁,韬以赂留镇。明宗即位,勒归田里。明年,流德州,赐死。

③ 锺、王:锺繇与王羲之:锺繇,三国魏大臣。字元常,颍川长社(今河南长葛市东北)人。工书,尤精于隶、楷。与晋王羲之并称"锺王"。王羲之,东晋书法家。字逸少,琅邪临沂(今属山东)人。官至右军将军、会稽内史,人称王右军。

22. 梁师成假托苏公之裔

内侍梁师成领睿思殿①,主管翰墨,凡礼文符瑞之事,多所润饰。师成实不能文,而高自标榜,自称苏轼出子②,时天下禁诵苏文,人间不敢蓄其尺牍,师成诉于上曰:"先臣何罪?"自是,苏公之文稍出于世,亦师成之力也。夫师成以一介奄寺③,逢迎希宠④,而假托文人之裔,固自可笑,然因其假借,使一代文雅流传至今,事固有待而兴也,亦大奇矣!(卷十五《杂记二》)

【注释】

① 梁师成:字守道。北宋末宦官,为"六贼"之一。政和间为徽宗所宠信,官至检校太傅。凡

御书号令皆出其手,多择善书吏仿帝笔迹杂诏旨以出。贪污受贿,卖官鬻职无所不作,时人谓为"隐相"。钦宗即位,贬为彰化军节度副使,行途中为人所缢杀。　睿思殿:北宋宫殿名。神宗熙宁八年(1075)建,在钦明殿西,右为延春阁。哲宗时,以此殿为神宗所建,不敢燕处,乃于殿后建宣和殿。徽宗则以睿思殿为讲礼进膳之所,就宣和殿燕息。以梁师成领睿思殿文字外库,主出外传道上旨。

② 出子:谓有孕之妾被休弃后所生之子。

③ 奄寺:指宦官。古称阉人、寺人。

④ 逢(féng):"逢"的俗字。逢迎,谓言行有意迎合别人。

23. 海中绝岛

嘉靖中,海丰有渔子数人驾一舟入海①,忽为飓风所漂,泊一绝岛,险峭无人,渔子相对号泣,以为必死。因入其中,见古木蓊蔚②,鸟雀啁啾,不似人境。行可里许,林木之中,微有烟火,稍见人迹。其人皆椎结袒裼③,网木叶为裳,面目犁黑④,肌肤如枯,睢睢盱盱⑤。见渔子入,相顾惊笑,语不可解,稍前逼之,辄走不敢近。其居率如蘧庐⑥,而无爨釜⑦,其旁往往有池,池中以密浸食物,大抵黄精、薯芋之属⑧。渔子饥甚,前取食之,其人亦不嗔,但远立而笑。已而取柏叶食之,亦将以授渔子使食。渔子始泊,舟有馀鱼,已而鱼尽,苦饥不得已,从之食。食久益甘,而其人亦稍狎,相与游处,但语不通耳,如是者月馀。其山涧流水处,皆文石五色,璀落可玩⑨,渔子各收数升,置之舟中。一日,飓风大至,飘返故岸。家人以为已死,见之惊喜。已而取所挈文石,则皆鞋韅瑟瑟诸宝也⑩。其中有紫者,以五铢入火⑪,间以白金,成黄金二两,不熔,则柔甚,可屈折云。太仆丞葛君为予语状⑫。(卷十五《杂闻》)

【注释】

① 海丰:明惠州府海丰县(今属广东汕尾市)。

② 蓊(wěng)蔚:浓密;密集。

③ 椎结袒裼(tǎn xī):梳成椎状发髻,脱去上衣裸露肢体。

④ 犁黑:黧黑,黑色。犁,通"黧"。

⑤ 睢睢(huī—)盱盱(xū—):浑厚纯朴貌。

⑥ 蘧(qú)庐:古代驿传中供人休息的房子,犹今言旅馆。

⑦ 爨(cuàn)釜:泛指炉灶与炊具。
⑧ 黄精:药草名。多年生草本,以根茎入药。
⑨ 瑾落:形容玉色润泽欲滴。瑾,美玉。
⑩ 靺鞨瑟瑟:宝石名。靺鞨,亦称"靺羯芽",红玛瑙。产于靺鞨(今松花江、牡丹江流域及黑龙江下游地区),故称。瑟瑟,碧色宝石。产于波斯国(今伊朗)。
⑪ 五铢:即五铢钱。汉武帝时所铸,重五铢。历汉魏六朝至隋,皆续有铸造,惟形制大小不一。唐武德年间废。此处泛指铜钱。
⑫ 太仆丞:明太仆寺属官。太仆寺,掌牧马之政令,以听于兵部。设卿一人,从三品;少卿二人,正四品;丞四人,正六品。

典故纪闻

[明] 余继登

《典故纪闻》十八卷,明余继登撰。继登字世用,号云衢,交河(今河北沧州市泊头市交河镇)人。万历五年(1577)进士,改庶吉士,授检讨。与修《明会典》成,进修撰,直讲经筵。历少詹事兼侍读学士,充正史副总裁。已,擢詹事掌翰林院。二十六年,以礼部左侍郎摄部事,旋擢本部尚书。奏请云开采及矿税、册立元子等不得,郁郁成疾,二十八年卒于官。赠太子少保,谥文恪。

《典故纪闻》按时序杂记明洪武迄隆庆各朝故事,凡关乎朝纲国典、世务时弊、异闻琐事等皆有涉及。卷一至卷五记洪武朝事,卷六至卷七记永乐朝事,卷八记洪熙朝事,卷九至卷十记宣德朝事,卷十一至卷十三记正统、景泰、天顺朝事,卷十四至卷十五记成化朝事,卷十六记弘治、正德朝事,卷十七记嘉靖朝事,卷十八记隆庆朝事。因作者尝官史局,熟悉列朝实录及起居注,故是书所记史实大抵不诬,皆摘撮记注实录而成。然亦颇喜毛举细故,乃至荒诞不经之属,实为白璧之瑕也。

选文标题为编者所拟。

1. 太祖克采石

太祖克采石①,诸将见粮畜②,各欲资取而归。因令悉断舟缆,推置急流中,舟皆顺流东下。诸军惊问故,太祖曰:"成大事者不规小利③,今举军渡江,幸而克捷,当乘胜径取太平④。若各取财物以归,再举必难,大事去矣。"于是率诸军进取太平。(卷一)

【注释】

① 采石:元太平路大镇(今安徽马鞍山市西南)。镇西临江有牛渚矶,又名"采石矶",南宋绍兴末虞允文在此大败金海陵王完颜亮。

② 粮畜(chù):积储的粮食和财物。

③ 规:谋划并占有。

④ 太平:元太平路(治今安徽马鞍山市当涂县)。元至正十五年(1355)三月,朱元璋率义军攻取和州,六月朔渡江攻夺牛渚矶,遂拔采石。翌日乘胜径攻太平,元军弃城遁。

2. 太祖视事东阁

太祖视事东阁①,天热甚,汗湿衣,左右更衣以进,皆经澣濯者②。参军宋思颜曰③:"主公躬行节俭,真可示法子孙。臣恐今日如此,而后或不然,愿始终如此。"太祖喜曰:"此言甚善。他人能言,或惟及于目前,而不能及于久远;或能及于已然,而不能及于将然。今思颜见我能行于前,而虑我不能行于后,信能尽忠于我也④。"乃赐之币。(卷一)

【注释】

① 东阁:在明南京皇宫左顺门南庑。初为藏书、经筵之所,后于其北建文渊阁专为藏书,东阁乃为阁员、诸学士、经筵讲官公会候朝之处。北京皇宫亦照此建有东阁、文渊阁。参见第195页第24则注释⑤。

② 澣(huàn)濯:洗涤。亦指洗过多次的旧衣。澣,同"浣"。

③ 宋思颜:未详何许人。太祖克太平时,以思颜居幕府。元至正十六年(1356),太祖定集庆(今江苏南京市),置江南行中书省,以为参议。已而建大都督府,以思颜兼参军事。后出为河南

道按察佥事,坐事死。

④ 信:确实;果真。

3. 世之贪污者戒

吏有受赃者①,事觉赴井死。太祖闻之,谕群臣曰:"彼知利之利,而不知利之害,徒知爱利,而不知爱身。人之愚孰有甚于此?君子闻义则喜,见利则耻;小人见利则喜,闻义不徙②。是故君子舍生取义,小人则舍生为利,所为相反。今其人死不足恤③。"其事可为世之贪污者戒。(卷一)

【注释】

① 受赃:贪污受贿。

② 不徙:不移;不为所动。

③ 不足恤:不值得怜悯。

4. 概言宽仁无益

太祖谓刘基曰①:"今天下已平,思所以生息之道,何如?"基对曰:"生息之道,在于宽仁。"太祖曰:"不施实惠而概言宽仁②,亦无益耳。以朕观之,宽仁必当阜民之财③,而息民之力。不节用则民财竭,不省役则民力困,不明教化则民不知礼义,不禁贪暴则民无以遂其生。如是而曰'宽仁',是徒有其名,而民不被其泽也。"(卷二)

【注释】

① 刘基:字伯温,青田南田(今属浙江温州市文成县)人。元末进士。历高安县丞、江浙儒学副提举、处州总管府判,后弃官归隐,著《郁离子》以见志。至正二十年(1360),赴应天入朱元璋幕府,助朱元璋脱离韩林儿,独树一帜,并为筹划用兵次第,参预机要。明立,为御史中丞兼太史令,寻授弘文馆学士,封诚意伯。洪武四年(1371),为右丞胡惟庸所谮,罢职归。八年病卒(一说为丞相胡惟庸毒杀),年六十五。武宗时追赠太师,谥文成。善文章,与宋濂齐名,有《诚意伯文集》二十卷。

② 概言:概略而言。

③ 阜民之财：使民财富增多。阜，丰厚，富有。

5. 人之言有忠谏与谗佞

太祖御奉天门①，谓侍臣曰："凡人之言，有忠谏者，有谗佞者。忠谏之言，始若难听，然甚有益，如药石之能济；谗佞之言，始若易听，然其贻患不可胜言。夫小人之为谗佞也，其设心机巧，渐渍而入②，始焉必以微事可信者言于人主，以探其浅深，人主苟信之，彼他日复有言，必以为其尝言者可信，将不复审察，谗佞者因得肆志③，而妨贤病国，无所不至。自古若此者甚多，而昏庸之君卒莫之悟，由其言甘而不逆于耳故也。惟刚明者审择于是非，取信于公论，不偏信人言，则谗佞之口可杜矣。"（卷二）

【注释】

① 奉天门：在南京皇宫内。入午门，过内五龙桥，即为奉天门，其后为奉天殿。明初御门受朝听政于此。成祖营北京皇宫，亦建奉天门、奉天殿。参见第195页第24则注释⑨。

② 渐渍(jiān zì)：浸润。

③ 肆志：随心；纵情；快意。

6. 蕲州进竹簟

蕲州进竹簟①，太祖谓省臣曰："古者方物之贡②，惟服食器用，故无耳目之娱，玩物之失。竹簟固为用物，但未有命而来献。若受之，恐天下闻风皆争进奇巧，则劳民伤财自此始矣。"命却之。仍令四方非朝廷所需，毋得妄有所献。（卷二）

【注释】

① 蕲州：明黄州府蕲州（治今湖北黄冈市蕲春县蕲州镇）。州东北有百家冶山，产蕲竹，可为簟。

② 方物：地方特产；土产。

7. 不取道路之言

洪武初,有御史言陶安隐微之过者①。太祖曰:"尔何由知之?"对曰:"闻之于道路。"太祖曰:"御史但取道路之言以毁誉人,此为尽职乎?植佳木者必去蟫蠹②,长良苗者必芟稂莠③,任正士者必绝邪人。凡邪人之事君,必先结以小信,而后逞其大诈。此人尝有所言,朕不疑而听之,故今日乃为此妄言。夫去小人当如扑火,及其未盛而扑之,则易为力。不然,害滋大矣④。"乃命中书省黜之⑤。(卷二)

【注释】

① 陶安:字主敬,当涂(今属安徽马鞍山市)人。幼孤,矢志读书,敏悟异常。元至正四年(1344)举浙江乡试,授明道书院山长,后避难家居。十五年,朱元璋取太平,安与父老出迎,召见,留参幕府,授左司员外郎。寻从克集庆,进郎中,为翰林院首任学士。洪武元年(1368),命知制诰兼修国史。是年四月,任江西行省参政,政绩益著。九月染病卒于官,年五十九。帝亲为文以祭,追封姑孰郡公。

② 蟫(yín)蠹:蟫鱼。衣服、书籍中的蛀虫。此处泛指蛀虫。

③ 稂(láng)莠:泛指有害于禾苗的杂草。

④ 滋:滋生;生长。

⑤ 中书省:明初承元制,置中书省,亦设左右丞相、平章政事、左右丞、参知政事等官。洪武十三年(1380),左丞相胡惟庸败,罢丞相不设,乃析中书省之政归六部,以殿阁大学士备顾问。

8. 狱囚私书

刑部搜狱中囚,得一私书,乃吴兴王升以寄其子平凉知县瑱者①,其言曰:"凡为官须廉洁自持,贫者士之常也,古人谓贫乏不能存,此是好消息。抚民以仁慈为心,报国以忠勤为本,处己以谦敬为先,进修以学业为务。有暇日,宜玩味经史,至于先儒性理之书,亦当潜心其间,于此见得透彻,则自然所思无邪。又熟读律令,则守法不惑,仕与学不可偏废。人便则买附子二三枚②,川椒一二斤③,必经税而来,馀物非所觊也。"太祖览书,嘉叹良久,赐升手诏,遣使往谕,赐白金百两、绢十匹、附子五枚、川椒五斤,仍复其家④。(卷三)

【注释】

① 吴兴:三国吴宝鼎元年(266)置吴兴郡,治乌程(今浙江湖州市南)。隋废。唐天宝、至德时曾改湖州为吴兴郡(治今浙江湖州市吴兴区)。此处地名用古称。　王升:德清(今属浙江湖州市)人。洪武初,坐事系刑部狱。　平凉:明平凉府平凉县(今属甘肃)。

② 人便:亦作"便人"。受托顺便代办某事的人。　附子:草本植物,俗称"乌头"。根含剧毒,性大热,味辛,可入药。对虚脱、水肿、霍乱有疗效。

③ 川椒:草本植物,俗称"花椒"。果实性温,味辛、麻,可入药。治疗脘腹冷痛,呕吐泄泻,虫积腹痛;外治湿疹。

④ 仍:因;乃;于是。　复其家:此指免除刑罚,放还其家。复,免除徭役或赋税。

9. 太祖命罢城濠役

太祖尝于冬月幸三山门观修浚城濠者①,见有役夫裸行水中,若探物状。令人问之,则督工吏掷其锄于水中,求之未得耳。令别取锄偿之,曰:"农夫供役,手足皲裂,亦甚劳矣,尚忍加害乎?"捕吏杖之。顾谓丞相曰:"今日衣重裘体犹觉寒②,况役夫贫困无衣,其苦何可胜道?"即命罢其役,仍命行工部,遣各夫匠还家。(卷三)

【注释】

① 三山门:明南京西南城门,又称"水西门"。以城外江中有三山,故名。

② 重(zhòng)裘:厚毛皮衣。

10. 得贤为宝

马后闻得元府库输其货宝至京师①,问太祖曰:"得元府库何物?"太祖曰:"宝货耳。"后曰:"元有是宝,何以不能守而失之?盖货财非宝,抑帝王自有宝也②。"太祖曰:"皇后之意,朕知之矣,但谓以得贤为宝耳。"后曰:"妾每见人家产业厚则骄生,时命顺则逸生,家国不同,其理无二。故世传技巧,为丧国斧斤,珠玉为荡心鸩毒,诚哉是言。但得贤才,朝夕启沃③,共保天下,即大宝也。"(卷四)

【注释】

① 马后：太祖孝慈高皇后马氏。宿州（今属安徽）人。父母早卒，托于定远郭子兴为养女。元至正十二年（1352），子兴率红巾军起于濠州，有朱重八者投其麾下。子兴奇其状貌，留为亲兵，凡有攻伐，命之往，辄胜。子兴视为腹心，乃以养女马氏归焉。自是，太祖起名元璋，字国瑞，军中呼为"朱公子"。马氏仁慈有智，好书史，善事太祖以定天下。洪武元年（1368）正月，太祖即帝位，册为皇后。十五年八月崩，年五十一。葬孝陵，谥孝慈皇后。永乐元年（1403）上尊谥曰孝慈昭宪至仁文德承天顺圣高皇后。嘉靖十七年（1538）加上尊谥曰老慈贞化哲顺仁徽成天育圣至德高皇后。

② 抑：而且；于是。连词。表示承接。

③ 启沃：谓竭诚开导、辅佐君王。《尚书·说命上》："启乃心，沃朕心。"孔颖达疏："当开汝心所有，以灌沃我心，欲令以彼所见，教己未知故也。"

11. 镜体偏邪不可鉴形

太祖谓侍臣曰："朕尝命发库藏中古镜十馀，以鉴容貌多失真。召工人问之，言'模范不正①，故镜体偏邪，照人失真。'朕闻之，惕然感悟②。夫镜一物耳，略有偏邪，则不可鉴形。人君主宰天下，辨别邪正，审察是非，皆原于心，心有不正，百度乖矣③。正心之功，岂可忽乎！"（卷五）

【注释】

① 模范：制造器物的模型。

② 惕然：警觉醒悟貌。

③ 百度：百事；各种制度。

12. 四民中士贵农劳

太祖尝谓廷臣曰："四民之中①，士最为贵，农最为劳。士之最贵者何？读圣贤之书，明圣贤之道，出为君用，坐享天禄②。农之最劳者何？当春之时，鸡鸣而起，驱牛秉耒而耕，及苗既种，又须耘耨，炎天赤日，形体憔悴，及至秋成，输官之外，所馀能几？一或水旱虫蝗，则举家皇皇无所望矣③。今居官者，不念吾民之艰，至有剥刻而虐害之，无仁心甚矣。"于是命户部臣备录文武官大小官品，岁给俸米之数，

以米计其用谷之数。又计田亩出谷之数,与其用力多寡而为之书,至编成,赐名曰《醒贪简要录》④,颁示中外,俾食禄者知所以恤民。(卷五)

【注释】
① 四民:指士、农、工、商。
② 天禄:天赐福禄。此指朝廷俸禄。
③ 皇皇:惶恐貌;彷徨不安貌。
④ 醒贪简要录:《醒贪简要录》二卷,洪武二十五年(1392)颁行。是编定文武百司职名沿革、品秩崇卑、勋阶升转、俸禄损益之制,以及惩治贪赃之刑,如官吏贪赃银六十两以上,即"枭首示众,剥皮揎草",严酷至极。

13. 割股卧冰不予旌表

洪武间,日照县民江伯儿以母病①,割胁食之②,不愈,乃祷于神,如愈,请杀子以祀,母果愈,遂杀其三岁儿以祀神。有司以闻,太祖大怒,曰:"父子天伦,百姓无知,乃杀其子,灭绝伦理。"遂捕伯儿,杖之百,谪海南③。仍令,自于割股卧冰者④,不在旌表之例⑤。(卷五)

【注释】
① 日照:明青州府日照县(今山东日照市)。
② 割胁食(sì)之:自割胁下之肉给母亲吃。食,给……吃。
③ 海南:明琼州府海南卫(今海南海口市)。
④ 割股卧冰:指古籍中所载孝亲故事。割股,自割腿肉以食君亲。《庄子·盗跖》:"介子推至忠也,自割其股以食文公。"《新五代史·杂传·何泽》:"五代之际,民苦于兵,往往因亲疾以割股,或既丧而割乳庐墓,以规免州县赋役。"卧冰,即"卧冰求鲤"。东晋干宝《搜神记》卷十一:"(王祥)母常欲生鱼,时天寒冰冻,祥解衣,将剖冰求之,冰忽自解,双鲤跃出。"事亦见《晋书·王祥传》。后入元郭居敬《二十四孝图》。
⑤ 旌表:表彰。多指官府为忠孝节义之人立牌坊赐匾额,以示表彰。

14. 好武非盛德事

永乐初,山东有人献阵图者①,成祖曰:"自古帝王用兵,皆出于不得已。夫驱人以冒白刃,鲜有不残伤毁折,其得不死亦幸也。朕每亲当矢石②,见死于锋镝之下者③,未尝不痛心。今天下无事,惟当休养斯民,修礼乐,兴教化,岂当复言用兵?此辈狂妄,必谓朕有好武之意,故上此图以冀进用。好武岂盛德事?其斥去之!"(卷六)

【注释】

① 阵图:古代军队作战时兵力部署、队形变化的图式。
② 矢石:守城武器箭和垒石。代指战争或战斗。
③ 锋镝:刀刃和箭镞。借指兵器。

15. 遇祥更当加慎

永乐二年九月,周王献驺虞①,群臣朝贺毕,成祖谓侍臣曰:"适闻群臣言,不觉惕然。天下之大,如一夫有怨,岂得为仁?一念不诚,岂能格天②?朕方夙夜斯惧③,何可便谓驺虞是天降祥于朕?"又曰:"祥瑞之来,易令人骄。是以古之明主,皆遇祥自警,未尝因祥自怠。警怠者,国之安危系焉。驺虞果为祥,在朕更当加慎。"(卷六)

【注释】

① 周王:周定王朱橚,太祖第五子。洪武三年(1370)封吴王,十一年改封周王,十四年就藩,以开封宋故宫地为府。建文初(1399),以橚为燕王母弟颇疑惮之,橚亦时有异谋,遭围捕而出逃。成祖即位,诏归其旧封,献《颂》九章及佾舞。永乐二年(1404),来朝献驺虞。十八年,有告其谋反,召至京谢罪,帝怜之,不问。洪熙元年(1425)薨。橚好学,能词赋,尝作《元宫词》百章。又考核可佐饥馑庶草野菜百馀种,绘图疏之,名《救荒本草》。驺(zōu)虞:传说中的义兽。《诗经·召南·驺虞》:"彼茁者葭,壹发五豝,于嗟乎驺虞。"毛传:"驺虞,义兽也。白虎,黑文,不食生物,有至信之德则应之。"此处所谓"驺虞",或即"白虎""白豹"之类。
② 格天:感通上天。
③ 夙夜斯惧:日夜畏惧这件事或这种情况。斯,犹"是"。

16. 成祖令四出购求遗书

成祖于视朝之暇,辄御便殿阅书史,或召翰林儒臣讲论。尝问:"文渊阁经史子集皆备否?"学士解缙对曰①:"经史粗备,子集尚多阙。"成祖曰:"士人家稍有馀资,皆欲积书,况于朝廷可阙乎?"遂召礼部尚书郑赐②,令择通知典籍者四出购求遗书③,且曰:"书籍不可较价直④,惟其所欲与之,庶奇书可得⑤。"又顾缙等曰:"置书不难,须常览阅乃有益。凡人积金玉欲遗子孙,朕积书亦欲遗子孙。金玉之利有限,书籍之利岂有穷也?"(卷六)

【注释】

① 解缙:字大绅,吉水(今属江西吉安市)人。洪武二十一年(1388)进士,授庶吉士。常侍帝前,甚见爱重。惠帝时,召为翰林待诏。成祖入南京,擢侍读,命与黄淮、杨士奇、胡广、金幼孜、杨荣、胡俨并直文渊阁预机务,以缙为首辅。寻进侍读学士,奉命总裁《太祖实录》《列女传》。永乐二年(1404),皇太子立,进缙为翰林学士兼右春坊大学士。缙以才高好直言为人所忌,五年二月,坐廷试读卷不公,谪广西布政司参议。既行,改交趾,命督饷化州。八年,缙奏事入京,值帝北征,谒太子还,复为人所劾,以"无人臣礼"下狱。十三年冬,帝见缙姓名犹在囚籍,遂醉缙酒埋积雪中,立死,年四十七。籍其家,妻子宗族徙辽东。正统元年(1436),诏还所籍家产。成化元年(1465),复官,赠朝议大夫。

② 郑赐:字彦嘉,建宁(今福建南平市建瓯市)人。洪武十八年(1385)进士,授监察御史。历湖广布政司参议,改北平,事燕王甚谨。建文时,燕王举赐为长史,不许,召为工部尚书。成祖入京,授刑部尚书。揣帝意所恶者孙岳、李景隆、耿炳文等劾之,除礼部尚书。赐为人颇和厚,然不识大体,帝意轻之,为同官所间。永乐六年(1408)六月,忧悸而卒。洪熙元年(1425)赠太子少保,谥文安。

③ 通知:通晓;透彻地了解。

④ 较价直:计较价钱。

⑤ 庶:或许;也许。

17. 成祖谕北京耆老

永乐七年,谕北京耆老曰:"朕惟古先帝王之治天下,以安民为务,而安民之道,以教化为先,是以上下相承,风俗淳厚,天下和平。朕受天命嗣大统,即位以来,夙夜拳拳①,志图治理。今建北京,思与百姓同享太平,惟能务善去恶,可以永保身家。凡一家有家长,一乡一坊有乡坊之长。为家长者教训子孙,讲读诗书,明达道理,父慈子孝,兄友弟敬,尊卑长幼,各循其序,如此,则一家和顺辑睦②,有无穷之福。为乡坊之长者,教训其乡坊之人,农力于稼穑,毋后赋税③,工专于技艺,毋作淫巧,商勤于生理④,毋为游荡,贫富相睦,邻保相恤⑤,毋为争竞,毋习赌博,毋奸宄窃盗⑥,毋藏匿逋逃,如此,则乡坊之内,相安相乐,有无穷之福。夫作善降祥,作不善降殃,天道至公,不爽毫发,不可不戒。诚能尊朕斯言,身家获吉。不然,冥行妄作⑦,身罹殃咎,害其子孙,不可不戒。或有尝为恶于前,而能改过于后,亦是善人。若不改悔,终为恶类。其省之慎之,不可怠忽⑧。"(卷七)

【注释】

① 拳拳:勤勉貌。

② 辑睦:和睦。

③ 后:此指拖欠。

④ 生理:生意;买卖。

⑤ 邻保:邻居。

⑥ 奸宄(guǐ):违法作乱之事。乱在外为奸,在内为宄。

⑦ 冥行:盲目行事。

⑧ 怠忽:怠惰玩忽。

18. 成祖止贺表取媚

永乐十三年春,贵州布政司言:"去年北征班师①,恩诏至思南府②,闻太岩山有声连呼'万岁'者三③,此威德远加山川效灵之应。"尚书吕震请表贺④,成祖曰:"人臣事君当以道,阿谀取容非贤人君子所为。呼噪山谷之间,空虚之声相应,理固有之,岂是异事?布政司官不察以为祥,尔为国大臣,不能辨正其非,又欲贺表媚朕,非君子事君之道。"遂已。(卷七)

【注释】

① 去年北征:指永乐十二年(1414)三月,成祖率五十万大军亲征瓦剌,以惨重代价取胜,瓦剌马哈木被迫谢罪请朝贡。是为成祖第二次北征。参见第164页第1则注释⑫。

② 恩诏:皇帝降恩的诏书。永乐十二年六月,以败瓦剌诏天下。　思南府:明贵州布政司思南府(治今贵州铜仁市思南县)。

③ 太岩山:在思南府务川县(今属贵州遵义市)东八十里。山有一岩,深邃可容百馀人,时人

多游玩于此。

④ 吕震:字克声,临潼(今陕西西安市临潼区)人。洪武十九年(1386),以乡举入太学。擢山东按察司试佥事,入为户部主事,迁北平按察司佥事。燕兵起,降于成祖,命侍世子居守。永乐初(1403),迁真定知府,入为大理寺少卿。三年,迁刑部尚书。六年,改礼部。震无学术,为礼官,不知大体。仁宗即位,命兼太子少师,寻进太子太保兼礼部尚书。宣德元年(1426)卒。 **请表贺**:请上贺表。贺表,历代帝王有庆典、武功、祥瑞等事,臣下所上祝贺文表。多用四六句写成。

19. 仁宗为皇太子时

仁宗为皇太子时,赴召过邹县①,见民男女持筐盈路拾草实者,驻马问所用,民跪对曰:"岁荒以为食。"为之恻然。稍前下马入民舍,视民男女皆衣百结不掩体②,灶釜倾仆不治,叹曰:"民隐不上闻若此乎!"顾中官赐之钞,而召乡之耆老问所苦,具以实对。辍所食赐之。时山东布政使石执中来迎③,责之曰:"为民牧而视民穷若此,亦动念否乎?"执中言:"凡被灾之处,皆已奏乞停今年秋税。"曰:"民饥且死,尚及征税耶?汝往督郡县,速取勘饥民口数,近地约三日,远约五日,悉发官粟赈之,事不可缓。"执中请人给三斗。曰:"且与六斗。汝勿惧擅发廪④,吾见上当自奏也。"(卷八)

【注释】

① 邹县:明兖州府邹县(今山东济宁市邹城市)。

② 百结:用碎布缀成的衣服。

③ 石执中:字惟一,兰州(今属甘肃)人。长身美髯。举永乐三年(1405)乡试,授刑部主事,迁郎中,谳狱平允。擢山东右布政使。直而不华,勤而能慎,转浙江左布政使。以老致仕,卒。宣宗尝记其姓名于御屏,赐诰褒之。

④ 发廪(lǐn):开仓放粮。廪,粮仓。

20. 西域使假进贡营私

洪熙中,礼科给事中黄骥言①:"西域使客,多是贾胡②,假进贡之名,借有司之力,以营其私。其中又有贫无依者,往往投为从人,或贷他人马来贡,既名贡使,得给驿传③,所贡之物,劳人运致,自甘肃抵京师,每驿所给酒食刍豆之费不少④,比至京师,又给赏及予物直,其获利数倍。以此,胡人慕利,往来道路,贡无虚月。缘路军民递送,一里不下三四十人伺候于官,累月经时,妨废农务,莫斯为甚。比其使回,悉以所得贸易货物以归,缘路有司出车载运,多者至百馀辆,男丁不足,役及女妇,所至之处,势如风火,叱辱驿官,鞭挞民夫。官民以为朝廷方招怀远人,无敢与较,其为骚扰,不可胜言。乞敕陕西行都司⑤,除哈密忠顺王及亦力把里、撒马儿罕等处番王遣使朝贡许令送赴京⑥,来不过一二十人,正副使给与驿马,馀与驿驴,庶几陕西一路之人,可少苏息。臣又窃见西域所产不过马及碙砂、梧桐、鹻之类⑦,惟马国家所需,馀无裨于国。乞自今有贡马者,令就甘肃给军士,馀一切勿受,听其与民买卖,以省官府之费。"仁宗谓礼部尚书吕震曰:"骥尝奉使西域,故具悉西事,所言其皆从之。"(卷八)

【注释】

① 黄骥:字致远,全州(今属广西桂林市)人。品行端方。举洪武二十九年(1396)乡试,为沙县教谕。永乐时,擢礼科给事中,尝三使西域。后迁右通政。宣德二年(1427),抚谕交趾,不辱命使还,寻卒。

② 贾(gǔ)胡:经商的胡人。

③ 驿传(zhuàn):传舍;驿站。朝廷所设供官员往来和递交公文的交通机构,亦为地方一种徭役。

④ 刍豆:草和豆。牲畜饲料。

⑤ 陕西行都司:即陕西行都指挥使司,治甘肃镇(今甘肃张掖市)。参见第169页第6则注释⑤。

⑥ 哈密忠顺王:明永乐中所封哈密国王脱脱及其从弟免力帖木儿。参见第218页第1则注释①。　亦力把里:明初,原蒙古帝国四大汗国之一察合台已分裂为东、西两部,东察合台汗国遣使入贡,与明朝建立联系。永乐十六年(1418),东察合台汗歪思率众迁居亦力把里(今新疆伊犁州伊宁市),明以是称其国,贡奉不绝。宣德七年(1432),歪思卒,其后裔争权,又分裂为亦力把里、叶儿羌、土鲁番三国。正德中(1506—1521),土鲁番逐渐统一东察合台,亦力把里遂不复有国。　撒马儿罕:即蒙古察合台汗国西部撒麻耳干(今乌兹别克斯坦撒马尔罕东北)。参见第190页第18则注释②。

⑦ 碙(lǔ)砂:矿砂。　鹻(jiǎn):同"碱"或"硷"。

21. 禁自宫以求用

宣宗闻山西军民李二等九人自宫投入晋王府①,赐书晋王曰:"皇考下诏天下②，禁止自宫，违者论以不孝。而李二等敢故违，投入王府。夫自宫以求用，古人所谓'非人情，不可近'③。不孝之人，不知念其父母，岂复有心为王国之用？已令法司逮治，自今有若此者，宜斥之。"（卷九）

【注释】

① 自宫：男子割去自己生殖器，自毁其身。　晋王：时晋王为朱济熿。其父朱㭎，太祖第三子，学文于宋濂，学书于杜环。洪武三年（1370）封晋王，十一年就藩太原，三十一年薨，长子定王朱济熺嗣。其弟济熿为平阳王，日诉济熺之过于朝，永乐十一年（1413）夺济熺爵，废为庶人，以济熿为晋王。济熿狠戾残暴，囚济熺父子十馀年。宣宗即位，济熿密结汉王朱高煦谋不轨，废为庶人，宣德二年（1427）论死。晋王绝封凡八年。英宗即位，封济熺子美圭为晋王。

② 皇考下诏：指洪熙元年（1425）三月，仁宗诏曰："有自宫者，以不孝论，非谋反，勿连坐亲属。"又据本书卷八："仁宗谓刑部尚书金纯曰：'自宫以求用者，惟图一身富贵，而绝其祖宗父母不顾。古人求忠臣于孝子，彼于父母尚不顾，岂有诚心事君？朕已决意不用此等人，然其不孝之罪须惩治。今后有自宫者，必不贷。'"

③ 古人：此指春秋齐卿管仲。《史记·齐太公世家》："管仲病，桓公问曰：'群臣谁可相者？'管仲曰：'知臣莫如君。'公曰：'易牙如何？'对曰：'杀子以适君，非人情，不可。'公曰：'开方如何？'对曰：'倍亲以适君，非人情，难近。'公曰：'竖刁如何？'对曰：'自宫以适君，非人情，难亲。'管仲死，而桓公不用管仲言，卒近用三子，三子专权。"

22. 宣宗问耕夫而录其语

宣宗召蹇义等①，语曰："朕昨谒陵还②，道昌平东郊，见耕夫在田，召而问之，知人事之艰难，吏治之得失，因录其语成篇，今以示卿，卿亦当体念不忘也。"其文曰："庚戌春暮③，谒二陵归。道昌平之东郊，见道傍耕者俯而耕，不仰以视，不辍以休，召而问焉，曰：'何若是之勤哉？'跽曰：'勤，我职也。'曰：'亦有时而逸乎？'曰：'农之于田，春则耕，夏则耘，秋而熟则获，三者皆用勤也。有一弗勤，农弗成功，而寒馁及之，奈何敢怠？'曰：'冬其遂逸乎？'曰：'冬然后执力役于县官，亦我之职，不敢怠也。'曰：'民有四焉，若是终岁之劳也，曷不易尔业，为士，为工，为贾，庶几乎少逸哉④？'曰：'我祖父皆业农⑤，以及于我，我不能易也。且我之里无业士与工者，故我不能知。然有业贾者矣，亦莫或不勤，率常走负贩⑥，不出二三百里，远或一月，近十日而返，其获利厚者十二三，薄者十一，亦有尽丧其利者，则阖室失意，戚戚而忧，计其终岁家居之日,十不一二焉。我业是农,苟无水旱之虞,而能勤焉,岁入厚者可以给二岁温饱,薄者一岁可不忧。且旦暮不失父母妻子之聚,我是以不愿易业也。'朕闻其言,嘉赐之食。既又问曰:'若平居所睹⑦,惟知贾之勤乎?抑尚他有知乎⑧?'曰:'我鄙人,不能远知。尝躬力役于县,窃观县之官长二人,其一人寅出酉入⑨,尽心民事,不少懈,惟恐民之失其所也,而升迁去久矣,盖至于今民思慕之弗忘也。其一人率昼出坐厅事,日昃而入⑩,民休戚不一问⑪,竟坐是谪去,后尝一来,民亦视之如涂人⑫。此我所目睹,其他不能知也。'朕闻其言叹息,思此小人,其言质而有理也。盖周公所陈《无逸》之意也⑬,厚遣之,而遂记其语。"(卷十)

【注释】

① 蹇义:字宜之,巴(今重庆市)人。初名瑢。洪武十八年(1385)进士,授中书舍人。奏事称旨,帝为更名义。惠帝即位,擢吏部右侍郎。燕师入,迎附,迁吏部左侍郎,数月进尚书。永乐二年(1404),兼太子詹事。帝巡北京,命辅皇太子监国。仁宗即位,以义为元老,历进少师。宣宗即位,委寄益重。宣德四年(1429),以义年老,郭琎代为尚书。十年卒,年七十三。赠太师,谥忠定。

② 谒陵:拜谒陵墓。时成祖长陵、仁宗献陵在昌平州(今北京市昌平区)西北燕山山麓天寿山。

③ 庚戌:指宣德五年(1430)。

④ 少逸:稍微安逸。

⑤ 业农:以务农为职业。业,以……为业。下文"业士""业工""业贾"之"业",俱同。

⑥ 率常走负贩:意谓都要经常奔走在外担货贩卖。

⑦ 平居:平日;平素。

⑧ 抑尚他有知乎:意谓"或许还知道有其他吗?"

⑨ 寅出酉入:寅时出门,酉时回家。寅时,凌晨三时至五时。酉时,傍晚五时至七时。

⑩ 日昃(zè):太阳偏西。

⑪ 休戚:喜乐和忧虑。亦泛指有利的和不利的遭遇。

⑫ 涂人:路人。涂,通"途"。

⑬ 周公:姬姓,名旦,又称"叔旦"。周文王之子,武王之弟。因采邑在周(今陕西岐山北),故称"周公"。助武王灭商。武王死,成王年幼,由其摄政。据《尚书·无逸序》:"周公作《无逸》。"孔传:"中人之性好逸豫,故戒以《无逸》。"无逸,不贪图安乐。

23. 宣宗《悯农诗》

宣宗御左顺门,出御制《悯农诗》一章,示吏部尚书郭琎①,曰:"朕昨宵不寐,思农民之艰难,能使之得其所,则在贤守令,因作此诗。卿常为朕择贤,毋使农民受弊也②。"诗曰:"农者国所重,八政之本源③。辛苦事耕作,忧劳亘晨昏。丰年仅能给,歉岁安可论?既无糠核肥④,安得缯絮温⑤?恭惟祖宗法,周悉今具存。遐迩同一视,覆育如乾坤。尝闻古循吏,卓有父母恩。惟当慎所择,庶用安黎元⑥。"(卷十)

【注释】

① 郭琎:字时用。宣德四年(1429),代蹇义为吏部尚书。参见第196页第25则注释③。

② 受弊:受害。

③ 八政:古代施政八个方面。具体内容不一。《尚书·洪范》:"八政:一曰食,二曰货,三曰祀,四曰司空,五曰司徒,六曰司寇,七曰宾,八曰师。"后世所称"八政"多指此。又《礼记·王制》:"八政:饮食、衣服、事为、异别、度、量、数、制。"

④ 糠核:粗劣的食粮。核,糠中的粗屑。

⑤ 缯絮:缯帛丝绵。亦指缯帛丝绵所制衣服。

⑥ 庶用:希望用来。

24. 宣宗《织妇词》

宣宗谓侍臣曰:"朕尝历田野,见织妇采桑育蚕缫丝,制帛累寸而后成匹,亦甚劳苦。"出所赋《织妇词》以示,曰:"朕非好为词章,昔真西山有言①,农桑衣食之本。为君者当诏儒臣以农夫红女耕蚕劳勤之状②,作为歌诗,使人诵于前,又绘为图,揭于宫掖,布之戚里③,使皆知民事之艰,衣食之所自。朕所以赋此也。"其词曰:"昔尝历田野,亲睹织妇劳。春深蚕作茧,五月丝可缫。缫丝准拟织为帛④,两手理丝精拣择。理之有绪才上机,弄杼抛梭窗下织。斯螽动股织未停⑤,鸡声三号先凤兴。机梭轧轧不暂息,辛勤累日帛始成。呜呼,育蚕作茧,未必如瓮盎⑥。累丝由寸积为丈,上供公府次豪家,织者冬寒无挟纩⑦。纷纷当时富贵人,绮罗烨烨华其身。安知织妇最辛苦,我独沈思一怜汝。"(卷十)

【注释】

① 真西山:真德秀,字景元,后更字景希,世称西山先生,南宋浦城(今属福建南平市)人。庆元五年(1199)进士。历南剑州判官、秘书郎、著作佐郎、起居舍人兼太常少卿,后出为江东转运副使,知泉州、隆兴府、潭州等。理宗即位,召为中书舍人,擢礼部侍郎、直学士院,改翰林学士、知制

诰,拜参知政事。端平二年(1235)卒,年五十八。谥文忠。德秀为学,力倡朱熹,著有《西山读书记》四十卷。

② 红(gōng)女:工女。古代指从事纺织缝纫等工作的妇女。

③ 戚里:指帝王外戚聚居地。

④ 准拟:准备;打算。

⑤ 斯螽动股:斯螽,即螽斯。触角细长,振翅善鸣,种类较多。泛指蚱蜢或蝗虫之类。动股,指斯螽两腿交互摩擦发出鸣声。《诗经·豳风·七月》:"五月斯螽动股,六月莎鸡振翅。"此处指夜深斯螽鸣了,织妇犹未停机。

⑥ 瓮盎:陶制容器。此指没有瓮盎大的蚕茧。北宋苏轼《赵令晏崔白大图幅径三丈》诗:"扶桑大茧如瓮盎,天女织绡云汉上。"

⑦ 挟纩:把丝绵装入衣衾内,制成绵袍、绵被。此处代指绵衣。

25. 妇人诮其夫居官不廉

工部尚书吴中①,山东武城人。有材能,然惟声色货利是好,宠妾数十,甚畏其妻。尝领诰命②,妻命左右诵之毕曰:"此文天子自为乎?儒臣代草乎?"曰:"亦儒臣代草耳。"妻曰:"代草甚当。今诵之终篇,何尝有一清有一廉字?"中不敢怒。夫居官不廉,乃为妇人所诮③,亦足羞矣。(卷十一)

【注释】

① 吴中:字思正,武城(今属山东德州市)人。洪武末为营州后屯卫经历。成祖取大宁,迎降,以转饷捍御功累迁至右都御史。永乐五年(1407),改工部尚书。十九年,以忤旨系狱。仁宗即位,复其官,兼詹事,加太子少保。宣德三年(1428),坐以官木石遗中官造宅下狱,落宫保夺禄一年。正统六年(1441)殿工成,进少师。明年卒,年七十。追封茌平伯,谥荣襄。中为工部二十余年,北京宫殿及长、献、景三陵皆其所造。然不恤工匠,湛于声色,时论鄙之。

② 诰命:明时特指皇帝赐爵或授官的诏令。

③ 诮(qiào):嘲笑;讥刺。

26. 御史违法下狱

正统时,御史时纪往陕西①,枉道回家娶妾②。英宗闻之,诏逮纪下狱,仍谕三法司曰③:"朝廷以纪纲为首,御史职纪纲之任,不可不慎择也。如监察御史时纪,因差往陕西,枉道回家,及与长垣县县丞萧节之夤缘交结④,挟势取民间女子为妾,背违礼法,有玷风纪,已付法司问罪。自今尔等差官出外,必精选知礼义廉耻、明达大体、无贪污淫秽之行,然后遣之,仍严加戒饬⑤,庶几纪纲以正,不辱朝廷之使命。如所遣及在任敢有不遵戒饬、违礼犯法者,尔堂上官即具实举奏⑥,以凭降黜。若堂上官徇情党比⑦,以致贤否混淆,旷职废事,并罪不宥。"(卷十一)

【注释】

① 时纪:通许(今属河南开封市)人。宣德五年(1430)进士,授监察御史。
② 枉道:绕道。
③ 三法司:明前期大理寺、刑部、都察院的合称。参见第220页第2则注释②。
④ 长垣县:明京师大名府长垣县(今属河南新乡市)。 萧节之:萧礼,字节之,其先吉之龙泉(今江西吉安市遂川县)人,后籍于武弁中。豪爽有奇气,喜交游,博涉诗书,常有惊人语。年三十游寓京师。宣德十年(1435)试策优等,授长垣丞。正统七年(1442),坐时纪案,谪戍威远。八年八月以疾卒,年四十九。 夤(yín)缘交结:攀附巴结。
⑤ 戒饬:告戒。
⑥ 堂上官:明六部各衙署长官。参见第129页第2则注释④。
⑦ 党比:结党朋比。

27. 李钧建言防内官之祸

南京科道官李钧等①,因太监牛玉事败②,因建言鉴往事以防后患。其略言:"防患之道,非欲使内臣远去左右也,惟不许内官与国政,不许外官与内官私相交结,不许内官弟侄在外任事并置立产业而已。自古内臣,当无事之时,似为谨慎,一闻国政,便作奸欺。如闻陛下将用某人也,必先卖之,以为己功;闻陛下将行某事也,必先泄之,以张己势。人望日归,威权日盛,而内官之祸起矣。所谓不许内官与闻国政者,此也。内官朝夕在陛下左右,大臣无耻者多与之交结,或馈以金银珠宝,或加以奴颜婢膝,内臣便以为贤,朝夕称美之;有正大不阿,不行私谒者③,便以为不贤,朝夕逸谤之。虽陛下天纵聪明,而日加浸润,未免致疑。称美者骤跻显位,逸谤者久屈下僚。怨不归于内臣,而归于朝廷;恩不归于朝廷,而归于内臣。贿赂日行,威权日盛,而内官之祸起矣。所谓外官不许与内官私相交结者,此也。内官弟侄人等授职任事,倚势为非,聚奸养恶,家人百数,赀货万馀,田连千顷,马系千匹。内官因有此家产,所以贪婪无厌,奸弊多端,身虽在内,心实在外,内外相通,而祸乱所由起矣。此臣等所以劝陛下不许内官弟侄在外管事并置立家产者,此也。"疏入,调外任。(卷十四)

【注释】

① 南京科道官:明南京所置六科、都察院官属。参见第129页第2则注释④。 李钧:永新(今属江西吉安市)人。景泰二年(1451)进士,授南京工科给事中。天顺末,宪宗即位方数月,与同官王徽等上疏言内官之患,皆贬官外任,以判官终。

② 牛玉:天顺朝司礼监太监。参见第242页第4则注释⑧。

③ 私谒:以私事干谒请托。

28. 蔚能独受责降

光禄寺卿蔚能者①,陕西朝邑人。虽出身吏胥,而尽心职事,每宴会,躬自检视,必求丰洁②。在光禄三十年,未尝持一胾还家③,其尤可称者。能尝率其僚请清查入内供应器皿,有旨逮问,能谓其僚友曰:"上怒不可测,某老矣,请独任之。诸公方向用④,不以相累也。"既而独受责降,调官南京,退无后言。今之士夫,平日以意气相处者,位相轧则相倾,过相累则相诿者⑤,视此胥有愧矣。(卷十四)

【注释】

① 光禄寺卿:光禄寺长官。明光禄寺,掌祭享、宴劳、酒醴、膳羞之事。长官为卿,率少卿、寺丞官属,辨其名数,会其出入,量其丰约,以听于礼部。 蔚能:字惟善,朝邑(今陕西渭南市大荔县朝邑镇)人。初为小吏,以才干授光禄典簿,累进本寺卿。天顺初(1457),拜礼部右侍郎,仍掌寺事。成化二年(1466)贬官南京。

② 丰洁:谓祭祀用俎豆饮食丰盛洁净。

③ 一胾:一块切成方形的肉。

④ 向用:谓有意任用。

⑤ 相诿:将责任推给别人。

29. 内使汪直得宠于宪庙

昭德宫内使汪直得宠于宪庙①,自黑眚之后②,命出外诇察物情③。直布衣小帽,乘驴骡往来京城内外,人不之知。直刺得外间隐事,以取信于上,上益委任,遂谤及诸大臣,权宠赫奕④。又委官校四外缉事,不拘京官藩臬⑤,动皆拘系西厂。或夜入其家,搜其财物,刑其妻女,朝臣惴惴不自安。于是大学士商辂及万安、刘珝、刘吉上疏极言其害⑥,言:"陛下委听断于汪直,直又寄耳目于群小如韦瑛、王英辈⑦,大张声势,蠹众害人⑧,使大臣不安于位,小臣不安于职,商贾不安于市,行旅不安于途,士卒不安于伍,庶民不安于业。因条列其不法事以上,谓如此不已,国之安危或未可知。"宪庙从其言,为罢西厂,责汪直退还本监,调韦瑛边卫差操⑨,散遣诸校尉,人心快之。然帝意犹未释然,会御史戴缙以九年满不得升⑩,窥知意旨,遂上疏言:"皇上近以灾变,敕令臣工修省,未闻有进贤退不肖革弊厘奸者。独太监汪直缉奸恶,惩贪赃,释冤抑,禁宿弊,皆合公论而服人心。"假建言之名,以颂直功德。疏成,先以草托直所厚锦衣千户吴绶示直⑪,令直先为言于帝,而后奏之。疏奏,帝大悦。于是直复开西厂,诇察益苛,破家毁族,人不堪命。缙意望升都御史,乃止得尚宝少卿⑫。(卷十五)

【注释】

① 昭德宫:宪宗宠妃万贵妃寝宫。此代万氏。万氏,小字贞儿,诸城(今属山东潍坊市)人。四岁入宫,及长侍宪宗于东宫。宪宗年十六即皇帝位,万氏已三十五矣。貌雄声巨,类男子,而为人机警,谲智善媚,能迎帝意。帝初立吴氏为皇后,吴后不容万氏专宠,因杖万氏而被废。又立王氏为皇后,王氏不与万氏争,万氏益骄。成化二十三年(1487)春,万氏暴疾毙,谥恭肃端慎荣靖皇贵妃。宪宗辍朝七日,常抑郁不乐,是年八月亦崩。 汪直:大藤峡(在今广西贵港市桂平市西北)瑶人。幼入宫,给事万贵妃于昭德宫,后迁御马监太监。为人狡黠,颇得帝宠。成化十三年(1477)设西厂,以直领之,刺事民间,以锦衣卫百户韦瑛为心腹,屡兴大狱,朝廷上下多不自安。以内阁大学士商辂与万安等劾奏,遂罢西厂,责直归御马监,韦瑛调边卫。未几,御史戴缙上言盛称直功,诏复开西厂,直焰愈炽,不合者尽罢去,以所善王越为兵部尚书兼左都御史,陈钺为右副都御史。十五年,命直巡边,直仗此二人监军辽东。后以久镇不得还,宠日衰,为言官交奏,乃调直南京御马监,罢西厂不复设。寻降直奉御,褫逐其党,直竟良死。

② 黑眚(shěng):古代谓五行水气而生之灾。五行中水为黑色,故称。成化十二年(1476)七月,京师黑眚见,黑气迷空,民间惊扰,操刃、张灯、鸣金鼓逐之而不可得。

③ 诇(xiòng)察物情:侦察世情。

④ 赫奕:光辉炫耀貌。

⑤ 藩臬(niè):藩司和臬司。明指布政使和按察使。此句意谓不论是京官还是地方官。

⑥ 商辂:字弘载,淳安(今浙江杭州市淳安县西北)人。参见第152页19则注释⑨。 万安:字循吉,眉州(今四川眉山市)人。参见189页第17则注释③。 刘珝:字叔温,寿光(今属山东潍坊市)人。正统十三年(1448)进士,改庶吉士,授编修。天顺时,历右中允侍讲东宫。宪宗即位,以旧宫僚屡迁太常卿兼侍读学士、直经筵日讲。成化十年(1474),进吏部左侍郎,充讲官如故。明年,以本官兼翰林学士入阁预机务。官至吏部尚书,加太子太保、谨身殿大学士。珝性疏直,遇事无所回护,与商辂等劾汪直,又折王越。然素薄万安,尝斥安负国无耻。十八年,为安所讦,罢归。弘治三年(1490)卒,谥文和。 刘吉:字祐之,博野(今河北保定市)人。正统十三年(1448)进士,改庶吉士,授编修,充经筵官。天顺四年(1460),侍讲读于东宫,以忧归。宪宗即位,召纂《英宗实录》,迁侍读学士、直经筵,累迁礼部左侍郎。成化十一年(1475),与刘珝同受命兼翰林学士入阁预机务。历礼部、户部尚书,累迁吏部尚书、谨身殿大学士,加少傅兼太子太师。孝宗即位,命为首辅,又进少师兼华盖殿大学士。弘治五年(1492)八月致仕。居内阁十八年,多智而善附会,锐于营私,时为言官所攻。吉归逾年卒,赠太师,谥文穆。

⑦ 韦瑛:本京城无赖,冒内官韦姓者从征延绥,升锦衣卫百户,以结汪直为爪牙。宪宗罢西厂,谪瑛戍宣府。瑛谋再用,诬指良民妖言为功,事败坐诛。 王英:商辂疏中称为"谲诈小人"。据《商文毅疏稿》:"百户韦瑛,系无籍小人,累投势要不肯容留,从征侥幸得升职。夤缘投西厂行事之后,发人事情言多失实。又引进谲诈小人王英,结为心腹,专一讦人阴私,以固信任。"

⑧ 蠹:危害;损害。

⑨ 差(chāi)操:差遣;差使。

⑩ 戴缙:南海(今广东广州市)人。成化二年(1466)进士,授南京监察御史。十三年六月,上疏颂汪直功,帝复设西厂,迁尚宝少卿。不数月,进左佥都御史、左副都御史及右都御史。十八年,出为南京工部尚书,同年削籍。

⑪ 吴绶:未详何许人。成化中历锦衣卫百户、副千户。十三年六月,西厂复设,绶附汪直以进,令于镇抚司问刑,迁锦衣卫指挥使。绶性狡险,为直腹心,后知公议不容,忤直意,黜去。十八年,直败,褫夺其党,与王越、戴缙等皆削籍为民。

⑫ 尚宝少卿:明尚宝司副官。尚宝司,明卿寺之一。明卿寺有太常寺、光禄寺、大仆寺、鸿胪寺等,其建置皆如前代。唯尚宝司为明增设,掌宝玺、符牌、印章,而辨其所用。据《明史·职官志三》:"凡宝之用,必奏请而待发。每大朝会,本司官二员,以宝导驾,俟升座,各置宝于案,立待殿中。礼毕,捧宝分行,至中极殿,置案而出。驾出幸,则奉以从焉。岁终,移钦天监,择日和香物入水,洗宝于皇极门。籍奏一岁用宝之数。凡请宝、用宝、捧宝、随宝、洗宝、缴宝,皆与内官尚宝监俱。"尚宝司设卿一人,正五品;少卿一人,从五品;司丞三人,正六品。

玉堂丛语

[明] 焦竑

《玉堂丛语》八卷,明焦竑撰。竑字弱侯,号澹园,江宁(今江苏南京市)人。为诸生时即有盛名,从督学御史耿定向学。嘉靖四十三年(1564)乡试下第,长崇正书院。万历十七年(1589)举进士第一,授翰林修撰。为皇长子讲官,竭诚启迪之。竑性疏直,常指斥时弊,主政者亦恶之。二十五年,主顺天乡试,以举子多人为文险诞被劾,谪福宁州同知,寻复镌秩,遂闭门不出,专事著述。四十八年卒,年八十。后复其官,赠谕德,追谥文端。著作有《老子翼》三卷、《庄子翼》八卷,《俗书刊误》十二卷等。

《玉堂丛语》仿《世说》之体,分为「行谊」「文学」等五十馀门,记万历以前翰林人物言行。作者自序其书曰:「顾衙门前辈,体势辽阔,虽隔一资,即不肯降颜以相梯接。苦无从咨问,每就简册中求之,凡人品之淑慝,注厝之得失,朝廷之论建,隐居之讲求,辄以片纸志之,储之巾箱。」故是书所记,或为亲历闻见,或为采摭简册,综核取裁,裒然成集,可与《翰林记》《殿阁词林记》诸书并面存之。

选文标题为编者所拟。

1. 节妇训子

陈检讨继幼孤①,母守节甚坚,训公严笃②。郡邑上其事,朝命巡按御史廉之。御史既得状,复微行至其邻家楼上,潜窥之。节妇方率子灌园③,节妇前行,检讨抱盎从,步趋整肃,如朝廷然,已而同灌。少顷,节妇入内,久之,手持茶二瓯来,检讨遥望见,遽掷盎趋迎至前跪,两手捧一瓯而起饮之。御史不觉动容称叹,即以上奏,旌表门闾④。(卷一《行谊》)

【注释】

① 陈继:字嗣初,吴县(今江苏苏州市)人。生十月而孤,及长事母极孝,博览群书,淹贯经史。洪熙初(1425),仁宗建弘文阁,欲得贤士任之,以杨士奇荐为翰林五经博士。预修两朝《实录》,升检讨,致仕。

② 严笃:严肃而谨笃。

③ 节妇:旧指夫死守贞不再嫁的妇女。　灌园:浇灌园圃。

④ 旌表门闾:谓赐立匾额牌坊于其乡里,以示表彰。门闾,乡里,里巷。

2. 杨翥有厚德

杨公翥有厚德①,为景皇帝宫僚,居京师。乘一驴,邻翁老而得子,闻驴鸣辄惊,公遂鬻驴徒行。天久雨,邻垣穴②,潴水公舍③,家人欲与竞。公曰:"雨日少,晴日多,何竞为?"金水河桥成④,诏简有德者试涉⑤,廷臣首推公焉。(卷一《行谊》)

【注释】

① 杨翥:字仲举,吴县(今江苏苏州市)人。自幼端厚凝重,尝师杨士奇受《易》学。宣宗时,士奇以经明行修荐之,召试称旨,授翰林检讨,改郕王府长史。景泰初(1450),以王府旧僚累进礼部尚书,给禄致仕。卒,年八十五。

② 垣穴:筑土堤环绕防水。穴,水道。

③ 潴(zhū)水:积水。

④ 金水河:明北京有外金水河与内金水河。外金水河在皇城承天门(今天安门)外,自西向东连接太液池与玉河。内金水河在皇宫午门内奉天门(嘉靖时改皇极门,即今太和门)前,为弓形

人工河道,自西向东连接护城河。明永乐年间,建内外金水河桥。内金水桥为并列五座单孔拱券式汉白玉石桥,居中主桥为御道,左右两侧宾桥供王公与文武百官通行。外金水桥为并列七座三孔拱券式汉白玉石桥,功能同内金水桥,清康熙年间重修。此则"金水河桥"当指内金水桥。

⑤ 简:选择;选用。

3. 章枫山家居

章枫山祖居渡渎①,在兰溪城外十五里。后去官家居,过客与上司至兰溪者,必出城访之。至者必留饭,虽鸡黍②,枫山不能备,皆族人营办。一月凡数次,族人甚苦之。偶有一废尼寺,上司送与为宅,枫山遂徙居城中,惟旧屋数间而已。寺旧有小楼二间;其卑至于碍冠③,枫山终日宴坐其中④。每作文构思,必起坐。绕室中行,纱帻数为所触⑤,枫山亦不知。后年八十六,竟哭于斯⑥,别无营构。(卷一《行谊》)

【注释】

① 章枫山:章懋,字德懋,学者称枫山先生,兰溪(今属浙江金华市)人。成化二年(1466)会试第一,成进士,改庶吉士,授编修。以谏元夕张灯忤帝,杖阙下,贬南京大理左评事,迁福建按察佥事。满考,以触瘴成疾,乞谢事去。家居二十餘年,屏迹不入城府,奉亲之暇,专以读书讲学为事。中外交荐,屡起之不赴。弘治十六年(1503),特起为南京国子监祭酒。正德元年(1506),五疏乞休,不允。明年又引疾恳辞,始得请。世宗嗣位,即家进南京礼部尚书致仕。卒,年八十六。赠太子少保,谥文懿。有《枫山语录》一卷、《枫山集》四卷。 渡渎:在金华府兰溪县北(今浙江金华市兰溪市女埠镇)。

② 鸡黍:指饷客之饭菜。

③ 卑:低矮。

④ 宴坐:闲坐;安坐。

⑤ 纱帻(zé):头巾。

⑥ 哭:吊唁。此指人死。

4. 唐之淳旁注册文

太祖之封十王也①,亲草册文②。适李韩公北征③,唐之淳在军中④,尝为草露布⑤。上读其文，嘉之，问草者为谁，韩公以之淳对。帝令飞骑召之，使者不喻旨，械之淳。之淳以父肃得罪，悚栗不自保。至京师，过其姑门，告使者止。索其姑出，泣曰："善为我敛尸。"姑乃大恸。之淳行次东华门⑥，门已闭，守者曰："有旨，令以布裹从屋上递入。"累累易数次⑦，至便殿。膏灯煌耀，帝坐阅书，之淳俯首庭下，帝问曰："尔草露布耶？"对曰："臣昧死草之。"良久，中侍以短几置之淳前，列烛，帝令膝坐，以封王册文一篇授之，曰："少为弘润之⑧。"之淳叩头曰："臣万死不敢当。"帝曰："即不敢，姑旁注之。"之淳如命。帝令中侍续续报⑨，定毕上之，遥望烛影下，帝微微喜。次第下⑩，凡十篇，悉定之。每奏辄嘉悦，奏毕时，夜未央，帝令明日朝谒，复如故出。至姑家，犹守门，见之淳，相庆幸，具酒食沐具。及旦廷谒，帝问曰："尔世宦否⑪？"对曰："臣父翰林应奉唐肃。"即日命嗣父官。（卷一《文学》引《剪胜旧闻》）

【注释】

① 十王：指洪武三年（1370）四月，封皇子樉为秦王、棡为晋王、棣为燕王、橚为吴王、桢为楚王、榑为齐王、梓为潭王、杞为赵王、檀为鲁王、从孙守谦为靖江王。

② 册文：简称"册"。原为册命、册书等诰命文字的一种，只用于帝王封赠臣下；后世应用渐繁，有祝册、立册、封册、哀册、赠册、谥册、赠谥册、祭册、赐册、免册等名目，凡祭告、上尊号、封赐王侯及诸祀典，均得用之。

③ 李韩公：李善长，字百室，定远（今属安徽滁州市）人。少读书，有智谋，习法家之言。朱元璋略滁州地，善长迎谒，留掌书记。从征南北，屡建功勋，累迁至左相国，封宣国公。太祖即帝位，追赠、册立、分封皆以善长充大礼使。置东宫官属，以善长兼太子少师。洪武三年（1370），大封功臣，授开国辅运推诚守正文臣、特进光禄大夫、左柱国、太师、中书左丞相，封韩国公。善长外宽和，内多忮刻，廷臣稍侵其权必奏黜之，帝始不满。四年，以疾致仕，命董建临濠宫殿。胡惟庸初为宁国知县，以善长荐为太常少卿，后至丞相。十三年，惟庸谋反伏诛，坐党死者甚众，而善长及其亲属皆免。二十三年，善长年老不能约束部下，欲营第而借卫卒三百人，为人密告。旋又牵连胡惟庸旧案，帝怒，遂并其妻女弟侄家口七十余人诛之，年七十七。

④ 唐之淳：字愚士，以字行，山阴（今浙江绍兴市）人。父肃，字处敬，号丹崖。博学善词翰，与姑苏高启等并称于时。洪武初（1368）召修礼乐书，擢翰林应奉文字。六年，谪佃临濠，卒。之淳少有奇志，力学不倦。父谪死临濠，辛勤扶丧归葬。搜求其父之遗文，时伏读凄切，人为之掩泣。建文二年（1400），方孝孺荐于朝，授翰林侍读，与孝孺俱领修书事，未几卒。

⑤ 露布：军旅文书。指征讨檄文或告捷文书。

⑥ 东华门:南京皇宫东门。与左顺门相对。参见第195页第24则注释⑥。
⑦ 累累:重积。此指守卫众多,层出叠见。
⑧ 弘润:谓补充润色。
⑨ 续续:连续不绝。
⑩ 次第:依次。
⑪ 世宦:代代做官。

5. 吕文懿勤学

吕文懿勤学①,至老不倦。居秘阁,图书左右,有得即识之,手录口诵,自晨至昃不辍。暮归,少暇,即为门人诵解书史。退则吾伊声复达于外②,盖寝不移时而起③。所修《宋元通鉴续编》,义例精甚,有先儒所未到者。书成,须发殆白。尝考一事不获,不怿者累昕夕④,一旦考得之,谓门人曰:"进我二阶⑤,殊不若得此可喜。"其好学类此。(卷一《文学》引李贤撰碑铭)

【注释】

① 吕文懿:吕原,字逢原,秀水(今浙江嘉兴市)人,少从父兄居景州(今河北衡水市景县)。父兄相继卒,贫不能归葬,原时至墓恸哭。久之,奉母南归,家益贫。嘉兴知府奇其才,补诸生,举乡试第一。正统七年(1442)进士,授编修。景泰初(1450)进侍讲,累迁左春坊大学士。天顺初(1457)改通政司右参议兼侍讲,入内阁预机务。李贤复官入阁柄政,原佐之。未几,彭时亦入,三人相得甚欢。寻进翰林院学士。六年,遭母丧,诏葬毕即起视事,乞休不允,乃之景州,启父兄殡归葬。舟车劳顿,抵家甫襄事而卒,年四十五。赠礼部左侍郎,谥文懿。
② 吾伊:又作"伊吾""咿唔"。读书声。
③ 不移时:不一会儿。形容时间不长。移时,经历一段时间。
④ 不怿:不高兴。 昕夕:朝暮。谓终日。
⑤ 阶:此指明文官散阶。自"升授登仕佐郎"(从九品)至"初授特进荣禄大夫"(正一品)共四十四阶。

6. 夷狄慕中国而来学

琉球诸国遣子弟来就学,人曰:"行故事尔①,奚庸教②?"刘公宣曰③:"夷狄慕中国而来学,不尽心以诲迪之④,是遏抑其良心也。"外国生俱感悦,厚赍金以献者再,固却之。外国生以闻⑤,被命宣受毋辞⑥,宣乃受。(卷二《政事》)

【注释】

① 行故事:谓按惯例实行。
② 奚庸:何用;何需。
③ 刘宣:字绍和,安福(今属江西吉安市)人。景泰二年(1451)进士,选庶吉士,授编修。弘治三年(1490),历官南京工部尚书。宣性耿介,严出纳,划奸弊,部事修举。明年,卒于官。谥文懿。
④ 诲迪:教诲开导。
⑤ 以闻:谓将此事向上报告。
⑥ 被命:奉命;受命。

7. 王恕折狱咸得其情

王端毅公恕①,初知扬州,折狱咸得其情②。有一老妇尝诬邻人为盗,公阅其赃,有二裙,一宽而长,一短而窄。老妇谓其子妇之裙,其邻谓其嫂与妻之裙。公诘老妇曰:"尔一人之裙,讵宜有长短广狭不同耶③?"遂明其非盗。有二人争牛,公给之曰:"一牛而二人争之,吾将焉归?盍以入官?"命左右拽出之,其一人默然,一人喧争不已。公以与争者。曰:"此己物也,故吝惜如此。"人称公为神明云。(卷二《政事》引《琅琊漫抄》)

【注释】

① 王端毅公恕:王恕,谥端毅。参见第226页第8则注释④。
② 折狱:判决诉讼案件。 情:实。
③ 讵:岂。表示反诘。

8. 吴文定斥进士不就职

河南耿公裕为太宰①,性宽恕,一日除进士六人为王府长史②。六人始登第,气傲甚,闻之殊不平,同诣部堂,哗然争辨,不肯就,极言选法不当。耿惟安慰之,众愈侵侮。吴文定公正色曰③:"诸子亦闻董、贾乎④?二人亦曾为王傅⑤,名高百世。诸子厌弃斯职,诋毁主司,岂仕可从人自择耶?不思汝辈皆吾所取士,所学何事。"因谓耿公曰:"诸生恣肆,甚伤政体,当奏处之。"明日疏上,降旨,为首者谪戍边,馀皆发充吏。于是纪纲大振。(卷二《铨选》)

【注释】

① 耿裕:字好问,卢氏(今属河南三门峡市)人。父九畴,官至刑部尚书。裕举景泰五年(1454)进士,改庶吉士,授户科给事中,改工科。天顺初(1457),改翰林院检讨。父以劾石亨贬官,裕亦谪泗州判官,补定州。成化初(1465),召复官。历国子司业、祭酒,累迁吏部尚书。后为大学士万安等所挤,调南京礼部尚书。孝宗即位,转南京兵部,参赞机务。弘治改元,召拜礼部尚书。九年(1496)卒,年六十七。赠太保,谥文恪。

② 王府长史:明诸王府长史司长官。参见第202页第1则注释⑯。

③ 吴文定:吴宽,字原博,长洲(今江苏苏州市)人。以文行,有声诸生间。成化八年(1472),会试、廷试皆第一,授修撰。侍孝宗东宫,进右谕德。孝宗即位,迁左庶子,预修《宪宗实录》,进少詹事兼侍读学士。弘治八年(1495),擢吏部右侍郎,转左,改掌詹事府,侍武宗东宫。宦竖多不欲太子近儒臣,宽乃力争进讲不少减。十六年,进礼部尚书。明年,卒于官,年七十。赠太子太保,谥文定。

④ 董、贾:西汉董仲舒、贾谊的合称。董仲舒,广川(治今河北衡水市景县西南)人。专治《春秋公羊传》。历博士、江都相、胶西王相。武帝举贤良文学之士,仲舒上《天人三策》,独尊儒术。著作有《春秋繁露》《董子文集》等。贾谊,洛阳(今属河南)人。少博学,文帝初召为博士,未几迁太中大夫。好议国政,为大臣排挤,贬为长沙王太傅。后为梁怀王太傅。作有《吊屈原赋》《鹏鸟赋》及《陈政事疏》《过秦论》等,后人辑有《贾长沙集》。

⑤ 王傅:王府属官。

9. 从宜区画

流贼犯江上①,兵书刘公机谋于同事诸公曰②:"今日之事,惟择主将、立赏格③、修营栅、恤军士为急。"时李都督昂自贵州罢镇还南④,遣人邀致之而委重焉。李以未得朝命辞,公曰:"朝廷敕谕我辈有曰'敕内该载不尽者,尔等从宜区画⑤'。此即朝命也。"亟取瓦屑坝竹木为营栅⑥,使沿江军士免暴露之苦。又欲发官帑银七千馀两犒军,诸公皆犹豫,公曰:"某当独任。"遂草奏行之。防守有备,人心以安。

（卷二《筹策》）

【注释】

① 流贼犯江上：正德六年（1511）正月，河北流民刘六、刘七、杨虎等作乱于京畿，进迫京师，逐渐波及河北、山东、山西、河南、湖广、江西等地。七年五月，流贼杀副都御史马炳然于武昌江中。至九月，山东、河南、江西贼先后为官军所平，暴乱渐息。
② 刘机：字世衡，北直隶大兴（今北京市大兴区）人。成化十四年（1478）进士，选庶吉士。弘治中，历侍读、侍读学士、翰林院学士。正德三年（1508），累迁礼部尚书，寻改吏部，加太子少保，丁忧归。七年，起为南京兵部尚书，参赞机务。九年致仕，又数年卒。
③ 赏格：悬赏所定报酬条件。
④ 李昂：未详何许人。弘治中，为协守贵州右参将都指挥佥事。正德元年（1506）正月，升署都督佥事、充总兵官镇守贵州兼提督清平等卫地方。
⑤ 从宜区画：采用适宜的办法进行筹划。意谓怎么适宜就怎么做。
⑥ 瓦屑坝：在明南京应天府江宁县大胜关（今江苏南京市西南江滨）。洪武二十六年（1393），设抽分竹木局于此。另一处瓦屑坝，在明饶州府城西古渡口（今江西上饶市鄱阳县莲湖乡），为洪武、永乐年间迁徙人口填充湖广的集散地。此则所指为前者。

10. 召见大臣礼

孝庙尝问司礼监："祖宗时召见大臣，其礼如何？当在何处？"萧敬对云①："英宗多在文华殿。尝见吏部尚书王公翱②，问对毕，王公辞去，顾见其衣后破损，再呼还。问衣破何不令家人补之，王公答曰：'今日偶服此到部，适闻命，不及更衣。'英庙抚掌笑，命赐一绮。"孝庙闻之曰："朕不能如祖宗简易若此。"数日间，遂召见兵部尚书刘公大夏③，见后称"好好"。邃庵杨公一清亦谈一事④，云："时甘肃缺总兵官，会推恭顺侯吴瑾⑤，英庙以为得人。召问王公如何，王以为不可。英庙遽曰：'老王执拗，外庭皆道此人好，独尔以为不好，何也？'王叩头曰：'吴瑾是色目人⑥，甘肃地近西域，多回回杂处，岂不笑我国乏人？'英庙抚掌曰：'还是老王有见识。'即命另推。祖宗时，君臣之间契会如此⑦。"（卷三《召对》）

【注释】

① 萧敬：字克恭，南平（今属福建）人。自幼入宫，性聪敏，入司礼监内书堂读书。天顺时，累

迁御用监太监。成化中,调内宫监,进司礼监佥书。弘治三年(1490),为司礼监太监。尝主朝廷冠婚丧祭大礼,命会三法司鞫狱。正德七年(1512),进司礼监掌印太监。武宗狎游巡外,尝力谏,不听,命留守京师。后坐宁王事罢。世宗即位,召入备顾问。嘉靖元年(1522)为廷臣所劾,乞退。七年,卒于家。

② 王翱:字九皋。景泰、天顺朝吏部尚书。参见第194页第24则注释①。

③ 刘大夏:字时雍。弘治时官兵部尚书。参见第223页第4则注释②。

④ 杨一清:字应宁,号邃庵。嘉靖时官至兵部尚书、内阁首辅。参见第243页第5则注释①。

⑤ 吴瑾:蒙古人。其祖把都帖木儿,居甘肃塞外塔沟地,官至平章。永乐三年(1405),率其属来归,赐名吴允诚。以守边征讨功累迁左都督,封恭顺伯,卒。父克忠嗣爵,以戚里恩进侯。正统时,充副总兵巡边。土木之变,与其弟克勤、子瑾为后拒寇,克忠、克勤俱力战而殁,瑾被执。瑾逃归,嗣侯。天顺五年(1461),太监曹吉祥及嗣子曹钦反。瑾与从弟琮闻变,椎长安门上告。门闭,钦不得入,遂纵火。瑾将五六骑,与钦力战死。赠凉国公,谥忠壮。

⑥ 色目人:蒙元时称西域各族为色目人。参见第93页第25则注释⑥。《明史》谓吴瑾之祖为蒙古人,蒙古人与色目人非为同种,未知孰是。

⑦ 契会:关系融洽。

11. 江公爱惜人才

河东薛文清公瑄为御史①,巡按山东,建言内外宪臣缄默不言,顾都宪佐恶之②。后公考满,顾署下下,不称职,公未尝介意。景泰辛未秋七月③,以大理右寺丞乞致仕。户部侍郎兼翰林学士江公渊言于上曰④:"薛瑄历官,罢而复起,始终不易其操。昨者奉命督四川、云南粮饷,以给贵州之师,日夜劳心,思竭筋力,以底有功⑤。今年才六十,耳目聪明,未觉衰耗。臣愚以为瑄之学之才,宜置之馆阁,以资其助,不宜俯徇其情⑥,听之去也。"于是诏留复职,寻升南大理卿,未几果入内阁。顾公在都察院,清刚有重望,为先朝名臣,然以江公爱惜人材之心较之,其优劣何如也。(卷三《荐举》)

【注释】

① 薛瑄:字德温,河津(今属山西运城市)人。少从魏希文、范汝舟学,究心洛、闽渊源。永乐十八年(1420),举河南乡试第一,明年成进士,归居父丧。宣德中授御史,出监湖广银场。正统时,历山东提学佥事、大理左少卿。宦官王振专权,公卿多趋附,瑄独屹立不加礼,自是被衔。后

坐诬下狱论死,为朝官申救乃免。景帝嗣位,起为大理寺丞。也先入犯,分守北门有功,寻出督贵州军饷。事毕乞休,学士江渊奏留之。景泰二年(1451),推南京大理寺卿,改北寺。英宗复辟,拜礼部右侍郎兼翰林学士,入阁预机务。石亨等乱政,乞归读书著述。天顺八年(1464)卒,年七十二。赠礼部尚书,谥文清。

② 顾佐:字礼卿,太康(今属河南周口市)人。建文二年(1400)进士,除庄浪知县。永乐时,入为御史,迁江西按察副使。刚直不挠,吏民畏服。历应天、顺天尹、贵州按察使。洪熙元年(1425),召为通政使。宣德三年(1428),以大学士杨士奇、杨荣荐为右都御史。正统初(1436)致仕归,十一年卒。

③ 景泰辛未:景泰二年(1451)。

④ 江渊:字世用,江津(今重庆市江津区)人。宣德五年(1430)进士,选庶吉士,授编修。正统十二年(1447),诏与杜宁等十人肄业东阁。郕王监国,徐有贞倡议南迁,渊入,极陈固守之策,遂见知,由侍讲超擢刑部右侍郎。未几,以本官兼翰林学士,入阁预机务,寻改户部侍郎,又改吏部,累官工部尚书。英宗复位,谪戍辽东,卒。

⑤ 以底:以此。底,此。

⑥ 俯徇其情:谓顺从其意愿。

12. 武宗好佛

康陵好佛,自称大庆法王①,外庭闻之②,无征以谏。俄内批礼部,番僧请腴田千亩,为大庆法王下院③。乃书大庆法王,与圣旨并传。尚书珪佯不知④,执奏:"孰为大庆法王者?敢与至尊并书?亵天子,坏祖宗法,大不敬!"上弗问,田亦竟止。(卷四《献替》)

【注释】

① 大庆法王:正德五年(1510)六月,武宗自加此法号,命所司铸印以进。法王,本指佛教对释迦牟尼的尊称。元明等朝亦作为封号授予红教喇嘛首领。

② 外庭:亦作"外廷"。国君听政处。相对内廷、禁中而言。亦借指朝臣。

③ 下院:僧寺分院。

④ 尚书珪:礼部尚书傅珪。字邦瑞,清苑(今河北保定市)人。成化二十三年(1487)进士,选庶吉士,授编修,预修《大明会典》《孝宗实录》。历左中允、左谕德充讲官。以不附刘瑾,降为修撰。俄迁翰林学士、吏部左右侍郎。正德六年(1511),代费宏为礼部尚书。珪居间类木讷,及当大事,毅然执持不可夺,终以此忤权幸。八年,矫旨令致仕,归三年卒,年五十七。嘉靖初,赠太子

少保,谥文毅。

13. 刘文靖斥杨邃庵复出

　　故事,非由翰林,不得入阁,本朝虽有数人,然皆出自特简①,邃庵杨公其一也②。公归田,年七十馀,嘉靖初,特起公于家,改兵部尚书兼宪职③,总制三边④。道经洛阳,谒刘文靖公⑤,文靖出见,辞色甚倨,阳问曰:"我记汝亦曾为阁老耶?"公随问而对,文靖曰:"既为阁老,复出作总制,内阁体统,为汝一人坏尽矣。"公云:"朝廷简命⑥,不得不赴。"文靖仍曰:"进止由汝,何得乃尔⑦?我老不能对客矣。"遂命二孙陪茶,杨大惭而出。(卷四《侃直》)

【注释】

① 特简:皇帝对官吏的破格选用。
② 邃庵杨公:杨一清,字应宁,号邃庵。参见第243页第5则注释①。
③ 宪职:指都察院都御史。嘉靖三年(1524),诏杨一清以少傅、太子太傅改兵部尚书、左都御史,总制陕西三边军务。
④ 三边:明陕西边防设延绥镇(驻今陕西榆林市)、宁夏镇(驻今宁夏银川市)、甘肃镇(驻今甘肃张掖市),合称"三边"。三边总制驻固原(今属宁夏)。
⑤ 刘文靖公:刘健,字希贤,谥文靖。参见第223页第5则注释②。
⑥ 简命:选派任命。
⑦ 何得乃尔:怎会如此。

14. 方孝孺誓死社稷

　　方孝孺,洪武中以学士吴沉、揭枢荐①,召见,高皇谓枢曰:"孝孺孰与汝?"枢曰:"十倍于臣。"使见皇太子,赐宴,故欹其几以试之②,孝孺必正之乃坐。高皇使人觇之,喜谓皇太子:"此庄士也③,当老其才以辅汝耳④。"丙子征入⑤,典应天试。太祖大渐⑥,遗令先召孝孺。建文即位,驰驿召还,为翰林博士,进侍讲学士,日侍经筵,备顾问。凡将相大政议辄咨孝孺,读书每有疑,即召使讲解。临朝奏事,臣僚面议可否,必命孝孺就扆前批答⑦。比定官制,改侍讲学士为文学博士,即以授孝孺。靖难兵起,日召谋议,诏檄皆出孝孺手。兵既渡淮,画策坚守,誓死社稷。知事

不可为,乃作绝命辞⑧,未几,不屈而死。(卷四《忠节》)

【注释】

① 吴沉:字浚仲,兰溪(今属浙江金华市)人。元国子博士吴师道之子。沉以学行闻。朱元璋下婺州,召入进讲经史,命为郡学训导。洪武初(1368),授翰林院待制,召侍左右,累迁东阁大学士。后降国子博士以老归。 揭枢:字平仲,丰城(今属江西宜春市)人。元翰林侍讲学士揭傒斯之孙。洪武中为弘文馆学士,累官中书舍人。工楷书。

② 欹(qī):倾斜。

③ 庄士:端正之士;正人君子。

④ 老其才:意谓尽其才。

⑤ 丙子:指洪武二十九年(1396)。据《明史·方孝孺传》,洪武间,方孝孺有两次被召。首次在十五(壬戌)年,以吴沉、揭枢荐,太祖喜其举止端整,未授官,以礼遣还。二十五(壬申)年,复以荐召,太祖谓今非用其时,仅除汉中教授。至建文帝即位,始召为翰林侍讲。此则言"丙子",与史未合。

⑥ 大渐:病危。

⑦ 扆(yǐ):御扆。皇帝用的屏风。

⑧ 乃作绝命辞:指建文四年(1402)六月,方孝孺被执下狱,拒草成祖登基诏书,赴死前所作辞。《明史》本传:"(成祖)顾左右授笔札曰:'诏天下,非先生草不可。'孝孺投笔于地,且哭且骂曰:'死即死耳,诏不可草。'成祖怒,命磔诸市。孝孺慨然就死,作绝命词曰:'天降乱离兮,孰知其由?奸臣得计兮,谋国用犹。忠臣发愤兮,血泪交流。以此殉君兮,抑又何求!呜呼哀哉兮,庶不我尤。'"

15. 建 文 遗 老

永乐中,有一人居洞庭湖之滨。久而复有两人至,聚居一室,不轻出门户。风月之夕,则棹小舟,操酒榼①,泛湖而饮,饮至醉,扣舷而歌,歌竟,相持大恸而归,人莫测也。居人时以钱米周之②,或受或否。而一人病革③,呼其邻曰:"吾欲告汝以姓名,恐为女累;不言,女终见疑。奈何?"其人固请,乃曰:"我建文朝某编修也,幸葬我湖旁某山下。"居人收葬之。其二人后不知所在。(卷四《忠节》引《冶城客论》)

【注释】

① 酒榼(kē)：古代盛酒器，可提挈。

② 居人：本地居民。

③ 病革(jí)：病势危急。语出《礼记·檀弓上》："夫子之病革矣。"郑玄注："革，急也。"

16. 杨子荣更名入阁

永乐年，一日且暮，宁夏报被虏围。上急召阁下诸老，皆已出，惟编修杨子荣赴命①，上不怿，示以奏曰："尔后进，宁解此②？今当以何处兵往救？"子荣徐曰："不须救也。"上曰："何也？"子荣曰："臣尝奉使至彼，其城坚，且人皆习战，今其发已十馀日，虏必已退。但敕守臣固守，及邻近诸城堡堤备可矣③，不必遣兵，重为烦扰也。"上颇回颜，曰："明日与诸老来议之。"夜半，虏围解报至。诘旦④，上召子荣，以报书示之，曰："卿何料之审也。"喜见于色。问其名，曰："杨子荣。"命去"子"字，单名荣，即命入阁，宠遇日隆。然入谋于内，未尝以宣于外，外人亦不知趋之，故成永乐之治。文敏才实通敏，机务沓至，断决如流。而善承人主意，徐引于正。二杨皆以谏东宫事系狱累年⑤，文敏虽尝谏，上不罪也。说者谓其相业有姚崇之风焉⑥。（卷五《识鉴》）

【注释】

① 杨子荣：字勉仁，建安（今福建南平市建瓯市）人。建文二年（1400）进士，授编修。成祖入南京，子荣迎谒，请先谒陵后即位，遂受知，命更名"荣"，入文渊阁预机务。迁侍讲，进右谕德、右春坊右庶子，屡扈从北征。永乐十四年（1416），进翰林院学士，明年为首辅。累迁文渊阁大学士。成祖崩于榆木川，荣秘不发丧，助皇太子嗣位。仁宗立，进太子少傅、谨身殿大学士兼工部尚书。宣德元年（1426），汉王反，从宣宗亲征。五年，进少傅，在内阁与杨士奇、杨溥同辅政，并称"三杨"。英宗即位，委寄如故。正统三年（1438），与士奇俱进少师。五年乞归，卒于途，年七十。赠太师，谥文敏。

② 宁(nìng)：岂；难道。

③ 堤备：防备。

④ 诘旦：平明；清晨。

⑤ 二杨：指杨士奇、杨溥。二人皆尝侍奉东宫。成祖因汉王、赵王合间太子，欲废立，二杨力言太子善，事遂已。然亦为之忤帝意，士奇分别于永乐十二年、二十年下锦衣卫狱，寻得释；溥则

于十二年下狱,系十年,至仁宗即位乃得释。

⑥ 姚崇:本名元崇,字元之,后改名崇,唐陕州硖石(今河南陕县东硖石镇西石门)人。历任武则天、睿宗、玄宗朝宰相。累封梁国公,迁紫微令。《资治通鉴》卷二百十一:"唐世贤相,前称'房杜',后称'姚宋',它人莫得比焉。"开元九年(721)卒,年七十二。赠扬州大都督,谥曰文献。十七年重赠太子太保。

17. 薛文清乞退

英庙复位,薛文清居内阁数月,朝议遣使求狮子于西域,谏不听,又见石亨窃弄威权,叹曰:"君子见几而作①,岂俟终日乎?"引疾恳乞致仕,得允,即出城。行至直沽②,遇风雨,舟不能行,糇粮俱乏③,日中犹未举火,吟咏不辍。子淳私愠曰:"人家好好做官,他便要退,受困谁怨!"先生闻之,恬不为意④,曰:"我虽困,而道自亨也⑤。"(卷五《方正》)

【注释】

① 见几而作:谓事前明察事物细微变化,抓住有利时机立即行动。语出《周易·系辞下》:"君子见几而作,不俟终日。"

② 直沽:明天津三卫(今天津市)。

③ 糇(hóu)粮:指干粮和谷类食物。

④ 恬:坦然。

⑤ 自亨:自通;自达。

18. 童轩不妄取予

尚书童公轩性寡合①,不妄取予。居南京时,家人衣食或不给,惟三原王公馈以米及白金②,或不受。毗陵王尚书㦛知其介③,不敢致馈,值有持礼币求文者,因谓曰:"童公之文胜余,令人导汝往求之。"至则童公问其人曰:"汝自来乎?抑有使之者乎?"其人以实对,遂却而不纳。其介如此。(卷五《廉介》引《濯缨亭笔记》)

【注释】

① 童轩:字士昂,鄱阳(今属江西上饶市)人。景泰二年(1451)进士,授南京吏科给事中。历

云南提学佥事,以素谙礼法擢太常寺卿,掌钦天监事。后为都察院右副都御史,总制松潘军务。弘治五年(1492),擢南京吏部右侍郎。七年,进南京礼部尚书。十年致仕,卒。赠太子少保,赐葬祭。轩为人廉介寡合,笃于内行,好学问,至老不倦。又工于吟咏,颇得唐人体致。

② 三原王公:王恕,字宗贯,三原(今属陕西咸阳市)人。参见第226页第8则注释④。

③ 王㒜:字廷贵,武进(今江苏常州市)人。景泰二年(1451)进士第三,授翰林院编修。进讲经筵,屡预纂修。成化元年(1465),为南京翰林院学士。历南京国子监祭酒、南京吏部左侍郎、南京户部尚书。弘治元年(1488),擢南京吏部尚书。七年致仕,卒。赠太子太保,谥文肃。㒜德器宏裕,练达事体,为时所重。

19. 刘大夏不取羡馀

东山刘公为广东方伯时①,广中官库有一项羡馀钱②,自来不上库簿③,旧任者皆公然取去,以充囊箧,相袭以为固然。公初至,发库藏,适前任有遗下未尽将去者,库吏以故事白,云不当附库簿。公沉吟久之,乃大声呼曰:"刘大夏平日读书做好人,如何遇此一事,沉吟许多时,诚有愧古人,非大丈夫也。"乃命吏悉附簿,作正支销④,毫无所取云。(卷五《廉介》引《南岳集》)

【注释】

① 东山刘公:刘大夏,号东山。参见第223页第4则注释②。 方伯:殷周时代一方诸侯之长。后泛称地方长官。弘治二年(1489),刘大夏迁广东布政使。

② 羡馀:盈馀;剩馀。

③ 库簿:仓库账簿。

④ 正支销:古代行政官用经费定额内的开销。与杂支相对。

20. 陈音不畏中官

成化中,司礼黄赐母死①,省、寺、监、院无弗吊祭,翰林独未之诣也。一日,徐侍讲琼言于众曰②:"时且如此,独得不往乎?"众或应或否。陈愧斋音奋然怒曰③:"堂堂翰林,相率而拜中人之门,天下其谓何?斯文其谓何?"词气愤激,闻者慑然④,事遂已。汪直之在西厂也,气焰烜赫⑤,出没如鬼神。一日,有校士突入兵部郎杨士伟家⑥,拷掠及其妻属,众骇,莫敢闯焉。先生其邻也,登墉呵之曰⑦:"尔何敢不畏国法?"其人曰:"尔何人,敢尔? 不畏西厂!"先生曰:"尔欲知我乎? 我翰林侍讲陈音也。"闻者为之缩颈。(卷五《义概》引《经济录》)

【注释】

① 黄赐:延平(今福建南平市)人。景泰时入宫,成化中为司礼监太监。后以与汪直不合,出掌南京守备。

② 徐琼:字时庸,金溪(今属江西抚州市)人。天顺元年(1457)廷试第二,授翰林院编修,预修《大明一统志》。成化时,又预修《英宗实录》,宠眷甚隆。历南京翰林院侍读学士掌院事。弘治十年(1497),累官礼部尚书,十三年致仕。

③ 陈音:字师召,号愧斋,莆田(今属福建)人。天顺八年(1464)进士,改庶吉士,授编修。预修《英宗实录》,书成,进侍讲。成化六年(1470),以灾异陈时政,忤旨切责。久之,迁南京太常寺少卿。以事为吏部尚书、内阁大学士刘吉所衔,又尝与守备中官争事,为所劾,故不得迁。弘治五年(1492),刘吉罢,始进本寺卿。越二年卒。音负经术,士多游其门,然性健忘,不解世故琐屑事。

④ 愯(sǒng)然:犹"悚然"。惊惧貌。

⑤ 烜(xuǎn)赫:显赫;昭著。

⑥ 兵部郎:兵部郎中。明六部属官,正五品。参见第157页第23则注释①。据《明史·陈音传》:"汪直党韦瑛,夜率逻卒入兵部郎中杨士伟家,缚士伟,考掠及其妻子。音与比邻,乘墉大呼曰:'尔擅辱朝臣,不畏国法耶?'其人曰:'尔何人? 不畏西厂!'音厉声曰:'我翰林陈音也!'"

⑦ 墉(yōng):墙垣。

21. 杨守陈不较驿丞无礼

杨守陈以洗马乞假觐省①,行次一驿,其丞不知其为何官,与公坐而抗礼②,卒然问曰:"公职洗马,日洗几马?"公漫应曰:"勤则多洗,懒则少洗,无定数也。"俄而报一御史且至,丞乃促令让上舍处之③。公曰:"待其至而让未晚也。"比御史至,则公门人也,跽而起居④。丞乃睨御史不见,蒲伏阶下⑤,百状乞怜,公卒亦不较。(卷五《器量》)

【注释】

① 杨守陈:字维新,鄞(今浙江宁波市)人。景泰二年(1451)进士,改庶吉士,授编修。成化初(1465),充经筵讲官,进侍讲。《英宗实录》成,迁洗马,寻进侍讲学士,为东宫讲官。孝宗即

位,宫僚悉迁秩,以守陈为吏部右侍郎,充《宪宗实录》副总裁,兼詹事府专事史馆。弘治二年(1489)卒。赠礼部尚书,谥文懿。　洗马:古代东宫属官。明掌詹事府司经局,从五品。参见第242页第4则注释④。　觐省(xǐng):谓探望双亲。

② 抗礼:行对等之礼;以平等的礼节相待。

③ 上舍:上等馆舍。

④ 跽而起居:长跪而问安。跽,上身挺直而跪。

⑤ 蒲伏:犹"匍匐"。伏地而行。

22. 王恕填滇

王公恕以中丞填滇①,先此,镇守中官多不法,乃百方冀悦公②,公不为动。察其政不便人者,悉革之,并剪其羽翼,中人衔之。公每出行部,导从者十数人而止。一日公出,中人令刺客杂其中,将乘罅贼之③,公于马上遽问曰:"今从者何多一人?"因检之,得其怀刃,客吐实,因具爰书④,杖遣之,而不加罪。中人闻之,欲自杀,公偕三司谓之曰:"我所行之事,不过为民除害耳,所罪之人,不过为公清恶耳,公何与?毋用过自疑也。"中人知无害己意,乃惶恐谢罪,不敢别行非义,而百姓安堵矣⑤。(卷五《器量》)

【注释】

① 中丞:御史中丞。明改称左、右副都御史。此用前代旧称。参见第352页第10则注释⑦。据《明史·王恕传》:"(成化)十二年,大学士商辂等,以云南远在万里,西控诸夷,南接交阯,而镇守中官钱能贪恣甚,议遣大臣有威望者为巡抚镇压之,乃改恕左副都御史以行,就,进右都御史。"

② 冀悦:企图取悦。

③ 乘罅贼之:利用机会杀害他。乘罅,亦作"乘隙";利用机会,钻空子。贼,杀害。

④ 因具爰书:犹言记录在案。爰书,古代记录囚犯供辞的文书。

⑤ 安堵:安居。

23. 章懋坚乞致仕

枫山章先生懋擢福建按察佥事①,以考绩赴部,坚乞致仕,冢宰尹公旻慰留之②,辞益力。尹诘之曰:"不罢软③,不贪酷,不老疾,如何可退?"先生对云:"古人正色立朝,某之罢软多矣;古人一介不取,视民如伤④,某之贪酷多矣;年虽未艾⑤,须发早白,亦可谓老疾矣。请举一事退之足矣。"尹怃然惊叹,知其意决,特为上请,从之。时先生仅四十一。(卷五《退让》)

【注释】

① 按察佥事:明地方三司之一提刑按察使司属官。提刑按察使司,掌一省刑名按劾之事,"纠官邪,戢奸暴,平狱讼,雪冤抑,以振扬风纪,而澄清其吏治"。置按察使一人,正三品;副使,正四品;佥事无定员,正五品。经历司经历一人,正七品;知事一人,正八品。照磨所照磨一人,正九品;检校一人,从九品。司狱司司狱一人,从九品。成化三年(1467)冬,章懋以谏元夕张灯忤旨,贬南京大理左评事。逾三年,迁福建按察佥事。考满,赴京辞官。

② 尹旻:字同仁,历城(今山东济南市)人。正统十二年(1447)乡试第一,明年成进士,选庶吉士,改刑科给事中。成化时,累迁吏部尚书。有知人之鉴,所选吏皆称职。京师有谣曰:"公道不如王恕,选法不如尹旻。"铨政之服人如此。弘治初(1488)致仕,卒。赠太子太保,谥恭简。

③ 罢(pí)软:软弱无能。

④ 视民如伤:谓顾恤民众疾苦。《左传·哀公元年》:"臣闻国之兴也,视民如伤,是其福也。"

⑤ 未艾:未尽。

24. 朱恭靖公归吴

朱恭靖公归吴①,趋里中,市货溢衢,纷华满耳。入公之堂,萧然如村落中,见野翁环堵,出与宾客游,鱼鱼雅雅②。里中后生思畏名检③,欲一有为,曰:"恐玉峰先生知也。"田庐闺阃猥事④,一不置念。老隐阳山几三十载⑤,未尝一日去书不观。当道疏公当起者前后几三十人。为人淡然自守,廉不徼名⑥,学惟务实,思以友三代之英于百载之上⑦。临终,戒其子孙:"不得请恩于朝。万一台章以闻⑧,主上怜之,赐谥易名,愿无以'文'为谥,脱犯吾父讳⑨,亡魂何安?小子切记之。"终于正寝⑩,远近慕惜之。朝廷恤典,不烦陈乞,于是赠官太子太保,谥恭靖,从公志云。(卷五《退让》)

【注释】

① 朱恭靖公:朱希周,字懋忠,号玉峰,昆山(今属江苏苏州市)人,徙吴县(今江苏苏州市)。弘治九年(1496)进士,孝宗喜其姓名,擢为第一。授修撰,进侍讲,充经筵讲官。历侍读学士、南

京吏部右侍郎、礼部右侍郎。嘉靖元年(1522)议大礼,希周屡争于廷,忤世宗。明年,由礼部左侍郎迁南京吏部尚书。六年,乞休归吴,林居三十年,不复起。卒,年八十四。赠太子少保(此则谓"太子太保",与《明史》本传不合),谥恭靖。

② 鱼鱼雅雅:威仪整肃貌。雅,通"鸦"。鱼行成贯,鸦飞成阵,故称。

③ 思畏名检:意谓顾忌名誉礼法。

④ 田庐闺阃猥事:谓田间村巷、农舍内室之琐碎事。

⑤ 阳山:在苏州府城西北三十里(今苏州市虎丘区境内)。一名秦馀杭山,又名四飞山。古产白垩,可用圬墁,故亦曰白墡山。越王葬吴王夫差于此山。

⑥ 徼名:谋求名声。徼,通"邀"。

⑦ 三代之英:谓夏、商、周三代之英主,如禹、汤和文、武等。《礼记·礼运》:"子曰:'大道之行也,与三代之英。丘未之逮也,而有志焉。'"

⑧ 台章:御史台奏章。明代指都察院考察官吏奏章。

⑨ 脱:假使;万一。 犯吾父讳:冒犯吾父名讳。朱希周父名文,官至云南按察副使。

⑩ 正寝:住宅正屋或正厅。人死,停灵于此。

25. 李西涯改门生诗

李西涯当国时①,其门生满朝,西涯又喜延纳奖拔,故门生或朝罢或散衙后,即群集其家,讲艺谈文,通日夜以为常。一日,有一门生归省,兼告养病还家,西涯集同门诸人饯之,即席赋诗以赠。诸人中独汪石潭才最敏②,诗先成,中有一联云:"千年芝草供灵药,五色流泉洗道机③。"众人传玩,以为绝佳。呈稿于西涯,西涯将后一句抹去,令石潭重改,众愕然。石潭思之,亦不复能缀,众以请于西涯曰:"吾辈以为抑之此诗绝佳,不知老师何故以为未善?"西涯曰:"归省与养病是二事,今两句单说养病,不及归省,便是偏枯④。且又近于合盘⑤。"众请西涯续之,西涯即援笔书曰:"五色宫袍当舞衣⑥。"众始叹服。盖公于弘、正间为一时宗匠,陶铸天下之士,亦岂偶然者哉。(卷六《师友》)

【注释】

① 李西涯:李东阳,号西涯。参见第221页第2则注释⑦。李东阳自弘治八年(1495)入阁,正德三年(1508)为首辅,七年十二月致仕。

② 汪石潭:汪俊,字抑之,号石潭,弋阳(今属江西上饶市)人。弘治六年(1493)会试第一,改

庶吉士,授编修。正德中,预修《孝宗实录》,以不附刘瑾、焦芳,调南京工部员外郎。刘瑾败,召复原官,累迁礼部右侍郎。嘉靖元年(1522),转吏部左侍郎,寻拜礼部尚书。三年,世宗不肯入孝宗、武宗之系,再议大礼,俊集廷臣七十三人上书,忤旨乞休,帝怒责以肆慢,允其去,以席书为代。辛于家。隆庆初(1567),赠少保,谥文庄。

③ 道机:出尘修道之灵机。此句有脱胎换骨、推陈出新之意。
④ 偏枯:指律诗对句字面相对而实义有偏失。
⑤ 合盘:即合掌。诗文中对句意义相类者。
⑥ 宫袍:古代官员礼服。依官阶有不同颜色。

26. 吴宽不以仕进为意

吴文定被选宫僚,人动色相贺①,公独蹙然曰②:"我何以当此任?"及日讲内殿,尤世所荣,而公辞之再三。及掌制久,众望公柄用,当道忌之,邅回不进③,意公亦不能少无望④。公曰:"吾初望不及此,今处此甚安之。"众议为之冰释。公未遇时,下第回,闻母病急奔,过关不待报。辖关主政拘留,公不为意,以诗上之,云:"献策金门苦未收⑤,归心日夜水东流。扁舟载得愁千斛,闻说君王不税愁。"主关者惭而释之。(卷七《恬适》)

【注释】

① 动色:谓脸上显现激动表情。
② 蹙然:忧愁不悦貌。
③ 邅(zhān)回:难行不进貌。
④ 意公句:意谓料想关公不能不稍有怨望。无望,无怨望。
⑤ 金门:又作"金马门"。汉代宫门名。学士待诏之处。此处借指朝廷。

27. 鲁文恪告归辟小园

鲁文恪以祭酒告归①,乃辟小园于梦野台之东②,凿池筑亭,杂莳花木③,为游息之所,总名之曰"己有园"。客至,则葛巾野服延坐④,或泛舟呼酒,三数行,自歌古诗,有物外之趣。自作记曰:"盖吾材类樗⑤,而今复病,是加之朽也,樗而朽,盖无所用之。无用则无所属,吾其属吾矣,吾吾属吾⑥,园始为吾有也。苟药物能吾

扶⑦，孰使吾不乐？"观此，则公之风致可知矣。（卷七《恬适》引《已有园集》）

【注释】

① 鲁文恪：鲁铎，字振之，景陵（今湖北天门市）人。弘治十五年（1502）会试第一，历编修。闭门自守，不妄交人。武宗立，使安南，不受其馈。正德二年（1507）迁国子监司业，累擢南国子监祭酒，寻改北。久之，谢病归。嘉靖初（1522），复起原官，逾年再请致仕。后累征不起，卒。谥文恪。

② 梦野台：在景陵子城西南隅。宋景祐中复州刺史王琪构亭于此，名梦野亭。后亭毁，惟存土台遗迹，称梦野台。明正德间，祭酒鲁铎建书院于此，并围入私宅。

③ 杂莳（shì）：间杂种植。

④ 葛巾野服：谓村野平民装扮。葛巾，葛麻所制头巾。野服，村野之民服饰。

⑤ 樗（chū）：臭椿。木质差，古人以为恶木。《庄子·逍遥游》："惠子谓庄子曰：'吾有大树，人谓之樗。其大本拥肿而不中绳墨，其小枝卷曲而不中规矩。立之涂，匠者不顾。'"以喻无用之材。多用为谦词。

⑥ 吾吾属吾：意谓我让我身属于自己。与人在官场时身不由己相对。

⑦ 吾扶：使我支撑得住。

28. 王叔英与方孝孺书

方孝孺为翰林侍讲，典国家大政。同郡王叔英时为汉阳知县①，遗书曰："凡人有天下之才固难，能自用其才者尤难，如子房之于高祖②，能用其才者也，贾谊之于文帝③，不能自用其才者也。子房之于高祖，察其可行而后言，言之未尝不中，故高祖得以用之。贾谊之于文帝，不察其未能而易之，且又言之太过，故大臣绛、灌之属④，得以短之，于是文帝不获用其言。方今明良相逢⑤，千载一时，但天下之事，固有行于古而亦可行于今者，如夏时周冕之类是也⑥。亦有行于古而难行于今者，如井田封建之类是也⑦。可行者行之，则人之从之也易，难行者行之，则人之从之也难。从之易，则民乐其利，从之难，则民受其患。此君子之用世，贵乎得时措之宜也⑧。"孝孺深然之。及与政，又辄慕古王政，即欲见诸事，以故多纷更，卒无成效。（卷七《规讽》）

【注释】

① 王叔英：字原采，黄岩(今浙江台州市黄岩区)人。洪武中，与杨大中、方孝孺等征至，叔英固辞归。洪武二十年(1387)，以荐为仙居训导，改德安教授，迁汉阳知县，多惠政。建文时，召为翰林修撰，上资治八策。方孝孺欲行井田，即遗书以劝。燕兵至淮，奉诏募兵，行至广德，京城失守，自经于玄妙观银杏树下。燕王称帝，录其家，妻金氏自经死，二女下锦衣狱赴井死。王叔英与方孝孺友善，常以道义相切劘。明黄岩与宁海皆属台州府(治今台州市临海市)，故谓二人为"同郡"。

② 子房：汉留侯张良，字子房。参见第81页第13则注释⑦。

③ 贾谊：汉政论家、文学家。少博学，文帝初召为博士，不久迁太中大夫。多次上疏，批评时政。为大臣排挤，贬为长沙王太傅。后为梁怀王太傅。

④ 绛、灌：汉绛侯周勃、颍阴侯灌婴。《史记·屈原贾生列传》："于是天子议以为贾生任公卿之位，绛、灌、东阳侯、冯敬之属尽害之。"

⑤ 明良：指贤明君主与忠良臣子。

⑥ 夏时周冕：夏历与周礼。此处泛指古代历法与礼仪制度。

⑦ 井田：相传为殷周时土地制度。以土地划作"井"字形，故名。始见于《孟子·滕文公上》："方里而井，井九百亩。其中为公田，八家皆私百亩，同养公田。公事毕，然后敢治私事，所以别野人也。"即每方里土地按"井"字形划为九区，区一百亩；中区为公田，余八区为私田，分授八家耕种；公田由八家助耕，收获上交，公田农事毕，方能耕种私田。《周礼》《礼记》《汉书》等典籍对井田亦有记载，内容与《孟子》不尽相同。井田具体分配、耕作及缴纳办法，自汉至清，意见分歧，迄无定论。　封建：指封土建诸侯。帝王将爵位、土地分赐给亲戚或功臣，让其在封定的区域内建立邦国。

⑧ 时措之宜：谓因时制宜。《礼记·中庸》："成己，仁也；成物，知也。性之德也，合外内之道，故时措之宜也。"郑玄注："时措，言得其时而用也。"孔颖达疏："措犹用也。言至诚者成万物之性，合天地之道，故得时而用之，则无往而不宜。"

29. 曾棨善饮

永乐中，曾状元棨①，体貌魁硕，文学充赡②，朝野咸耸望焉③。有交趾贡使饮量绝人，上令左右举善饮者款之，或举二都护以对④，上曰："朝廷上无一能饮者乎？"曾闻之，即自请往。上问曰："卿量几何？"曰："款此二使足矣，不必尽臣量。"于是饮彻夜，二使皆醉愧而去。翼旦，俟谢恩，上悦曰："不论卿文学，只是酒量，岂不作我明状元耶！"益赐之酒。后病卒。且气绝，呼酒，饮至醉，题曰："宫詹非小⑤，六十

非夭,我以为多,人以为少。易箦盖棺⑥,此外何求?白云青山,乐哉斯丘。"(卷七《豪爽》)

【注释】

① 曾棨:字子启,永丰(今属江西吉安市)人。永乐二年(1404)进士第一,授修撰。寻诏解缙选进士二十八人进学文渊阁,以棨为首。月试优劣,棨信笔百千言,以是名闻天下。预修《永乐大典》、两朝《实录》等,为副总裁。为人温雅英迈,官至少詹事兼翰林侍讲学士。宣德七年(1432)卒,年六十一。赠礼部左侍郎,谥襄敏。

② 充赡:谓内容充实。

③ 竿望:敬重仰慕。

④ 都护:汉唐时为驻守边疆军事长官,元时称都护府司法长官。明废。此用旧称,指最高军事机关五军都督府左右都督。

⑤ 宫詹:即太子詹事。曾棨官至少詹事,为詹事府次官,正四品。

⑥ 易箦(zé):更换寝席。箦,华美的竹席。《礼记·檀弓上》:"曾子寝疾,病。乐正子春坐于床下,曾元、曾申坐于足,童子隅坐而执烛。童子曰:'华而睆,大夫之箦与?'子春曰:'止!'曾子闻之,瞿然曰:'呼!'曰:'华而睆,大夫之箦与?'曾子曰:'然,斯季孙之赐也,我未之能易也。元,起易箦。'曾元曰:'夫子之病革矣,不可以变。幸而至于旦,请敬易之。'曾子曰:'尔之爱我也不如彼。君子之爱人也以德,细人之爱人也以姑息。吾何求哉?吾得正而毙焉,斯已矣。'举扶而易之。反席未安而没。"按古时礼制,箦只用于大夫,曾参未曾为大夫,不当用,所以临终时要曾元为之更换。后因以称人病重将死为"易箦"。

30. 孙蕡临刑诗

孙蕡字仲衍①,号西庵,五羊人②。为翰林典籍,无书不读,诗高古,为蓝玉题画坐诛③,临刑,口占曰:"鼍鼓三声急④,西山日又斜。黄泉无客舍,今夜宿谁家。"死后,太祖闻知此诗,曰:"有如此好诗,不覆奏,何也?"并诛监斩者。尝访驸马不遇,题壁曰:"踏青骑马未还家,公主传宣坐赐茶。十二栏杆春似海⑤,隔窗闲杀碧桃花。"(卷七《伤逝》)

【注释】

① 孙蕡:字仲衍,顺德(今属广东佛山市)人。参见第203页第1则注释⑲。

② 五羊：明广州府(治今广东广州市)别称。据《广东通志》卷五十三引《寰宇记》："周时南海有五仙人，骑五色羊，各持谷穗一茎六出，衣与羊色，各如五方，遗穗与州人，腾空而去，羊化为石。城呼五羊以此。汉赵佗始筑之。"

③ 蓝玉：定远(今属安徽滁州市)人。开平王常遇春妻弟。初隶遇春帐下，临敌勇敢，所向皆捷。累官大将军，封凉国公。其战功，尤以洪武二十一年(1388)破北元于捕鱼儿海为著。其后，恃功骄纵。二十六年，以谋反罪族诛。究其党羽，牵连致死者达一万五千人，史称"蓝党案"。

④ 鼍(tuó)鼓：用鼍皮蒙的鼓。其声亦如鼍鸣。鼍，俗称扬子鳄、猪婆龙。参见第184页第9则注释①。

⑤ 十二栏杆：亦作"十二阑干"。曲曲折折的栏杆。十二，言其曲折之多。

31. 王廷陈恃才放恣

王廷陈为文①，顷刻便就，多奇气。然好狎游、黏竿、风鸱诸童子乐②，又蹶不可驯③。父母挞朴之④，辄呼曰："大人奈何辄虐海内名士耶！"为翰林庶吉士，诗已有名，其意不可一世，仅推何景明⑤，而好薛蕙、郑善夫⑥。故事，学士二人为庶吉士师，甚严重⑦，稚钦独心易之，时登院署中树，而窥学士过，故作声惊使见。大恚，然度无如何⑧，佯为不知也⑨，乃已。当授官给事中，用言事，故诏特予外补裕州守⑩。既中不屑州，而以谏出，知当召，益骄甚。台省监司过州⑪，不出迎，亦无所托疾。人或劝之，怒曰："齷齪诸盲官⑫，受廷陈迎耶？当不愧死。"一日出候其师蔡潮⑬，以他藩道者，潮好谓曰："生来候我固厚，而分守从后来⑭，亦一见否？且生厚我以师故，即分守君命也。"稚钦曰："善。"乃前迎分守。而分守既下车，数州吏微过，当稚钦笞之十。稚钦大骂曰："蔡师误，先生见辱。"挺身出，悉呼其吏卒从守，勿更侍，一府中慴伏⑮，亡敢留者。分守窘，不能具朝餔⑯，谋于蔡潮，潮为谢过，稍给之，仅得夜引去。于是监司相戒，莫敢道裕州者。既归，愈益自放，达官贵人来购文见者，稚钦多蓬首囚服应之。间衣红纻窄衫，跨马或骑牛，啸歌田野间，人多望而避之。(卷八《简傲》)

【注释】

① 王廷陈：字稚钦，黄冈(今属湖北)人。幼颖慧绝人，好弄文。正德十二年(1517)进士，选庶吉士，益恃才放恣。武宗下诏南巡，上疏谏，帝怒，罚跪五日，杖于廷。时已改官吏科给事中，乃出为裕州知州。不习为吏，簿牒堆案，漫不省视。为人所劾，系狱削籍归，屏居二十馀年，益自放。

嘉靖十八年(1539),诏修《承天大志》,书成不称旨,赐银币而已。其诗文重当世,一时才士鲜能过之。

② 黏竿、风鹞:指捕雀蝉、放风筝。黏竿,涂有黏胶的长竿,用以捕雀、蝉等。风鹞,犹风鸢。

③ 蹶(guì)不可驯:意谓调皮捣乱不可驯服。蹶,扰动。

④ 扶朴(chì pū):鞭笞工具。此处用为动词。

⑤ 何景明:明"前七子"之一。参见第230页第12则注释⑥。

⑥ 薛蕙:字君采,亳州(今属安徽)人。年十二能诗,举正德九年(1514)进士,授刑部主事。以谏武宗南巡,受杖夺俸,旋引疾归。复起改吏部,历考功郎中。嘉靖二年(1523),廷臣数争大礼,撰文与张璁、桂萼等辨,天子大怒,下镇抚司考讯。已,遂南归。十八年卒。蕙于书无所不读,学者重其学行,称为西原先生。 郑善夫:字继之,闽县(今福建福州市)人。弘治十八年(1505)进士,连遭内外艰,正德六年(1511)始为户部主事。时刘瑾虽诛,嬖幸用事,善夫愤而告归,筑草堂于金鳌峰下,读书为乐。复起为礼部主事,进员外郎。切谏武宗南巡,杖于廷,罚跪五日。又力请得归。嘉靖改元,荐起为南京刑部郎中,未上改吏部,行至中途得病卒,年三十九。

⑦ 严重:严肃稳重。

⑧ 度无如何:估计没有办法处置。

⑨ 佯:通"伴"。假装;诈伪。

⑩ 裕州:明河南南阳府裕州(治今河南南阳市方城县)。

⑪ 台省监司:明指中央六部、都察院和地方布政使司、按察使司。故巡抚、巡按可称为台省官,布政使、按察使可称为监司官。

⑫ 盲官:昏庸之官。

⑬ 蔡潮:字巨源,号霞山,临海(今属浙江台州市)人。弘治十八年(1505)进士,选庶吉士,改兵科给事中。历迁贵州右参议,以平苗乱功转福建参政,又转河南右布政。乞休归,卒,年八十三。此记与史不合,据《明史·王廷陈传》,廷陈所迎候者为布政使陈凤梧。传曰:"已而,布政使陈凤梧及巡按御史喻茂坚先后至,廷陈以凤梧座主特出迎。凤梧好谓曰:'子候我固善,御史即来,候之当倍谨。'廷陈许诺。及茂坚至,衔其素骄蹇,有意裁抑之,以小过榜州吏,廷陈跪请,茂坚故益甚。廷陈大骂曰:'陈公误我!'直上堂搏茂坚,悉呼吏卒出,锁其门,禁绝供亿,且将具奏。茂坚大窘,凤梧为解,乃夜驰去,寻上疏劾之。"

⑭ 分守:明按察使、按察分司,又称监司,亦可称分守。

⑮ 慑(shè)伏:亦作"慑服"。因畏惧而屈服。

⑯ 朝铺:犹"朝晡"。朝时(辰时)至晡时(申时)。借指办理政务时间。

32. 陈愧斋性宽坦

愧斋陈公①,性宽坦,在翰林时,夫人尝试之。会客至,公呼茶,夫人曰:"未煮。"公曰:"也罢。"又呼曰:"干茶。"夫人曰:"未买。"公曰:"也罢。"客为捧腹,时因号"陈也罢"。及擢南京太常②,门生会饯,有垂涕者,大学士李文正公东阳在席,为句曰:"师弟重分离,不升他太常卿也罢。"公应声曰:"君臣难际会,便除我大学士何妨。"一座绝倒。(卷八《谐谑》引《客座新闻》)

【注释】

① 愧斋陈公:陈音,字师召,号愧斋。参见第403页第20则注释③。
② 南京太常:明南京太常寺。成化中,陈音迁南京太常寺少卿。

万历野获编

[明] 沈德符

《万历野获编》三十卷,补遗四卷,明沈德符撰。德符字景倩,嘉兴(今属浙江)人。幼随父祖居于京师,多闻朝廷故事。年十二,父死,从母南归,读书于家,撰录见闻。万历四十六年(1618)举乡试,明年会试不第,遂绝意仕进,以著述为务。崇祯十五年(1642)卒,年六十五。是书随录为篇,先后成《万历野获编》二十卷、《续编》十二卷。清人钱枋苦其事多猥杂,难以查考,因割裂排缵,都为三十卷,分四十八门,仍钱氏例裁为四卷,附于书后。原作仿欧阳修《归田录》例,上记朝章典故,治乱得失,下及山川风物、琐事逸闻,尤以记嘉靖、万历两朝掌故,最为详赡。

选文标题据钱本所立目录。

1. 访 求 遗 书

　　国初克故元时，太祖命大将军徐达，收其秘阁所藏图书典籍，尽解金陵。又诏求民间遗书。时宋刻板本，有一书至十馀部者。太宗移都燕山①，始命取南京所贮书，每本以一部入北，时永乐十九年也。初贮在左顺门北廊，至正统六年而移入文渊阁中，则地邃禁严，事同前代矣。至正统十四年，英宗北狩，而南京所存内署诸书，悉遭大火，凡宋元以来秘本②，一朝俱尽矣。自后北京所收，虽置高阁，饱蠹鱼③，卷帙尚如故也。自宏政以后④，阁臣词臣，俱无人问及，渐以散佚。至嘉靖中叶，御史徐九皋上议⑤，欲查历代《艺文志》书目参对，凡经籍不备者，行士民之家，借本送官誊写，原本给还，且加优赉。又乞上御便殿，省阅章奏，处分政事，赐见讲读诸臣，辨析经旨。时夏贵溪为礼卿⑥，议覆，谓御史建白良是，宜如所言，备开书目，收采藏贮，所请召见侍从讲官，亦仰体皇上圣学备顾问之意。上曰："书籍充栋，学者不用心，亦徒虚名耳。苟能以经书躬行实践，为治有馀裕矣。此心不养以正，召见亦虚应也。"因命俱已之。盖上已一心玄教⑦，朝讲渐稀，乃欲不时赐见侍臣，已咈圣意⑧，故求访遗书，一并寝罢。惜哉！按古来求书者，无过赵宋之殷切，所献多者，至赐进士出身。即故元起沙漠，尚立经籍所⑨，又设兴文署⑩，以编集经史，收贮板刻。当此全盛之世，反视为迂缓不急之事。自嘉靖至今又七八十年，其腐败者十二，盗窃者十五，杨文贞正统间所存文渊书目⑪，徒存其名耳。即使徐九皋之说得行，亦只供攘攫耳⑫。（卷一《列朝》）

【注释】

　　① 燕山：此指北京。永乐十八年（1420）九月，诏自明年改京师为南京，北京为京师。十九年，正式迁都北京。

　　② 秘本：秘籍。珍藏而不易见之书。

　　③ 蠹鱼：虫名。即蟫（yín），又叫衣鱼。蛀蚀书籍、衣物。

　　④ 宏政：指弘治之政。旧称"弘治中兴"。清人避乾隆皇帝名讳改。

　　⑤ 徐九皋：馀姚（今属浙江宁波市）人。嘉靖八年（1529）进士。历青城知县、广东左参议，官至贵州按察副使。

　　⑥ 夏贵溪：夏言，字公谨，贵溪（今属江西鹰潭市）人。正德十二年（1517）进士，授行人，擢兵科给事中。性警敏，善属文。世宗即位，疏言革弊维新，奉诏主事，裁汰亲军及京卫冗员三千二百

人,出按皇族庄田,悉夺还民产。嘉靖十五年(1536),累迁礼部尚书兼武英殿大学士入阁参机务。十八年,为首辅。寻加少师兼太子太师,进吏部尚书、华盖殿大学士。后为严嵩排挤构陷,逐渐失宠,二十一年革职闲住。二十四年,复原职起用为首辅。二十七年,议河套不可复,再为嵩所谮,夺官弃市,年六十七。隆庆初(1567)诏复官,赐祭葬,追谥文愍。

⑦ 玄教:道教。世宗初即位,以革故鼎新相标榜,后渐淡漠,崇奉方术,斋醮无虚日,至以摧残少女炼取"先天丹铅",从而引发"宫婢之变"。嘉靖二十一年(1542)十月二十一日,宫女杨金英等十六人,趁世宗熟睡,齐力勒之以绳。然事急不密,世宗得不死,十六宫女伏诛。自此世宗益厌大内,徙居西苑永寿宫,不复视朝,惟日夕事斋醮。

⑧ 咈(fú):违背;违逆。

⑨ 经籍所:蒙古太宗八年(1236),耶律楚材请立编修所于燕京(今北京市),经籍所于平阳(今山西临汾市),编集经史。元世祖至元三年(1266),徙平阳经籍所于京师;四年,改经籍所为弘文院。

⑩ 兴文署:元世祖至元二十七年(1290),立兴文署,掌经籍版及江西学田钱谷。秩从六品,置署令一员,以翰林修撰兼之;署丞一员,以翰林应奉兼之,至治二年(1322)罢。置典簿一员,从七品,掌提调诸生饮膳,与凡文牍簿书之事;仍置典吏一人。

⑪ 杨文贞:杨士奇,谥文贞。参见第155页第21则注释⑧。

⑫ 攘攫(rǎng jué):掠夺。

2. 中秋无月诗

世传《中秋无月》词,如永乐中,上开宴,月为云掩,命学士解缙赋诗,因口占《落梅风》以进云①:"嫦娥面,今夜圆,下云帘不着臣见。 拼今宵倚阑不去眠,看谁过广寒宫殿。"上大喜,复命以此意赋长歌。半夜月复明,上大喜曰:"才子可谓夺天手段也!"按此词虽佳,不如金海陵炀王在汴京作《鹊桥仙》词云②:"停杯不举,停歌不发,等候银蟾出海。是谁遮定水晶宫,作许大通天障碍? 虬髯拈断③,星眸睁裂④,犹恨剑锋不快。一挥挥断彩云根,要看嫦娥体态。"似更雄快可喜。又先大父曾云⑤:"弘治癸丑⑥,庶吉士薛格阁试《中秋不见月》诗⑦,考第一,中一联云:'关山有恨空闻笛,乌鹊无声倦倚楼。'当时争传诵之,惜其全首不称耳。"解所进歌行,远不及词之俊,不知文皇何以赏之。(卷一《列朝》)

【注释】

① 《落梅风》:曲牌名。又作《寿阳曲》《落梅引》。双调,仄韵。

② 金海陵炀王:金海陵王完颜亮,谥炀。参见第24页第18则注释③。 《鹊桥仙》:词牌名。又作《鹊桥仙令》《金风玉露相逢曲》《广寒秋》等。双调,仄韵。

③ 虬髯:卷曲的胡须。

④ 星眸:明媚的眼睛;明亮的目光。

⑤ 大父:祖父。沈德符祖名启原,字道升。嘉靖三十八年(1559)进士,累官陕西按察司副使,以简慢抚台被劾,归居嘉兴长溪,扩万书楼为芳润楼,读书终日。德符少从母自京师归,即教读之。未几卒。

⑥ 弘治癸丑:弘治六年(1493)。

⑦ 薛格:字平甫,江阴(今属江苏无锡市)人。少颖悟,经史过目不忘。弱冠领成化十六年(1480)乡荐,会试屡不第,益肆力于学。弘治六年(1493)进士,选庶吉士。十三年授检讨,乞恩终养。 阁试:明翰林院对庶吉士的考试。

3. 人主别号

古来帝王,不闻别号,惟宋高宗署其室曰"损斋",想即别号矣。本朝惟武宗自号"锦堂老人",但升遐圣寿甫逾三旬①,何以遽称老?世宗自号"天池钓叟",在直词臣各赋诗,惟兴化李文定一诗最当圣意②,即今所传"拱极众星为玉饵,悬空新月作银钩"者是也。又嘉靖二十三年,内廷施药于外,其药有"凝道雷轩"之印③,传闻"雷轩"上道号也。又云,世宗号"尧斋",其后穆宗号"舜斋",今上因之亦号"禹斋",以故己卯应天"命禹"一题④,乃暗颂两朝,非谄江陵也。未知信否。(卷一《列朝》)

【注释】

① 升遐:亦作"升假"。升天。帝王去世的婉辞。正德十六年(1521)三月,武宗崩于豹房,年三十一。

② 李文定:李春芳,字子实,兴化(今属江苏泰州市)人。嘉靖二十六年(1547)进士第一,除修撰。选入西苑,以撰青词大被帝眷,超擢翰林学士,寻迁太常少卿、礼部右侍郎。后代严讷为礼部尚书。四十四年,以武英殿大学士与讷并入阁参机务。隆庆三年(1569),累加少师兼太子太师,进吏部尚书,改中极殿大学士为首辅。后与高拱、张居正有隙,五年,力请乃归。数年卒,年七十五。赠太师,谥文定。

③ 凝道雷轩:明皇城西苑斋宫。世宗昼日常御,并以此作为别号。

④己卯应天"命禹"一题:指万历七年(1579),中允高启愚主南京乡试,出题"舜亦以命禹"。据《明史纪事本末》卷六十一《江陵柄政》:"(张居正)初入政府,即以私憾废辽王。久直信任,奸佞好谀成风。六曹之长,咸唯唯听命,至章疏不敢斥名,第称元辅。始誉以伊、周,渐进以五臣,且谀之舜、禹,居正亦恬然居之。而中允高启愚至以'舜亦以命禹'题试士,当时目为劝进。"

4. 邵经邦讥议礼

《明伦大典》行后①,张璁被劾遣归②,寻即召还。刑部员外邵经邦者③,以阳月日食上言④:"议礼贵当,用人贵公。陛下私议礼之臣,是不以所议者为公礼也。夫礼惟当,乃可万世不易。使所议非公礼,则固可守也,亦可变也;可成也,亦可毁也。陛下果以礼为至当,欲子孙世守,莫若厚其赉与,全其终始,以答议礼之功。然后专选硕德⑤,置诸左右,使万年之后,庙号世宗,不亦美乎!"上大怒,谓朕私议礼诸臣,自比茅焦之谏⑥,讪上无礼,逮下诏狱讯治。已请付法司拟罪,上以非尝犯不必拟,竟发边卫充军。经邦之疏,语简而该,即张、桂闻之,亦无辞置辨。但人主生前,未有臣下辄拟谥号者,惟曹魏大臣,预尊明帝为烈祖⑦,贻千古笑端。经邦敢于英主初年,肆言至此,即茅焦所不道也。而仅以戍行,岂"世宗"二字,已默契圣衷,遂从末减与⑧?其后上升遐,庙号竟符二字。若经邦者,固得气之先耶?(卷二《列朝》)

【注释】

①《明伦大典》:嘉靖七年(1528)朝廷所刊布的政书。内容为正德十六年(1521)以来关于"大礼议"事件的全部记录。正德十六年三月十四日,武宗崩,无子,生前亦未立储。皇太后张氏与内阁首辅杨廷和等,议立兴献王朱祐杬长子、宪宗之孙、孝宗从子、武宗从弟厚熜,是为世宗。世宗即位仅六日,辄下诏命礼部集议兴献王祀典与尊称。五月,杨廷和与礼部尚书毛澄等,会集群臣六十余人上议,宜效汉定陶王嗣成帝、宋濮王之子嗣仁宗故事,称孝宗为皇考,改兴献王为皇叔,王妃为皇叔母。世宗以"父母可更易若是邪"不允,命再议。廷和、毛澄等坚持初议,为"护礼派"。七月,观政进士张璁上疏附和上意,言陛下入继祖统则可,盖统与嗣异,不必夺父子之亲,建彼父子之号,然后谓之继统。世宗乃下诏,尊父为兴献皇帝,母为兴献皇后。廷和等封还手诏,拒不受命,使言官弹劾张璁。九月,世宗生母兴献王妃蒋氏自安陆抵通州,以尊号未定不入国门,世宗则以"避位奉母归藩"相要挟,张太后不得已,乃尊兴献王为帝,王妃为兴献后,然张璁亦调南京刑部主事。从此,以张璁为首,称作"议礼派"。十二月,世宗又提兴献帝后前宜加称"皇"字。廷和封还手敕,毛澄偕九卿力谏,事乃已。嘉靖元年(1522)正月,清宁宫火,廷和以天变进言,世宗

纳之,称孝宗为皇考,张太后为圣母,兴献帝后为本生父母,不加"皇"字。三年正月,南京刑部主事桂萼上疏,请改孝宗为皇伯考,兴献帝为皇考。世宗特旨召张璁、桂萼、席书赴京,寻罢廷和,擢席书为礼部尚书。四月,追尊兴献帝为本生皇考恭穆献皇帝,上蒋氏尊号为本生皇母章圣太后。五月,张、桂等合疏奏请去"本生"二字。护礼派群情激昂,欲毙二人于廷。七月,世宗召群臣于左顺门,宣诏生母章圣皇太后去"本生"二字。群臣纷纷上疏反对,至二百二十九人跪伏左顺门前,自辰至午,伏哭不止。世宗大怒,命锦衣卫逮系为首丰熙等八人下狱拷讯,充军边卫;又捕马理等一百九十三人下诏狱。四品以上夺俸,五品以下一百八十余人杖于廷,编修王相等十七人受杖至死。九月,诏示天下,称孝宗为皇伯考,张太后为皇伯母,献皇帝为皇考,章圣皇太后为圣母。此后,护礼派遭遇大清洗,或坐罪论死,或贬谪远戍,或革职闲住。议礼派则多有升迁,张璁、桂萼、方献夫等先后入阁参机务,然亦被时论目为奸邪。是年,方献夫编纂《大礼奏议》二卷以进。四年,命席书以《大礼奏议》为底本,辑成《大礼集议》六卷。五年十二月,光禄寺丞何渊以《大礼集议》未录世庙之议,请修《大礼全书》。六年正月,诏开馆修书。八月,张璁、桂萼以《大礼全书》初稿进呈,世宗以书名似未为善,改名《明伦大典》,发回重修。七年六月,《明伦大典》二十四卷修毕,世宗亲为作序,刊布天下。

② 张璁:字秉用,永嘉(今浙江温州市)人。举于乡,七试不第。正德十六年(1521)成进士,年已四十七。世宗初即位,方议大礼,璁时在部观政,即上疏论至孝莫大乎尊亲。帝得疏大喜,曰:"此论出,吾父子获全矣。"然璁亦得罪杨廷和,除南京刑部主事。嘉靖三年(1524),召与桂萼同赴京,复条上七事,众汹汹欲扑杀之。寻授二人翰林学士,帝益眷倚之。左顺门事件后,议礼派之势大张,卒用其议定尊。四年冬,《大礼集议》成,进詹事兼翰林学士。五年,擢兵部右侍郎,转左。排斥护礼派,举朝士大夫咸切齿此数人。六年,拜礼部尚书兼文渊阁大学士入参机务。七年,《明伦大典》成,加少傅兼太子太傅,进吏部尚书、谨身殿大学士。与首辅杨一清相龃龉,一清请退,且刺璁隐情,帝因极言璁之短,璁颇愧沮。八年八月,罢璁。其党力攻一清,帝以手敕召还,遂罢一清。十年,以名嫌御讳,请更,乃赐名孚敬,字茂恭。十三年,进少师兼太子太保、吏部尚书、武英殿大学士,明年致仕。十八年卒,年六十五。赠太师,谥文忠。

③ 邵经邦:字仲德,仁和(今浙江杭州市)人。正德十六年(1521)进士,授工部主事。嘉靖八年(1529)冬十月,有日食,经邦时官刑部员外郎,上疏言帝私议礼之臣。帝大怒,立下镇抚司拷讯。狱上,请送法司拟罪,帝宥之,遂谪戍福建镇海卫。十六年,皇子生,大赦,惟经邦与丰熙等八人不在赦例。经邦在戍所,闭门读书,与丰熙及同戍陈九用时相讨论。居镇海三十七年卒,闽人立寓贤祠,祀三人。隆庆初(1567)复官。

④ 阳月:农历十月之别称。

⑤ 硕德:指大德之人。

⑥ 茅焦:战国齐人,以敢谏见称。秦始皇母后私通嫪毐,毐以假父之尊专国事,骄纵为乱,始皇取而车裂之,迁太后于萯阳宫,令曰:敢以太后事谏者戮。死者已二十七人,而茅焦犹冒死上

谒,解衣伏质,喻以利害,始皇悟而赦之,迎太后归咸阳,尊焦为上卿。事见刘向《说苑·正谏》。

⑦ 预尊明帝为烈祖:指魏明帝景初元年(237),大臣奏"三祖乐用之舞",尊明帝为"魏烈祖"。故魏明帝庙号为生前所定。据《三国志·魏志》卷三:"有司奏:武皇帝拨乱反正,为魏太祖,乐用武始之舞。文皇帝应天受命,为魏高祖,乐用咸熙之舞。帝制作兴治,为魏烈祖,乐用章武之舞。三祖之庙,万世不毁。"裴松之注:"孙盛曰:夫谥以表行,庙以存容,皆于既没然后著焉,所以原始要终,以示百世也。未有当年而逆制祖宗,未终而豫自尊显。昔华乐以厚敛致讥,周人以豫凶违礼,魏之群司,于是乎失正。"

⑧ 末减:谓从轻论罪或减刑。

5. 进诗献谀得罪

古今献诗文颂圣者,史不胜纪,然惟世宗朝最为繁夥,乃遭际亦自不同。如嘉靖四年,天台知县潘渊进《嘉靖龙飞颂》①,内外六十四图,凡五百段,一万二千章,效苏蕙织锦回文体以献②,其用心亦勤矣。上以其文字纵横,不可辨识,命开写正文再上之。然其时不闻有赏,尚不闻被罚也。至嘉靖十三年,朝天宫道士张振通奏③:"臣祝釐之暇④,作《中兴颂》诗二十一首,金台八景,武夷九曲,皇陵八咏,以及瑞露、白鹊、白兔,俱有诗上进。乞赐宸翰序文⑤。"下部议,以猥鄙陈渎⑥,僭逾狂悖,希图进用,诏下法司逮系讯问。则进谀希恩反得谴矣。然犹黄冠也⑦。嘉靖二十六年,朝觐竣事,上敕谕天下入觐官员,此不过旧例套语耳。而给事中陈棐者⑧,将敕谕衍作《箴诗》十章上之,上大怒,谓棐舞弄文墨,辄欲将此上同天语,风示在外臣工,甚为狂僭。令自陈状,棐服罪,乃降调外任。棐即议帝王庙斥去元世祖者,素善逢君,不谓求荣得辱。然前此乙未年春正月朔大雪⑨,上谕大臣曰:"今日欲与卿等一见,但蒙天赐时玉耳⑩。"礼卿夏言⑪,即进《天赐时玉赋》以献,上大悦,以忠爱褒之,甫逾年而入相矣。此非上同圣语乎?乃知富贵前定,圣主喜怒偶然值之,容悦无益也⑫。(卷二《列朝》)

【注释】

① 潘渊:字默之,天台(今属浙江台州市)人。举明经,授马平知县。历知云梦县,兴修水利,有政声。嘉靖五年(1526),起复为天台知县,进《嘉靖龙飞颂》璇玑回文诗,上令图写正文再上。

② 苏蕙织锦回文体:指十六国前秦苏蕙所创回文诗体。因织于锦中,故亦称织锦回文诗图。据《晋书·列女传·窦滔妻苏氏》:"窦滔妻苏氏,始平(今浙江台州市天台县)人也。名蕙,字若

兰。善属文。滔,符坚时为秦州刺史,被徙流沙。苏氏思之,织锦为回文旋图诗以赠滔。宛转循环以读之,词甚凄惋。凡八百四十字,文多不录。"

③ 朝天宫:道教宫观。在京师顺天府西。宣德年间建。凡行庆贺礼,百官习仪于此。设有道录司。

④ 祝釐(xī):祝福;祈求福佑。

⑤ 宸翰:帝王墨迹。

⑥ 猥鄙陈渎:谓卑劣、陈腐而又轻慢。

⑦ 黄冠:道士之冠。此处借此道士。

⑧ 陈棐:鄢陵(今属河南许昌市)人。由进士任礼科给事中。以言忤上意,谪大名长垣丞。俄升本县知县,莅政宽平,仅期年,迁宁夏巡抚、都御史。嘉靖二十四年(1545),上疏言元世祖不宜祀于历代帝王庙,下礼部集廷臣议,如奏。后卒于官。

⑨ 乙未:指嘉靖十四年(1535)。

⑩ 时玉:美玉。此处喻雪。

⑪ 礼卿夏言:礼部尚书夏言。参见第417页第1则注释⑥。

⑫ 容悦:谓曲意逢迎以取悦于上。

6. 亲 蚕 礼

世宗更定祀典,遂行皇后亲蚕礼。当时俱咎夏贵溪逢迎上意,御史冯恩①,至谓后亲蚕于郊,不可示后世。然夏说未可非也。《周礼·天官·内宰》:"中春②,诏后率内外命妇,始祭蚕于北郊。"汉《礼仪志》③:"皇后祠先蚕④,以中牢⑤。"文帝、景帝、元帝,俱诏皇后亲蚕。魏黄初中,依《周礼》置坛于北郊。晋与高齐俱置高坛⑥,皇后亲祭俱躬蚕,后周因之⑦。隋置坛宫北二里,皇后以太牢祭⑧。唐置坛在长安宫西苑中,贞观、显庆、先天、乾元间⑨,皇后亲蚕,皆先有事于先蚕,坛仪具开元礼⑩。宋用高齐制,后亲享先蚕,贵妃亚献⑪,昭仪终献⑫。其神则祠天驷星⑬,次则黄帝元妃西陵氏⑭。汉加菀窳妇人、寓氏公主⑮,后又益以蚕女马头娘之属⑯,皆有所本。嘉靖之制,虽未尽合古,然农桑并举,固帝王所重。(卷三《宫闱》)

【注释】

① 冯恩:字子仁,松江华亭(今上海市松江区)人。幼孤贫,母吴氏亲督教之,及长尤力学。嘉靖五年(1526)登进士第,除行人。出劳两广总督王守仁,为其弟子。擢南京御史。帝用阁臣

议,分建南北郊,且欲令皇后蚕北郊,恩尝上疏谏曰:"皇后深居九重,岂宜远出郊野。"帝不之罪。十一年冬,因彗星见,诏求直言,恩极论大学士张孚敬(璁)、方献夫、右都御史汪鋐三人之奸。帝大怒,逮下锦衣狱,究主使名,日受拷掠几死。明年春,移刑部狱,坐上言大臣德政律论死。汪鋐时已升吏部尚书,必欲杀恩,为都御史王廷相、礼部尚书夏言论救得缓。出长安门,士民观者如堵,皆叹曰:"是御史非但口如铁,其膝、其胆、其骨皆铁也。"因称"四铁御史"。其母吴氏击登闻鼓讼冤,不省。又明年,其子行可上书请代父死,亦不许,行可乃刺臂血书疏自缚阙下。帝览疏恻然,命法司再议,遂遣戍雷州。后两月亦罢汪鋐。越六年,恩遇赦还。穆宗即位,就家拜大理寺丞致仕。年八十一卒。

② 中春:仲春。春季第二月,即农历二月。中,通"仲"。据《周礼·天官·内宰》:"中春,诏后帅外内命妇,始蚕于北郊,以为祭服。"此则所引,与原文有异。

③ 汉《礼仪志》:即《后汉书·礼仪志》。

④ 先蚕:古代传说始教民育蚕之神。相传周制王后享先蚕,以后历代王朝由皇后主祭先蚕。《后汉书·礼仪志上》:"(三月)是月,皇后帅公卿诸侯夫人蚕。祠先蚕,礼以少牢。"刘昭注引《汉旧仪》:"春桑生,而皇后视桑于苑中。蚕室养蚕千薄以上,祠以中牢羊豕。"

⑤ 中牢:即少牢。祭祀所用羊豕二牲。

⑥ 高齐:北朝北齐。皇帝为高氏,故称。自天保元年(550)至承光元年(577),历文宣帝洋、废帝殷、孝昭帝演、武成帝湛、后主纬、幼主恒六帝,为北周所灭。

⑦ 后周:亦称北周。皇帝为宇文氏。自孝闵帝元年(557)至大定元年(581),历孝闵帝觉、明帝毓、武帝邕、宣帝赟、静帝阐五帝,为隋所灭。

⑧ 太牢:祭祀时并用牛、羊、豕三牲。

⑨ 贞观、显庆、先天、乾元:贞观,唐太宗年号(627—649);显庆,唐高宗年号(656—660);先天,唐玄宗年号(712—713);乾元,唐肃宗年号(758—759)。

⑩ 开元礼:此指开创新纪元之典礼。

⑪ 亚献:古代祭祀时献酒三次,第二次献酒为"亚献"。

⑫ 昭仪:宋内命妇位号。属嫔阶,正二品。参见第70页第9则注释②。

⑬ 天驷星:星宿名。即房宿。古代以之象征天马。

⑭ 西陵氏:即古国西陵之女螺祖。《史记·五帝本纪》:"黄帝居轩辕之丘,而娶于西陵之女,是为螺祖。"张守节正义:"西陵,国名也。"相传螺祖发明养蚕缫丝,泽被后世,故而尊为"蚕神"。

⑮ 菀蔌(wǎn luǒ)妇人:菀蔌,应为"菀窳(yǔ)"。菀窳妇人,蚕神名。 寓(yǔ)氏公主:寓氏,应为"寓氏"。寓氏公主,蚕神名。二者皆见《后汉书·礼仪志上》刘昭注引《汉旧仪》:"今蚕神曰菀窳妇人、寓氏公主,凡二神。"

⑯ 蚕女马头娘:神话中蚕神。相传为马首人身少女,故名。据《太平广记》卷四百七十九《蚕女》引《原化传拾遗》:"蚕女者,当高辛帝时,蜀地未立君长,无所统摄。其人聚族而居,递相侵

嗞。蚕女旧迹,今在广汉,不知其姓氏。其父为邻邦掠去,已逾年,唯所乘之马犹在。女念父隔绝,或废饮食,其母慰抚之。因告誓于众曰:'有得父还者,以此女嫁之。'部下之人,唯闻其誓,无能致父归者。马闻其言,惊跃振迅,绝其拘绊而去。数日,父乃乘马归。自此马嘶鸣,不肯饮龁。父问其故,母以誓众之言白之。父曰:'誓于人,不誓于马。安有配人而偶非类乎?能脱我于难,功亦大矣。所誓之言,不可行也。'马愈跑,父怒,射杀之,曝其皮于庭。女行过其侧,马皮蹶然而起,卷女飞去。旬日,皮复栖于桑树之上。女化为蚕,食桑叶,吐丝成茧,以衣被人间。父母悔恨,念之不已。忽见蚕女,乘流云,驾此马,侍卫数十人,自天而下。谓父母曰:'太上以我孝能致身,心不忘义,授以九宫仙嫔之任,长生于天矣,无复忆念也。'乃冲虚而去。今家在什邡、绵竹、德阳三县界。每岁祈蚕者,四方云集,皆获灵应。宫观诸化塑女子之像,披马皮,谓之马头娘,以祈蚕桑焉。稽圣赋曰:'安有女,感彼死马,化为蚕虫,衣被天下是也。'"

7. 郑 王 直 谏

郑王厚烷①,以嘉靖十年献白鹊二于朝,上大喜,命献之宗庙,荐之两宫,传示百僚,庶职廷臣多献赋以彰圣德②。时太常卿管国子祭酒许论③,上《白鹊论》,司业陈震上《圣德感灵鹊颂》④,尤为上所嘉纳,命付史馆。是为献瑞禽之始。至十八年,厚烷又奏境内温县产瑞麟,盖又踵各抚按献瑞之后矣。至二十七年,又上疏劝上修德讲学,并上《四箴》及《演连珠》十首⑤,以上简礼怠政,饰非恶谏,及神仙土木为规。上大怒,手批其疏曰:"尔探知宗室谤讪,故尔效尤。彼勤熨一无赖子耳,尔真今之西伯也⑥?"未几,因郑王上表,误失称臣⑦,遂削爵锢高墙。所谓勤熨者,故周府镇国中尉也⑧,亦以是年先上疏,讥切上斋醮兴作,且以秦皇、汉武、梁武、宋徽为喻,上已斥为庶人,锢之凤阳矣。郑王之疏即继之,气亦甚壮,但贡谀于先,而切谏于后,似乎市名钓奇。史称其好为诡激不情之事,非诬也。隆庆初,复爵赦还国,增禄四白石,寿考尤耆,直至今上辛卯年始薨⑨。嘉靖六年,河南灵宝县,河清五十里,郑府盟津王长子祐橏⑩,献《河清颂》。上悦,赐敕褒奖,郑王厚烷匿之不发。祐橏上疏诉之,上命烷速还,仍吝不与。上怒,镌谕甚厉⑪,始归于盟津。至嘉靖九年八月,河南怀庆府产瑞麦、瑞瓜、嘉禾,郑王厚烷又奏:"此知府王得明善政所召⑫。"上命河南守臣奖谕得明。盖其献谀无耻,非一日矣。方上之事玄也,又有驸马都尉邹景和者⑬,尚兴献帝第二女永福公主,主先逝,景和以戚臣召入西苑,供撰玄文,上疏力辞云:"臣不谙玄理,不敢奉诏。"上震怒,夺爵发原籍为编氓⑭。景和本直隶昆山人,遂流寓吴中。岁久以公主坟墓南北隔远,不得奉祭祀,哀请乞还,上怜而许之,亦至穆宗登极,始复其爵。与同时

驸马京山侯崔元⑮,贞邪霄壤矣⑯!(卷四《宗藩》)

【注释】

① 郑王厚烷:朱厚烷,仁宗五世孙。嘉靖六年(1527)袭郑王。二十九年,为其从父祐橏以叛逆告,削爵锢于凤阳。隆庆元年(1567)复爵,增禄四百石。万历十九年(1591)薨,年七十四。谥恭。郑王始封瞻埈,仁宗庶二子,永乐二十二年(1424)封,宣德四年(1429)就藩凤翔府(今属陕西宝鸡市),正统九年(1444)移怀庆府(今河南焦作市沁阳市),成化二年(1466)薨。子祁锳四年袭,弘治八年(1495)薨。其世子见滋未袭卒,孙祐枔十四年袭,正德二年(1507)薨,无子。从弟祐檡四年以东垣王进袭,十六年薨。传其子厚烷。厚烷薨,子载堉袭爵,万历三十三年(1605)让爵,祐橏之孙载玺三十四年袭之,薨。载玺子翊锺三十五年袭,崇祯十三年(1640)以罪赐死,国除。

② 庶职:普通官职。此指低级官吏。

③ 许论:应为"许讃"。许讃,字廷纶,灵宝(今河南三门峡市灵宝市北)人。父进,正德朝累官吏部尚书,为刘瑾所挤,削籍而卒。子诰、讃、诗、词、论,讃嘉靖朝官至吏部尚书兼文渊阁大学士入阁参机务,诗官至工部郎中,词终知府,论官至兵部尚书。诰,弘治十二年(1499)进士,授户科给事中。历翰林检讨,以父削籍,谪全州判官。嘉靖初(1522),起为南京通政参议,改侍讲学士直经筵,迁太常卿掌国子监为祭酒。十一年,擢吏部右侍郎,拜南京户部尚书。时弟讃亦掌户部,兄弟并司两京邦计,缙绅以为荣。卒,赠太子太保,谥庄敏。

④ 陈霣:《明史》中作"陈寰"。陈寰,常熟(今属江苏苏州市)人。正德六年(1511)进士,改庶吉士,授检讨。历国子监司业,嘉靖十二年(1533),以南京国子监祭酒致仕。

⑤ 演连珠:古文体名。《文选》载有陆机《演连珠》。张铣注曰:"连珠者,假托众物陈义,以通讽谕之道。连,贯也。言贯穿情理,如珠之在贯焉。汉章帝时,班固、贾逵已有此作,机复引旧义以广之。演,引也。"

⑥ 西伯:周文王。纣命为西方诸侯之长,得专征伐,故称西伯。

⑦ 误失称臣:指厚烷疏本中称弟不称臣,又不称圣号,俱称皇兄,被斥骄慢无礼。

⑧ 镇国中尉:明宗藩封爵。明制,皇子封亲王,亲王嫡长子为王世子,其他诸子皆封郡王;郡王嫡长子为郡王世子,其他诸子授镇国将军,孙授辅国将军,曾孙授奉国将军,四世孙授镇国中尉,五世孙授辅国中尉,六世孙以下皆授奉国中尉。以此,知勤熨乃周王府下某郡王四世孙,其祖系犹未可考。

⑨ 今上辛卯年:指神宗万历十九年(1591)。

⑩ 郑府盟津王长子祐橏:祐橏,厚烷从父。郑王祐枔正德二年(1507)薨,无子,伦序宜以盟津郡王见濍之子祐橏袭,因见濍已前有罪,革为庶人,其子不得袭爵,故以东垣郡王见濆之子祐檡

袭。至厚烷袭王爵,祐樬求复郡爵,怨厚烷不为奏,遂乘世宗怒厚烷以土木神仙为谏,摭拾其罪,以叛逆告,厚烷削爵,然祐樬亦未得复。后厚烷之子载堉,让爵于祐樬之孙载玺,载堉子孙仍封东垣王,而郑王传至载玺子翊锺削爵除国。

⑪ 镌谕:劝戒训谕。

⑫ 王得明:未详何许人。据《大明世宗肃皇帝实录》卷一百十六:"(嘉靖九年八月)乙亥,命河南守臣奖劳怀庆府知府王得明以府中并产瑞麦、嘉禾、瑞瓜,而郑王厚烷称得明善政所召故也。"

⑬ 邬景和:昆山(今属江苏苏州市)人。据《明史·公主传》,嘉靖二年(1523),尚孝宗第二女永福公主。而明王世贞《弇山堂别集》卷三十六云:"睿宗皇帝(兴献帝)四女。嫡第一女、庶第二女皆蚤薨,嘉靖四年追封一女为长宁长公主,二女为善化长公主。嘉靖二年,第三女永福长公主,下嫁驸马邬景和,四年主薨。"此则同后说,然言景和尚睿宗第二女,不确。景和为驸马都尉,三十三年奉旨直西苑,以辞直削爵为民,流徙吴郡。隆庆元年(1567)复爵,三年卒。赠少保,谥荣简。

⑭ 编氓:编入户籍的平民。

⑮ 崔元:代州(今山西忻州市代县)人。本监生儒子也。弘治六年(1493),尚宪宗第二女永康长公主,为驸马都尉。嘉靖初(1522),以迎驾功封京山侯,累加太傅。二十九年卒。谥荣恭。

⑯ 贞邪霄壤:谓正邪有天地之别。

8. 刘璟铁简

谷府长史刘璟①,青田人,诚意伯基仲子也。洪武中,拜阁门使②,赐第及马与衣带,又赐以铁简,上铸金为"除奸摘佞"四字,命之以击百官不法者。时袁都御史奏车牛事③,璟当殿以简击其项,其事甚奇。弇州《考误》中④,断以为妄,谓刘邑人陈中州,侈言文成家事而附会之⑤,余亦谓然。今焦弱侯乃谓⑥,诚意家实有此简,曾出以示焦,则陈言似不诬矣。高皇帝威严不测,或以乃父佐命元功,寄鹰鹯之任于其子⑦,理亦有之。且弇州又谓长史一小府佐,无提调六府之理,是不知国初藩相⑧,本正二品,官非小也。且璟遇文皇即位,召之不至,乃以叛逃亲王逮至京,入见但称殿下,又云"殿下百世难逃一个字",因缢死狱中,其人忠劲如此,高皇帝即以铁简畀之⑨,亦不为过。(卷五《勋戚》)

【注释】

① 刘璟:字仲璟,青田南田(今属浙江温州市文成县)人。诚意伯刘基次子。弱冠通诸经史。洪武二十三年(1390),命袭父爵,璟言有长兄子廌在,帝乃命廌袭封,以璟为阁门使。日夕侍左

右,随时纠正。谷王就封,擢为左长史。璟喜谈兵,讨温州叶丁香叛,尝决策于璟,破之。成祖靖难兵起,随谷王归京师,献十六策,不听,令参李景隆军事。景隆败,遂归里。成祖即位,召璟,称疾不至,逮入京,犹称殿下,且云"殿下百世后逃不得一'篡'字"。下狱自经死。

② 阁门使:宋阁门长官。阁门,负责朝参、宴饮、礼仪等事宜机关,掌纠弹失仪。明置殿庭仪礼司以代,设使一人,正七品。洪武三十年(1397),始改为鸿胪寺。

③ 袁都御史:袁泰,其先夷陵(今湖北宜昌市)人,徙山西万泉(今山西运城市万荣县西南)。洪武四年(1371)进士,授湖广鄞县丞,改罗山县。二十四年,累官右都御史同理院事。奏车牛事失实,帝宥之,泰忘引谢,为刘璟所纠。泰处心廉直,执法不移,后以忧去。病卒,帝遣使致祭。

④ 弇州:王世贞,字元美,号凤洲、弇州山人,太仓(今属江苏苏州市)人。嘉靖二十六年(1547)进士,授刑部主事。累官至南京刑部尚书。有诗文名,与李攀龙同为"后七子"首领,时称"王李"。万历二十一年(1593)卒,年六十八。著有《弇州山人四部稿》《读书后》《艺苑卮言》《弇山堂别集》《嘉靖以来首辅传》等。其考刘璟事,见《弇山堂别集》卷二十一《史乘考误二》:"《谷府左长史刘璟传》,邑人陈中州撰。谓高帝授璟为阁门使,金书'除奸摘佞'四字于铁简赐之,令击百官不法者;后迁谷府长史,提调肃、辽、庆、宁、燕、赵六府事。郑端简(晓)公亦因而笔之书。吾谓此真齐东野人语。中州,青田人,夸大诚意伯家事而附会之耳。金书铁简,此优人弹唱宋八大王事也,高帝岂以铁简赐阁门使?乃至谷府长史一小府佐,岂有提调六府之理?肃府在甘肃,庆府在宁夏,秦王在西安、韩王在平凉未就国,安能遥制?洪武间,赵王杞甫封即逝,时无赵府。赵府,文皇第三子也。吾不意端简之博洽,而亦舛误至此也。"

⑤ 文成:刘基,谥文成。参见第368页第4则注释①。

⑥ 焦弱侯:焦竑,字弱侯。参见第387页《玉堂丛语》题解。

⑦ 鹰鹯(zhān)之任:谓以忠勇驱逐奸小。鹰与鹯,皆猛禽,喻忠勇之士。《左传·文公十八年》:"见无礼于其君者,诛之,如鹰鹯之逐鸟雀也。"

⑧ 藩相:藩王辅相。洪武三年(1370),置王相府,设左、右相各一人,正二品。十三年,罢王相府,改长史司,设左、右长史各一人,正五品。参见第202页第1则注释⑯。

⑨ 畀(bì):给;给以。

9. 对　食

太祖驭内官极严,凡椓人娶妻者①,有剥皮之刑。然至英宗朝之吴诚②,宪宗朝之龙闰辈③,已违禁者多矣。今中贵授室者甚众,亦有与娼妇交好,因而娶归者。至于配耦宫人,则无人不然。凡宫人市一盐蔬,博一线帛,无不借手。苟久而无匹,则女伴俱姗笑之④,以为弃物。当其讲好,亦有媒妁为之作合。盖多先缔结,而后评议者,所费亦不赀⑤。然皆宫掖之中,怨旷无聊,解馋止渴,出此下策耳。近日福建税珰高采⑥,妄谋阳具再生,为术士所惑,窃买童男脑髓啖之,所杀稚儿无算,则又狠而愚矣。按宫女配合,起于汉之对食⑦,犹之今菜户也⑧。武帝时,陈皇后宠衰⑨,使女巫着男子衣冠帻带,与后寝居,相爱若夫妇。上闻穷治,谓女而男淫,废后处长门宫。此犹妖蛊也⑩。至元魏孝文帝胡后⑪,与中官高菩萨淫乱,则又不知作何状矣!余向读书城外一寺,稍久与主僧习,寺中一室,扃钥甚固。偶因汛扫⑫,随之入,则皆中官奉祀宫人之已殁者,设牌位,署姓名甚备。一日,其耦以忌日来致奠⑬,擗踊号恸⑭,情逾伉俪。余因微叩其故,彼亦娓娓道之,但屡嘱余勿广告人而已。(卷六《内监》)

【注释】

① 椓(zhuó)人:阉人。椓,宫刑。

② 吴诚:未详何许人。或洪武中入宫,至宣德朝为司礼监太监。正统四年(1439),与曹吉祥督诸军讨麓川宣慰司思任发,此为内官总兵之始。兵败,下狱论死,遇赦,降尚膳太监。五年,广西思恩知府岑瑛获老僧诡称建文帝,遣诚辨识之,诚亦不识。十四年,随车驾北征,阵亡。景泰初(1450),其妾奏请设衣冠冢于香山,允之。英宗复辟,又赐其妻南京第宅庄田。

③ 龙闰:未详何许人。成化朝为御马监左监丞。成化五年(1469),娶故南和侯方瑛妾许氏为妻。事发,宪宗命离异,诏司礼监治之。

④ 姗笑:讥笑;嘲笑。

⑤ 不赀:亦作"不訾"。不可计数;不可比量。

⑥ 税珰:监矿税宦官。万历二十四年(1596),命御马监太监高采监福建矿税。

⑦ 对食:古代指宫女之间或宫女与阉人之间相恋。

⑧ 菜户:太监与宫女结成假夫妇,明时俗称菜户。清纪昀《明懿安后外传》:"明之宫人无子者,各择内监为侣,谓之对食,亦谓之菜户。其财物相通如一家,相爱若夫妇然。既而妃嫔以下亦颇有之,虽天子亦不禁,以其宦者不之嫌也。"

⑨ 陈皇后:名阿娇。汉堂邑侯陈婴之曾孙女。父午袭爵,尚景帝姊长公主嫖,生阿娇。武帝为太子时,娶为太子妃。帝即位,立为皇后。无子,渐失宠。元光五年(前130),以"妇人媚道,惑于巫祝"被废,退居长门宫。女巫楚服等,坐为皇后咒诅,以大逆无道弃市,受牵连被诛者三百馀人。帝乃立卫子夫为皇后。相传陈氏幽闭长门宫,奉百金请司马相如为作《长门赋》,以悟主上,复得幸。

⑩ 妖蛊:谓以妖术蛊惑害人。

⑪ 元魏孝文帝:北魏皇帝元宏。庙号高祖。皇兴五年(471),献文帝禅位于五岁太子拓跋

宏，由其祖母冯太后摄政。太和十四年(490)，冯太后崩，宏始亲政，实施汉化政策，改拓跋姓氏为元，禁用鲜卑语言和服饰，选拔汉族人才等。十八年，由平城迁都洛阳。明年，征伐南齐。二十三年，病死于军中。孝文幽皇后冯氏，太师冯熙之女。年十四入掖庭，见幸。未几得疾病，太后乃遣还家为尼，帝犹留念。太后崩，帝访而迎之，宠爱过前，拜为左昭仪，旋立为皇后。帝频岁南征，后遂与中官高菩萨私乱。及帝在汝南不豫，后便公然丑恣，求托女巫，祷厌帝疾不起。孝文崩，遗诏药之尽，谥曰幽皇后。此则以皇后为胡氏，误。胡氏乃宣武帝灵皇后，明帝之母也。

⑫ 汛扫：洒扫。

⑬ 耦：通"偶"。配偶。

⑭ 擗(pǐ)踊号恸：悲痛时捶胸顿足、号啕大哭。

10. 丐　阉

余入都渡河，自河间、任邱以北①，败垣中隐阉竖数十辈②，但遇往来舆马，其稍弱者，则群聚乞钱；其强者，辄勒马衔索犒。间有旷野中二三骑单行，则曳之下鞍，或扼其喉，或握其阴，尽括腹腰间所有，轰然散去。其被劫之人方苏，尚昏不知也。比至都城外亦然。地方令长，视为故常，曾不禁戢③，为商旅害最酷。因思高皇帝律中，擅阉有厉禁，其下手之人，罪至寸磔④。而畿辅之俗，专借以博富贵。为人父者，忍于熏腐其子⑤。至有兄弟俱阉，而无一人选者。以至为乞为劫，固其宜也。按宋制，凡愿自宫者，先于兵部报名，自择旺相吉日阉之⑥，兵部纪其日上奏验明，待创愈，纳之内廷。其后宦者得官，即以阉之日为诞辰。一切星壬算命，竟用此日支干。今世用事大珰，却不闻有此说。然而报名就阉，自是令甲所载⑦，无奈浸寻至今⑧，略不遵行。朝廷每数年，亦间选二三千人，然仅得什之一耳。聚此数万残形之人于辇毂之侧⑨，他日将有隐忧，不止为行役之患已也。(卷六《内监》)

【注释】

① 河间、任邱：明河间府属县(今皆属河北沧州市)。

② 阉竖：对被阉割之人的蔑称。

③ 曾不禁戢：竟不能禁绝。

④ 寸磔：古代酷刑之一，碎解肢体。

⑤ 熏腐：古代酷刑之一，腐刑。阉割后必熏合之，故称。

⑥ 旺相：星命术语。星命家以五行配四季，每季中五行之盛衰以旺、相、休、囚、死表示。如春

季为木旺、火相、水休、金囚、土死,夏季则火旺、土相、木休、水囚、金死。凡动作宜乘旺相之气,谓为得时,失时为休囚。

⑦ 令甲:第一道诏令;第一篇法令。此指明太祖厉禁擅阉律令。

⑧ 浸(qīn)寻:逐渐;渐渐。

⑨ 辇毂:皇帝车舆。代指京城。

11. 首相晚途

武宗朝,长沙李文正①,林下每谈及正德初年,未尝不恸哭,盖追悔不及偕刘、谢同行也②。丹徒杨文襄③,嘉靖初年罢官归,寻以张永嘉墓铭事夺职④,疽发于背,每叹为小子所卖,盖追悔当年附会大礼之非,终见辱于张永嘉也。世宗末年,严分宜被逐家居⑤,世蕃遭戍,见所藏锱铢掩泣⑥,至欲献之朝,以助边饷。今上初年,高新郑被逐家居⑦,患末疾⑧,忿郁无聊,每书壁及几牖云"精扯淡"三字,日以百数,则华亭、内江、江陵诸郄在胸中⑨,已渐消化矣。水落石出,兴尽悲来,理势宜然。或曰:此诸公皆以无子,故晚稍醒悟;只如近日江陵公,其聪明岂出四公下,而濒危怛忿愈甚,恋恋权位,荐人挤人,至死不休,则多男子多后顾累之也。此说亦有理。王与龄墓铭⑩,云世蕃为严相养子,已见前卷。(卷七《内阁》)

【注释】

① 李文正:李东阳,谥文正。参见第221页第2则注释⑦。

② 偕刘、谢同行:指正德元年(1506)十月,内阁大学士刘健、谢迁皆罢逐,独李东阳留。时论以为东阳附刘瑾。此处言东阳晚年后悔,当时应与刘、谢一同退去。

③ 杨文襄:杨一清,谥文襄。参见第243页第5则注释①。

④ 张永嘉:张璁(孚敬),永嘉(今浙江温州市)人。参见第421页第4则注释②。杨一清以"墓铭事夺职",起因于嘉靖初议大礼,一清方闲居,支持张璁之论,又劝席书早赴召,故璁等骤显,颇引一清。嘉靖四年(1525),召一清入阁,时璁、萼等力攻首辅费宏,意一清必援己,未料一清却请召回谢迁,璁心怨之。后一清为首辅,宏已逐去,迁、璁亦入阁,璁乃阴诋一清。八年,璁党攻一清尤急,构朱继宗狱,坐一清受张永弟张容金钱,为永撰墓志铭,又与容世袭锦衣卫指挥。帝怒,一清遂落职闲住。一清大恨曰:"老矣,乃为孺子所卖。"疽发背死。

⑤ 严分宜被逐家居:指嘉靖四十一年(1562),御史邹应龙抗疏极论严嵩父子不法,乃令嵩致仕,世蕃远戍。参见第350页第9则注释④。

⑥ 镪(qiǎng):成串的钱。亦指钱币。

⑦ 高新郑被逐家居:指隆庆六年(1572)六月,神宗即位,首辅高拱为张居正、冯保阴谋逐之。参见第345页第5则注释①。

⑧ 末疾:四肢疾患。

⑨ 华亭、内江、江陵:指隆庆朝内阁大学士徐阶、赵贞吉、张居正,三人皆与高拱相龃龉。徐阶,华亭(今上海市松江区)人。参见第348页第8则注释②。赵贞吉,字孟静,内江(今属四川)人。博洽有闻,最善王守仁学。嘉靖十四年(1535)进士,选庶吉士,授编修。二十九年,蒙古俺答汗进逼京师,胁求通贡,贞吉廷议奋袖大言拒敌之策,立擢左谕德兼监察御史,奉敕宣谕诸军。会严嵩以事中之,下诏狱杖于廷,降官调外任。隆庆元年(1567),复起为礼部左侍郎掌詹事府。三年,以礼部尚书兼文渊阁大学士入参机务。与高拱不协,四年十一月乞休归。万历十年(1582)卒,赠少保,谥文肃。张居正,江陵(今湖北荆州市荆州区)人。参见第279页第1则注释①。 郤(xì):同"郄"。嫌隙。

⑩ 王与龄:字受甫,宁乡(今山西吕梁市中阳县)人。嘉靖八年(1529)进士,授苏州推官。累迁吏部文选司郎中,澄清铨叙,所荐皆廉静老成。二十一年,严嵩托书为腹心求官,与龄上疏告之,嵩诬以"修怨",帝怒,除与龄名,家居二十余年卒。"王与龄墓铭",乃金都御史、山西巡抚赵时春(浚谷)撰《吏部郎中王与龄行状》,其中有曰:"世蕃,为螟蛉子,则分宜固无后也。"见于本书卷八《宰相赎货》一则,非前卷也。此或为清人钱枋重排时调于后。

12. 命名被遇

宋米元章洁癖①,择婿久不得人。有士人名段拂字去尘者②,米大喜曰:"拂矣而又去尘,真吾婿也。"遂妻以女。段即高宗时谄附秦桧,拜参知政事者。我朝世宗极重命名,如甲辰状元③,以梦闻雷,即取秦鸣雷为首④。至己酉年⑤,严分宜独相,请加阁员。时会推数人,俱不当上意,适数日前,言官建白,有"重治本事"为起语,上颔之,遂点茶陵张文毅、馀姚李文安二人,盖张名治⑥,李名本也⑦。李时为祭酒,名最居末,忽承特简,举朝骇之,久乃知其故。茶陵拜逾年即卒,馀姚在相位十三年,以忧归,至今上丁亥⑧,始终于家,盖林下又二十七年。二公末路,又不同如此。姓被遇者,如弘治丙辰⑨,上拆进呈卷,得朱恭靖(希周)⑩,因谓首揆徐文靖曰⑪:"此人乃同国姓。"徐曰:"其名希周,周家卜年八百⑫。"遂钦定为第一,盖兼姓名得之。又今上癸未⑬,得吾乡朱少宰⑭,乙未得金陵朱宫谕⑮,俱以国姓抡大魁,闻亦出圣意特拔。其以名近似而落者,如以孙曰恭为孙暴,徐鏙为害今,俱不得状元。(卷

八《内阁》)

【注释】

① 米元章:米芾,宋书画家。参见第22页第17则注释③。

② 段拂:字去尘,宋江宁(今江苏南京市)人。大观(1107—1110)中,登博学宏词科。绍兴十三年(1143),以权礼部侍郎兼实录院修撰。历中书舍人、给事中,权直学士院。十七年,除翰林学士、参知政事。明年,闻赵鼎死于海南,为之叹息,秦桧怒,遂罢之。寻落职兴国军居住,移南康军。

③ 甲辰:指嘉靖二十三年(1544)。

④ 秦鸣雷:字子豫,临海(今属浙江台州市)人。举进士,廷试擢为第一,授修撰。历左谕德、国子监祭酒、吏部左侍郎兼翰林学士。隆庆五年(1571),为南京礼部尚书,改吏部。乞休,家居二十馀年卒,年七十六。

⑤ 己酉:指嘉靖二十八年(1549)。

⑥ 张治:字文邦,茶陵(今属湖南株洲市)人。正德十五年(1520)会试第一人,选庶吉士,授编修。历左赞善、两京吏部侍郎、南京吏部尚书。嘉靖二十八年,进礼部尚书兼文渊阁大学士入阁参机务。博洽有文词,明习典故。然严嵩为首辅专权,治悒悒不自得,逾年病卒。谥文毅。

⑦ 李本:字汝立,馀姚(今属浙江宁波市)人。嘉靖十一年(1532)进士,历国子监祭酒。二十八年,以少詹事兼学士入阁。累官少傅兼太子太傅、礼部尚书、武英殿大学士。四十年,丁忧去。万历十五年(1587)卒于家。谥文安。

⑧ 今上丁亥:指神宗万历十五年(1587)。

⑨ 弘治丙辰:弘治九年(1496)。

⑩ 朱恭靖:朱希周,谥恭靖。参见第405页第24则注释①。

⑪ 首揆:首相。揆,宰相职位。　徐文靖:徐溥,谥文靖。参见第256页第4则注释㉚。

⑫ 周家卜八百:指周王朝占卜国运之年数。《左传·宣公三年》:"成王定鼎于郏鄏,卜世三十,卜年七百,天所命也。"孔颖达疏:"周三十六王,八百六十七年,过卜数也。"后世乃谓"周受天命,卜世三十,卜年八百"。

⑬ 今上癸未:指神宗万历十一年(1583)。

⑭ 朱少宰:朱国祚,字兆隆,秀水(今浙江嘉兴市)人。万历十一年(1583)进士第一,授修撰,进洗马,为皇长子侍班官。二十六年,超擢礼部右侍郎,转左,改吏部。后御史劾其纵酒,引疾归。光宗即位,以尝侍潜邸,特旨拜礼部尚书兼东阁大学士入阁参机务。天启三年(1623),累官少保、太子太保、户部尚书、武英殿大学士。十三年,乞休,以少傅兼太子太傅乘传归。明年卒。赠太傅,谥文恪。少宰,古官称,为太宰之副。后世以称吏部侍郎。

⑮ 朱宫谕：朱之蕃，字元升，其先茌平（今属山东聊城市）人，后附籍南京锦衣卫。自幼工书画，能诗文。万历二十三年（1595）进士第一，授修撰。尝奉使朝鲜，遇属国君臣严重有礼。擢右春坊右谕德，掌南京翰林院事，进南京礼部侍郎。丁艰归，不复出。天启四年（1624）卒，年六十九。宫谕，东宫谕德的简称。

13. 刘小鲁尚书

刘小鲁（一儒）①，先大父同年进士，亦夷陵州人，与江陵相儿女姻也。当江陵炙手时，刘独退避居冷局②，张谓有意远之，已不相悦。每遇其行法严刻，及刑辱建言者，辄苦口规之，遂大矛盾，滞南京贰卿③，数年不迁。江陵败，言路交章慰荐，始晋南大司空④。寻自免去，后再起遂不出。其长子名戡之，少年美丰姿，有隽才，为妇翁所器爱。当赴省试，江陵授意主者录之，乃翁闻之，令谢病不入闱⑤，江陵大怒。后以任子得官⑥，今为户部郎。戡之字元定，与予善。其内子为江陵爱女，貌美如天人。不甚肯言笑，日唯默坐，或暗诵经咒。问此经何名，不对也。归刘数年，一日趺坐而化⑦，若蜕脱者⑧。与所天终不讲衾裯事⑨，竟以童真辞世。盖与昙阳虽显晦异迹⑩，其为异人一也。（卷九《内阁》）

【注释】

① 刘小鲁：刘一儒，字孟真，号小鲁，夷陵（今湖北宜昌市）人。嘉靖三十八年（1559）进士。历官吏部郎中、刑部侍郎。与张居正联姻。居正当国，一儒出居南京，亦尝贻书规劝之。居正败，亲党皆坐斥，一儒独以高洁名，拜南京工部尚书。寻移疾归，卒于家。天启中追谥庄介。初，居正女嫁一儒子，珠琲纨绮盈箱篚，一儒悉扃之别室。居正殁，赀产尽入官，一儒乃发向所缄物还之。

② 冷局：冷落衙门。明陆粲《说听》卷下："工部居六曹后，仕进者固冷局视之矣。"

③ 贰卿：指侍郎。古代尚书称卿，侍郎副之，故称贰卿。

④ 南大司空：南京工部尚书。参见第349页第8则注释⑧⑨。

⑤ 入闱：指科举考试时考生或监考人员进入考场。

⑥ 任子：因父兄功绩，得保任授官职。

⑦ 趺（fū）坐：佛教修禅坐法。盘腿而坐，双足交叉放于左右股上。

⑧ 蜕脱：谓脱去皮囊而仙化。

⑨ 所天：所依靠的人。可指君主、父亲或丈夫。此处指丈夫。　衾裯：指被褥床帐等卧具。衾裯事，借指男女欢合之事。

⑩昙阳:王焘贞,号昙阳子,太仓(今属江苏苏州市)人。万历首辅、吏部尚书兼建极殿大学士王锡爵之女。曾许配徐景韶,未嫁而死。幼奉观音大士,世传其得道化仙而去。遂为童真得道之典实。

14. 宰相对联

江陵盛时,有送对联谄之者,云:"上相太师,一德辅三朝,功光日月;状元榜眼,二难登两第①,学冠天人。"江陵公欣然悬于家之厅事。先是,华亭公罢相归,其堂联云:"庭训尚存,老去敢忘佩服②;国恩未报,归来犹抱惭惶。"虽自占地步③,然词旨谦抑,胜张之夸诩多矣。往年殷历城罢相在里④,张江陵以宋诗为对联寄之曰:"山中宰相无官府,天上神仙有子孙。"盖谀与嘲各半。顷者沈四明谢事居家⑤,则直用李适之语云⑥:"避贤初罢相,乐圣且衔杯。"又今相国福清公邸中所粘桃符⑦,则云:"但将药裹供衰病,未有涓埃答圣朝。"尤为浑雅。他宰相翟诸城、严常熟、申吴门诸堂联⑧,则陈眉公已记之矣⑨。江陵公初赐第于乡,上御笔亲勒堂对曰:"志秉纯忠,正气垂之万世;功昭捧日,休光播于百年⑩。"可谓异典极褒。至癸未籍没⑪,则并第宅不保矣。但对联为御制御书,不知当时在事者,何以处此。尝于都下见一罢闲中贵,堂中书一对云:"无子无孙,尽是他人之物;有花有酒,聊为卒岁之欢。"又全用南宋宰相乔行简词中语⑫,此辈亦知达生如此。(卷九《内阁》)

【注释】

① 二难(nán):谓兄弟皆佳,难分高低。万历五年(1577),张居正次子嗣修进士及第,为一甲第二人。八年,三子懋修进士及第,为一甲第一人。

② 佩服:铭记;牢记。

③ 自占地步:意谓自己据有的地位。

④ 殷历城:殷士儋,字正甫,历城(今山东济南市历城区)人。嘉靖二十六年(1547)进士,选庶吉士,授检讨。久之,充裕王讲官,迁右赞善,进洗马。历侍读学士、礼部侍郎,改吏部。隆庆二年(1568),拜礼部尚书,掌詹事府事。四年,以本官兼文渊阁大学士入阁预机务,寻进少保、改武英殿。逾年,为高拱所逐,乘传归,家居十一年卒。赠太保,谥文庄。

⑤ 沈四明:沈一贯,字肩吾,鄞(今浙江宁波市)人。隆庆二年(1568)进士,选庶吉士,授检讨,充日讲官。为张居正所衔,及居正卒,始迁左中允。历吏部左侍郎兼侍读学士,加太子宾客假归。万历二十二年(1594),起为南京礼部尚书,复以礼部尚书兼东阁大学士入阁预机务。三十

年,以少傅兼太子太傅、吏部尚书、建极殿大学士为首辅。三十四年致仕,家居十年卒。赠太傅,谥文恭。

⑥ 李适之:一名昌。唐宗室。神龙初(705),起为左卫郎将。历官通州刺史、泰州都督、陕州刺史、御史大夫、刑部尚书等。天宝元年(742),代牛仙客为左相,封清和县公。因与李林甫争权,罢知政事,守太子少保。后贬死袁州。适之善饮,与贺知章、李白、张旭等有"饮中八仙"之称。《唐诗品汇》卷四十录有适之《罢相作》,诗曰:"避贤初罢相,乐圣且衔杯。为问门前客,今朝几个来?"

⑦ 福清公:叶向高,字进卿,福清(今属福建福州市)人。万历十一年(1583)进士,选庶吉士,授编修。历左庶子,充皇长子侍班官,擢南京礼部右侍郎,改吏部。三十五年,擢礼部尚书兼东阁大学士。时神宗久不视朝,内阁无人,向高为独相,屡建言选拔人才、治理财政而不得命,遂引疾求去,亦不允。四十二年,乞归数章十馀上,乃允其去。魏忠贤排斥东林党,以向高尝佑东林党人,被指目为党魁。向高归六年,光宗立,特诏召还。未几,熹宗立,赐敕促入朝,遂于天启元年(1621)还朝,复为首辅。四年,与魏忠贤等势不两立,坚请致仕归。七年卒,年六十九。崇祯时赠太师,谥文忠。

⑧ 翟诸城:翟銮,字仲鸣,其先诸城(今属山东潍坊市)人,曾祖为锦衣卫校尉,因家京师。弘治十八年(1505)进士,选庶吉士,授编修。历刑部主事、侍读,累迁礼部右侍郎。嘉靖六年(1527),以吏部左侍郎兼学士入阁。十二年丁忧,十九年行边事竣,复以少保兼太子太傅、礼部尚书、武英殿大学士入。二十二年为首辅,逾年为其子所累,削籍家居,又三年卒,年七十。穆宗即位复官,谥文懿。　严常熟:严讷,字敏卿,常熟(今属江苏苏州市)人。嘉靖二十年(1541)进士,选庶吉士,授编修。迁侍读,寻与李春芳入直西苑撰青词,授翰林学士。历太常少卿、礼部左右侍郎改吏部。复代郭朴为礼部、吏部尚书。四十四年,以武英殿大学士入阁,仍掌吏部事。是年冬,乞归,家居二十年卒,年七十四。赠少保,谥文靖。　申吴门:申时行,字汝默,长洲(今江苏苏州市)人。嘉靖四十一年(1562)进士第一,授修撰。历左庶子掌翰林院事、礼部右侍郎改吏部。万历六年(1578),由张居正荐,以吏部左侍郎兼东阁大学士入阁。十二年,进少师兼太子太师、吏部尚书、中极殿大学士为首辅。十九年,加太傅致仕。四十二年卒,年八十。赠太师,谥文定。

⑨ 陈眉公:陈继儒,字仲醇,号眉公,华亭(今上海市松江区)人。幼颖异,能文章,受知于同郡徐阶。长为诸生,与董其昌齐名,太仓王锡爵招与其子读书支硎山下,王世贞亦雅重之。年二十九,隐于昆山之阳。锡山顾宪成讲学东林,招之,谢弗往。亲亡,遂筑室东佘山,杜门读书著述,诗文书画皆善,三吴名士争欲得为师友。崇祯十二年(1639)卒,年八十二。

⑩ 休光:盛美的光华。比喻美德或勋业。

⑪ 癸未籍没:指万历十一年(1583),张居正死后遭弹劾,尽夺官、谥,家亦抄没。参见第341页第1则注释①。

⑫ 乔行简:字寿朋,南宋东阳(今属浙江金华市)人。学于吕祖谦之门,登绍熙四年(1193)进

士。历知通州、秘书省正字兼枢密院编修官,为淮西转运判官知嘉兴府,改淮南转运判官兼淮西提点刑狱、提举常平,累官宗正少卿、秘书监权工部侍郎。理宗绍定三年(1230),除端明殿学士同签书枢密院事;六年,迁参知政事兼同知枢密院事。端平二年(1235),以知枢密院事兼参知政事除右丞相;三年为观文殿大学士兼侍读,授特进、左丞相兼枢密使,封肃国公。嘉熙四年(1240),授少师、保宁军节度使、平章军国重事、封鲁国公奉祠。淳祐元年(1241)薨于家,年八十六。赠太师,谥文惠。关于"南宋宰相乔行简词中语",宋人笔记所载不一。据周密《齐东野语》卷五《乔文惠晚景》:"乔文惠行简,嘉熙之末,自相位拜平章军国重事,年已八帙矣,时皆以富贵长年美之。而公晚年子孙沦丧,况味尤恶,尝作《上梁文》云:'有园有沼,聊为卒岁之游;无子无孙,尽是他人之物。'又《乞归田里表》云:'少壮老,百年已逾八帙,祖子孙,三世仅存一身。'闻者怜之。"又据俞文豹《吹剑录外集》:"赵虚斋以夫建宅,《上梁文》末云:'有花有酒,姑为过客之欢;无子无孙,尽是他人之物。'可谓见尽乐天诗,云:'多少朱门锁空宅,主人到了不曾归。'虚斋年高德劭,位冠六联矣,若归以花酒与过客相欢,尤达见也。"

15. 元 旦 诗

申文定相公,与王伯穀同里同庚①,为史官时即与相善。及罢相归,每元旦必作一七言律诗以示王,王即和而答之。旋以两诗并粘壁间,直至岁除不撤。次年元旦,申再有诗及又和而揭之斋屏,旧者始除去。盖自辛卯文定返里②,壬辰至壬子凡二十一年③,岁岁皆然。是年百穀下世④,再阅岁甲寅而文定亦捐宾客矣⑤。想修文地下,其遇新岁唱和,必如生前不少衰,而粘屏与否,则不可周矣⑥。分宜在首揆时,山人吴擴者作一诗⑦,其题云《元旦怀介溪阁老》⑧,亦揭之斋中。有友戏之曰:"君以新年第一日怀当朝第一官,若循级而下,怀至我辈,即除夕未能见及也。"似亦相似。(卷九《内阁》)

【注释】

① 王伯穀:王穉登,字伯穀,长洲(今江苏苏州市)人。十岁能诗,长益骏发有盛名。吴中自文徵明后,风雅无定属,穉登尝及徵明之门,遥接其风,主词翰之席者三十余年。嘉靖末游京师,客大学士袁炜家,荐于朝,不果。万历中诏修国史,以荐征用,未上而史局罢。万历四十年(1612)卒,年七十余。

② 辛卯:指万历十九年(1591)。是年三月,申时行加太傅致仕。

③ 壬辰至壬子:万历二十年(1592)至四十年(1612)。

④ 百穀下世:指王穉登去世。百穀,即伯穀。
⑤ 阅岁:经过一年。 甲寅:万历四十二年(1614)。 捐宾客:谓弃宾客而逝。对居高位者死去的婉辞。亦省作"捐宾"。申时行年八十卒,则王穉登卒年七十八。
⑥ 周:遍。此处指遍知。
⑦ 吴扩:字子充,昆山(今属江苏苏州市)人。游于显达而成名,为诗吐词新丽不减唐人。
⑧ 介溪:严嵩,字惟中,号介溪,分宜(今属江西新余市)人。参见第350页第9则注释④。

16. 士大夫癖性

宋时蒲宗孟好洁①,至有"大小洗面""大小洗脚"等号。同时王介甫则蓬首垢面②,苏老泉至目为衣囚卤而食犬豕③。然二公皆名流,皆憎司马君实则一也④。嘉靖中杨用修衣服起居穷极华洁⑤,同时唐荆川破衲疏羹⑥,垢敝不堪,然二公皆大儒,皆忤世宗早废则一也。盖好尚悬绝,各出禀受,何必尽同?近来士人以恶菲自处者⑦,惟吾乡丁司空改亭(宾)⑧,家世富厚,所至皭然不淄⑨。然居处卑陋,坐一柳木椅,挂一粗布幮⑩,数十年不易。几榻尘秽,衫履鹑结⑪,绝似一苦行头陀⑫。又沈司马继山(思孝)⑬,清白之操不待言,然整鬟修容,老而弥甚,虬须铁面⑭,澡豆不离左右⑮,盥手日数十次不倦,即烟粉辈⑯,未喻其洁也。两公俱以小友畜予⑰,每见其举动,辄心折叹服,以其各有至处,非强饰也。(卷十二《吏部》)

【注释】

① 蒲宗孟:字传正,宋阆州新井(治今四川南部县大桥镇)人。第进士,调夔州观察推官。治平中,水灾地震,上书斥大臣及宫禁、宦寺。熙宁元年(1068),改著作佐郎。后召试学士院,以为馆阁校勘、检正中书户房兼修条例,进集贤校理。六年,同修起居注、知制诰,为翰林学士兼侍读。元丰五年(1082),拜尚书左丞。六年,为御史所论出知汝州。逾年,徙亳、杭、郓三州。在郓,痛治梁山之盗,所杀不可胜计。元祐四年(1089),御史以为政惨酷劾,夺职知虢州。五年,复职知河中。七年,帅永兴军,移大名府。以疾求河中,卒,年六十六。谥恭敏。宗孟有洁癖,据李廌《师友谈记》:"蒲公有大洗面、小洗面、大濯足、小濯足、大澡浴、小澡浴。盖一日两洗面、两濯足,间日则浴焉。小洗面,一易汤,用二人,惟頮其面而已。大洗面,三易汤,用五人,肩颈及焉。小濯足,一易汤,用二人,惟踵踝而已。大濯足,三易汤,用四人,膝股及焉。小澡浴,则汤用三斛,人用五六。大澡浴,则汤用三斛,人用八九。口脂、面药、薰炉、妙香次第用之,人以为劳,公不惮也。"

② 王介甫:王安石,字介甫,号半山,北宋临川(今江西抚州市)人。庆历二年(1042)进士,历

扬州签判、鄞县知县、舒州通判。熙宁二年(1069),神宗召为参知政事,次年为宰相,实施新法。七年,新政推行遇阻,罢相。逾年再相,九年又罢,退居江宁,封荆国公。元祐元年(1086)卒,年六十六。赠太傅,谥文。有《临川文集》一百卷。

③ 苏老泉:苏洵,字明允,眉州眉山(今属四川)人。旧传号老泉,误。宝元(1038—1040)间应进士不第,归而穷六经百家之说,致力于古文写作。嘉祐(1056—1063)间得欧阳修推誉,曾任秘书省校书郎、霸州文安县(今属河北)主簿。以文章著名于世,与其子轼、辙合称"三苏",同列"唐宋八大家"。有《嘉祐集》十六卷。其卷九《辨奸论》一文,指斥王安石不近人情,必以奸误国。曰:"夫面垢不忘洗,衣垢不忘浣,此人之至情也。今也不然,衣臣虏之衣,食犬彘之食,囚首丧面而谈《诗》《书》,此岂其情也哉!"又据朱弁《曲洧旧闻》卷十:"王荆公性简率,不事修饰奉养,衣服垢污,饮食粗恶,一无所择。自少时则然。苏明允著《辨奸》,其言'衣臣虏之衣,食犬彘之食,囚首丧面而谈《诗》《书》',以为不近人情者,盖谓是也。"囚首丧面,头不梳如囚犯,脸不洗如居丧。

④ 司马君实:司马光,字君实。参见第87页第20则注释③。熙宁间,司马光以反新政,与王安石、蒲宗孟等不协。

⑤ 杨用修:杨慎,字用修,号升庵,新都(今四川成都市新都区)人。杨廷和之子。正德六年(1511)殿试第一,授翰林修撰,后以疾归。世宗嗣位,起充经筵讲官。嘉靖三年(1524),帝召议礼派张璁、桂萼为翰林学士,慎偕同列三十六人上疏谏,受责停俸。逾月,又偕学士丰熙等疏谏,伏左顺门不起,帝震怒,命执首事八人下诏狱,慎及检讨王元正等撼门大哭,悉下诏狱廷杖之,谪戍云南永昌卫。三十六年还蜀,又二年卒,年七十二。隆庆初赠光禄少卿,天启中追谥文宪。慎少警敏,能诗文,尝受业于李东阳门下。既投荒多暇,读书著述不辍。著有《丹铅馀录》《升庵集》《诗话补遗》等百余种。

⑥ 唐荆川:唐顺之,号荆川。参见第274页第16则注释③。

⑦ 恶菲:即"恶衣菲食"。粗劣的衣食。

⑧ 丁宾:字礼原,号改亭,嘉善(今属浙江嘉兴市)人。隆庆五年(1571)进士,授句容知县,征授御史。以忤张居正意,去官。万历十九年(1591),用荐起故官。历南京右佥都御史、工部左侍郎,累迁南京工部尚书。光宗立,始予致仕。崇祯六年(1633)卒,年九十一。谥清惠。

⑨ 皭(jiào)然不淄:洁白而不染。淄,通"缁",黑色;引申为染黑、污染。

⑩ 㡓:形状像橱的床帐。

⑪ 鹑结:即"鹑衣百结"。形容衣服破烂不堪。

⑫ 苦行头陀:修苦行或行脚乞食的僧人。

⑬ 沈思孝:字纯父,一字继山,嘉兴(今属浙江)人。隆庆二年(1568)进士,授番禺知县。万历初(1573)举卓异,入为刑部主事。张居正夺情,上疏谏,廷杖,谪戍神电卫。居正死,召复官,进光禄少卿,迁顺天府尹。坐事被劾,调南京太仆卿,未几谢病归。后起为右佥都御史,巡抚陕西、

宁夏。历大理卿、工部左侍郎，进右都御史、协理戎政。二十三年，日本丰臣秀吉侵朝鲜，帝遣使媾和，封秀吉为王，思孝以为不妥，请亟修战守备，并论主和派误国。明年，引疾归，卒。天启中赠太子少保。

⑭ 虬须铁面：形容胡须卷曲，满脸肃然。

⑮ 澡豆：古代洗沐用品。以猪胰磨成粉状，合豆粉、香料等，经自然干燥而制成块状物。有去污与营养皮肤之效。

⑯ 烟粉：即"烟花粉黛"。指女子。多指妓女。

⑰ 以小友畜予：意谓把我当作他们喜爱的小友。小友，年长者对所敬佩的年轻者的称呼。畜，容纳，喜爱。

17. 邱侍郎献谀

嘉靖末年，黄冈人礼科都给事中邱岳①，请修《承天大志》②。先是顾中丞璘请修志③，既成而报罢，至是邱又以为言，上大悦。比志就进呈，修书者皆无赏，独邱以传奉超升礼部侍郎④。不数月而穆宗登极，降一级调外任，邱恚不赴。至江陵柄政，邱始出补官，江陵亦许以光复矣⑤。邱乃以己姓名献一对云："日月并明，万国仰大明天子；丘山为岳，四方颂太岳相公⑥。"相公大喜，将超擢而病告殒矣，邱竟以外藩再斥。盖两番贡谀，皆不得厚偿，世谓君相造命⑦，亦未必然。（卷十三《礼部》）

【注释】

① 邱岳：字南正，黄冈（今属湖北）人。嘉靖二十六年（1547）进士。四十五年，超擢礼部右侍郎。隆庆元年（1567）回籍。后历河南左参政，进右布政使，致仕。

② 《承天大志》：世宗藩封之地安陆州（治今湖北荆门市钟祥市）的方志。世宗入继大统，经大礼议尊其生父为兴献帝，又于嘉靖十年（1531）升安陆州为承天府，以与顺天府、应天府并称。十八年，世宗谒显陵，定其名为兴都，建兴都留守司，改荆州左卫为显陵卫，地位与凤阳同。其后，诏修《兴都志》，都御史顾璘总裁，修成二十四卷以进，帝以其载兴献帝事实与志体例不合，见废。四十二年，礼科都给事中邱岳奏请再修兴都之志，以显扬先帝盛德、皇上大孝。上大喜，诏修《承天大志》，先后以徐阶、袁炜、严讷、张居正等为总裁官。四十五年，书成四十卷以进，赐名《兴都承天府志》，命礼部刊布中外。

③ 顾璘：字华玉，上元（今江苏南京市）人。弘治九年（1496）进士，授广平知县，擢南京吏部

主事,进郎中。正德四年(1509),出为开封知府。以与镇守太监忤,逮下锦衣狱,谪全州知州。历台州知府、浙江左布政使、山西湖广巡抚、右副都御史。迁吏部右侍郎,改工部,董兴都显陵工毕,迁南京刑部尚书,罢归,年七十馀卒。璘少有才名,与何景明、李梦阳相上下。

④ 传奉:明不由吏部铨选,而由太监视进呈珍异多寡,以谕旨直接任命官吏的做法。

⑤ 光复:恢复。此指复官。

⑥ 太岳:此指武当山。明封武当山为"太岳""大岳""玄岳"等,位在五岳之上。据《大清一统志》卷二百七十:"初名仙室山,其中一峰最高者为天柱峰,亦曰紫霄峰,岩曰紫霄岩。永乐中,营建宫馆,改名大岳太和山。"张居正为江陵人,江陵所隶荆州府、武当所隶襄阳府皆为湖广行都司辖地,故以"太岳"代指张居正故乡。

⑦ 君相造命:意谓国君和国相掌握人的命运。

18. 孙蕡陈遇

洪武初元,征求隐佚,惟恐不及,同时南海之孙蕡①,建康之陈遇②,皆称儒臣,然而晚节则天渊矣。虽开国圣人,诛赏不测,然实皆自取之。蕡自洪武三年庚戌开科,三试俱高第,赐进士出身,授工部织染局使,出为虹县主簿③;选入为翰林典籍,又出为平原主簿④;以事逮问,输左校⑤,寻被释,拜苏州府经历,二十二年谪戍辽东,又以蓝玉党见法⑥。盖仕宦二十年,一禁系,一从戎,四为下僚,仅一入史局,而不免伏锧。其著述甚多而失传,今存者《祭灶》一文耳。当时亦何苦应举入仕,以致非命耶?陈遇当太祖渡江,即以书聘之,称为老先生,比之伊、吕、孔明⑦,书在御集,文多不载。遇赴召,上大悦,遂见亲信,授供奉司丞不受;上即帝位,三授翰林学士俱不受,乃赐肩舆,从以卫士,以使两浙;归除中书左丞,力辞,召入禁中,赐坐,命草《平西诏》,加授礼部侍郎兼弘义馆大学士,复辞,再除太常少卿,又除礼部尚书,皆固辞;命其子入直,又辞。甲子秋病卒⑧,上遣中官谕祭赐葬,子恭由乡贡仕至工部尚书。遇自癸酉受上知⑨,入侍帷幄,前后二十一年,无日不在太祖左右,命以禁近不受,命以卿贰不受,欲贵其子又不受,宠眷则师臣,而不改布衣以殁。饰终之典,视文臣有加,比之李邺侯差似之⑩,尚嫌泌在德宗时,多一番宰相也。蕡起东粤,万里应制科,得微官而以凶终。遇生辇毂下,出入禁闼而无恙者,则求禄与遗荣异也。当时词臣如青田以鸩死⑪,金华以忧没⑫,而遇独免于谗贼,且造膝之语,无一传于世。其品之高,见之卓,有刘、宋诸公所不及者,未可与孙蕡并论也。或云陈遇者,自以生在元时,虽不仕,不忍背之,故力辞显位,不特虑高帝威严难事也。其

意似与杨廉夫同⑬。遇即世所称静诚先生也。(卷十五《科场》)

【注释】

① 孙蕡:字仲衍,顺德(今属广东佛山市)人。参见第203页第1则注释⑲、第410页第30则。

② 陈遇:字中行,建康(今江苏南京市)人。笃学博览,精象数之学。元末为温州教授,已而弃官归隐,学者称为静诚先生。太祖渡江时发书召入,留参密议,日见亲信,数授官,固辞。洪武十七年(1384)卒,赐葬钟山。

③ 虹县:明凤阳府虹县(今安徽宿州市泗县)。

④ 平原:明济南府平原县(今属山东德州市)。

⑤ 输左校:汉代对犯罪官员的惩罚。左校,汉将作大匠下属机构,掌宫室营造。此处借用为服劳役。

⑥ 蓝玉党:洪武间"蓝党案"。参见第411页第30则注释③。

⑦ 伊、吕、孔明:指商伊尹、周吕尚、三国蜀诸葛亮。三者皆古代辅弼重臣。

⑧ 甲子:指洪武十七年(1384)。

⑨ 癸酉:此或有误。元至正十五年乙未(1355),朱元璋渡江,发书召陈遇。此前二年为癸巳。至正二十四年甲辰(1364),太祖自立为吴王,始授遇官职,遇辞。此前一年为癸卯。皆不涉癸酉,癸酉为元元统元年(1333)。

⑩ 李邺侯:唐李泌。参见第358页第19则注释①。泌德宗时拜中书侍郎平章事,故比陈遇多做一番宰相。

⑪ 青田:刘基,青田人。参见第368页第4则注释①。

⑫ 金华:宋濂,金华人。参见第136页第11则注释②。

⑬ 杨廉夫:杨维桢,字廉夫,号铁崖,元诸暨(今属浙江绍兴市)人。泰定四年(1327)进士,历官至建德路总管府推官。至正十八年(1358),授江西等处儒学提举,因乱未上。晚年居松江,张士诚屡召不赴。入明,应诏至京修礼乐书,不仕而归。洪武三年(1370)卒,年七十五。维桢诗名擅一时,号"铁崖体"。著有《东维子集》《铁崖古乐府》《丽则遗音》等。

19. 会场搜检

科场之禁,在唐宋甚宽,如挟册者,亦止扶出,不锢其再试也。本朝此禁甚严,至三木囊头①,斥为编氓,然仅行之乡试耳,会试则不然。盖太祖尝云:"此已歌《鹿鸣》而来者②,奈何以盗贼待之。"历朝以来,搜检之法有行有不行,而试录中则仍无搜检官③,犹遵祖制也。至嘉靖末年,时文冗滥,千篇一律,记诵稍多,即掇第如寄④,而无赖孝廉⑤,久弃帖括者⑥,尽抄录小本,挟以入试。时世宗忌讳既繁,主司出题,多所瞻顾。士子易以揣摩,其射覆未有不合者⑦,至壬戌而澜倒极矣⑧。先是己未之春⑨,御史亦有建言宜搜检者,上不允。至乙丑南宫⑩,上微闻挟书之弊,始命添设御史二员,专司搜检。其犯者,先荷校于礼部前一月⑪,仍送法司定罪,遂为厉禁,以至于今。然试录之不载搜检如故也。四十年来,会试虽有严有宽,而解衣脱帽,且一搜再搜,无复国初待士体矣。近科丁未⑫,浙人邵喻义者,故才士,第三场将所纂邸报中时事俪语⑬,抄录批点,携入以供策科。偶与监军争语⑭,谓其怀挟文字,邵不能平,至拳殴之,监军扭结登堂。时内监试御史为叶永盛、李时华二人⑮,李素以酷名,意右监军,微訾邵之横。叶曰:"仆巡盐两浙,曾试此生,拔为案首,其人奇才,今番必登进士高第,且所携亦奏疏中语,实非怀挟,宜命之卒试为便。"李以乙科起家⑯,叶偶不记忆,遂触其盛怒,立命去衣,痛笞二十,枷之场前。虽屡次疏辨良苦,终无人敢为昭雪。又闻邵之父,时以赀郎为兵马指挥⑰,正司巡徼,曾谳一贞妇被评,兵马受其敌之赂,枉法坐之,此妇自经死。不数月,邵临场,时时梦中见神人教之曰:"子此番必会元⑱,但五策要留心⑲,不然且第二矣。"故有挟而入。说者谓此妇实为祟,以致其败,如隆庆庚午浙场诸葛一鸣事⑳。然则鬼之黠,胜人多矣。(卷十六《科场》)

【注释】

① 三木囊头:古代酷刑。用刑具加于犯人手、足及颈上,更以袋蒙盖其头,使之窒息而死。《后汉书·马援传》:"可有子抱三木,而跳梁妄作,自同分羹之事乎?"李贤注:"三木者,谓桎、梏及械也。"又《后汉书·党锢传·范滂》:"桓帝使中常侍王甫以次辨诘,滂等皆三木囊头,暴于阶下。"李贤注:"三木,项及手足皆有械,更以物蒙覆其头也。"

② 歌《鹿鸣》:指乡试中举。参见第271页第14则注释㉕。

③ 试录:明代将乡试、会试中试的举子姓名、籍贯、名次及其文章汇集刊刻成册,名曰试录。

④ 掇第如寄:意谓考中较易。如寄,好像暂时寄居,喻时间短促。

⑤ 无赖孝廉:指无才能的举人。孝廉,本为汉代选拔官吏的两种科目名,孝即孝子,廉指廉洁之士。后合称孝廉。隋以前,州举秀才,郡举孝廉。至隋唐,只有秀才之科,无孝廉之举。但俗称经制科选拔的举人为"孝廉"。明清则以称举人。

⑥ 帖括:唐代明经科以帖经取士,将经文贴去若干字,令应试者对答。后考生因帖经难记,乃总括经文编成歌诀,便于记诵应试,称"帖括"。后泛指科举应试文章。明清时亦指八股文。

⑦ 射覆:古代一种猜物游戏,亦往往用于占卜。此处借指猜题。

⑧ 壬戌:嘉靖四十一年(1562)。　澜倒:狂澜倾倒。比喻某种势力、风气发展凶猛。

⑨ 己未:嘉靖三十八年(1559)。

⑩ 乙丑南宫:指嘉靖四十四年(1565)礼部会试。

⑪ 荷校(hè jiào):以肩负枷。即颈上带枷。校,枷。

⑫ 近科丁未:指万历三十五年(1607)会试。

⑬ 邸报:古代报纸。宋代始称"邸报"。地方长官在京设邸,邸中传抄诏令、奏章等,以报于诸藩,故称。

⑭ 监军:此指监考人员。

⑮ 内监试:考官名。掌考试阅卷等"内帘"之事。执事考场为"外帘",由外监试掌之。　叶永盛:字子木,泾县(今属安徽宣城市)人。万历进士,擢为御史。尝巡盐浙江,奏劾不法中官。居御史九载,疏十余上,直声震中外。累官至太仆寺卿。　李时华:贵阳人。万历中举人。历官御史,弹劾不避权贵。又巡按四川、河南、广东,多所兴除。擢太仆寺卿,予告归。

⑯ 乙科:明清科举,称举人为"乙科"。

⑰ 赀郎:原指因家富资财而被朝廷任为郎官。后即称出钱捐官的人为"赀郎"。

⑱ 会元:会试第一。

⑲ 五策:明会试三场考试,通常在第三场试策问五道,内容多为经义与政事。

⑳ 诸葛一鸣:山阴(今浙江绍兴市)人。隆庆四年(1570)举人。其应试事,托为神鬼,乃小说家言。清褚人获《坚瓠秘集》卷一《发榜神》引《暗然录》:"隆庆庚午,浙士诸葛一鸣,读书杭城外大寺。当盛暑,偶于佛殿断藕自食,见金甲戎服人自内出,大惊,以为武官。其人曰:'我乃天帝遣放秋榜者。'诸葛问:'榜有某名乎?'其人曰:'汝名在来科,今未也。'诸葛恳请。其人曰:'今所与相较一卷,本系汝亲,且能迟三年,更为汝福。'因恳请不已,乃诺之。遂与约曰:'揭晓之朝,即蒸纸钱十万以谢,慎勿负约。'再四丁宁而去。时诸葛试卷在备列,与某卷相比,犹未定。御史梦人语云:'一鸣中,一鸣中。'适睹诸葛名,与梦合,遂录之。既捐榜,诸葛忘前约,晚始觉,将以明晓焚纸钱,而夜梦前金装者,披发身血淋漓,仓皇指诸葛骂曰:'尔何爽约害我?我当报尔!'愤愤去。明春会试,诸葛以怀挟,荷校棘门前。其懿亲某,浙省来科适中其名数云。"

20. 奇兵不可再

戚少保(继光)初以征倭至江南①,命士卒于山中习放鸟铳、火鼠之属②,适林莽中有群猴,见而窃效之。久之,猴之技胜于人矣。一日倭大至,而戚兵少,度与战必不利,乃匿勇壮于隐处,而以轻锐挑之佯北③,先掷诸火器于山岖内,倭之追者寻至,猴见髡跣横行④,不类所习睹,疑为异兽将噬之,争燃火发炮,倭大骇狂奔,死者枕籍⑤。伏兵四起，遂获全捷往。丙戌丁亥间⑥，顾冲庵（养谦）抚辽左⑦，俘得海上零倭数十，皆贷命以实行伍，私念大房目未识岛夷⑧，可以奇胜之。一日报虏骑入犯，命诸倭仍故装匿中军，候战酣时，急执刀跳跃齐出，虏惊未定，则霜刃及马足，皆踣仆就戮，馀骑迸散，顾因以奏功。他日虏再入，复命如前法赴斗，遂无一人还者，盖虏奴知其技止此，已先为备矣。乃知田单之牛⑨，刘寻之驴⑩，俱已陈刍狗⑪，再用未有不败者。如戚少保出奇，真堪大噱⑫。（卷十七《兵部》）

【注释】

① 戚继光：字元敬，号南塘、孟诸，登州（今山东烟台市蓬莱市）人。出身将家。初为登州卫指挥佥事。嘉靖三十四年（1555）调浙江，次年升参将，以御倭寇。招募义乌乡民、矿工，编练新军，人称"戚家军"。四十年，台州大胜。明年援闽，破倭于横屿。四十二年，升总兵官。后经多年抗倭，东南沿海遂平。隆庆二年（1568），以都督同知调镇蓟州，在镇十六年，以功进左都督，加少保兼太子太保。万历十年（1582），张居正殁后，南调广东，悒悒不得志，未久辞官罢归。十五年卒，年六十。著有《纪效新书》《练兵实纪》等。

② 鸟铳：一种火枪。明宋应星《天工开物·火器》："凡鸟铳长约三尺，铁管载药，嵌盛木棍之中，以便手握。"为戚家军抗倭之利器。　火鼠：一种鼠形武器。利用火药发挥杀伤力。

③ 佯北：佯装败北。

④ 髡跣（kūn xiǎn）：光头赤足者。

⑤ 枕籍（jiè）：亦作"枕藉"。此指尸体纵横相枕而卧。

⑥ 丙戌丁亥间：指万历十四年至十五年间（1586—1587）。

⑦ 顾养谦：字益卿，号冲庵，南直隶通州（今江苏南通市）人。嘉靖四十四年（1565）进士。历官广东右参议、福建佥事、户部郎中。万历时，推荐边才，遂徙备兵蓟镇，寻拜右佥都御史、巡抚辽东。著勋绩，迁南京户部侍郎，以忧去。时议谓养谦必能办倭，起为兵部侍郎、总督蓟辽军务。卒，谥襄敏。

⑧ 大房目：此指倭寇大头目。

⑨ 田单：战国齐临淄（今山东淄博市临淄区齐都镇）人。为国君远支宗亲。初为临淄市掾。燕将乐毅破齐时，单坚守即墨。齐襄王五年（前279），施反间计，诱使燕惠王弃乐毅而改用骑劫为将，并用火牛阵击败燕军，一举收复七十馀城，乃迎襄王于莒，入临淄听政。襄王任单为相国，封安平君。襄王死，入赵为将。后任赵相，封平都君。其"火牛阵"，见《史记·田单列传》："田单乃收城中得千馀牛，为绛缯衣，画以五彩龙文，束兵刃于其角，而灌脂束苇于尾，烧其端。凿城数十穴，夜纵牛，壮士五千人随其后。牛尾热，怒而奔燕军，燕军夜大惊。牛尾炬火光明炫耀，燕军视之皆龙文，所触尽死伤。五千人因衔枚击之，而城中鼓噪从之，老弱皆击铜器为声，声动天地。

燕军大骇,败走。齐人遂夷杀其将骑劫。"

⑩ 刘寻:史书中作"刘鄩"。后梁大将。密州安丘(今属山东潍坊市)人。唐末,为平卢节度使王师范麾下马步军副都指挥使,后降宣武节度使朱全忠,为元帅府都押牙。后梁立,累迁至开封尹、泰宁军节度使、检校太尉、同平章事。晋王李存勖反梁,屡与之战。贞明六年(920)九月,兵败,末帝逼令饮鸩而卒,年六十四。诏赠中书令。其以"缚刍为人,执旗乘驴"之计,欲袭晋王,不果。时在贞明元年(915)六月。《资治通鉴·后梁纪四》:"刘鄩以晋兵尽在魏州,晋阳必虚,欲以奇计袭取之,乃潜引兵自黄泽西去。晋人怪鄩军数日不出,寂无声迹,遣骑觇之。城中无烟火,但时见旗帜,循堞往来。晋王曰:'吾闻刘鄩用兵,一步百计,此必诈也。'更使觇之,乃缚刍为人,执旗乘驴在城上耳。得城中老弱者诘之,云军去已二日矣。晋王曰:'刘鄩长于袭人,短于决战。'计彼行才及山下,亟发骑兵追之。"

⑪ 已陈刍狗:古代祭祀以草扎为狗,毕事则弃而践之。《庄子·天运》:"夫刍狗之未陈也,盛以箧衍,巾以文绣,尸祝齐戒以将之。及其已陈也,行者践其首脊,苏者取而爨之而已。"

⑫ 大噱(xué):大笑。

21. 冤　狱

锦衣带俸指挥周世臣者,故戚畹庆云侯(寿)之孙也①。居东城小巷中,丧其耦,与婢荷花同卧起,有奴王奎司启闭。岁隆庆六年九月十一日昏暮,世臣率荷花执燎扃户②,有数盗斧门入,世臣持仗战③,仆一人④,群盗合力攻之,败而见杀。荷花伏屏处私睨,不敢仰视。盗发箧得百五十金去,遗金少许,荷花携之以报王奎。时先帝梓宫就山陵⑤,内外戒严,指挥张国维奉兵部令司游徼⑥,而信地内盗戕国戚⑦,惧且受谴,驰往求盗不得,则至王奎室中,见荷花持金絮泣⑧。适邻居卢锦来索肉价,会逻卒至,避伏床下。国维曳出之,讯知屠儿,遂执为与荷花稔奸⑨,搆淫夫弑逆。卢锦不胜楚毒⑩,诬伏。又周之宗老,闻盗来视,亦谓实然。詈荷花曰⑪:"主何负汝而反,当斩万段。"国维喜,益信其真,诏下法司鞫,初称冤,且无验⑫,乃请移他曹再谳。时署刑部侍郎翁大立是其言⑬,第心恨大逆⑭,且先入语,遂欲速磔之,立唆他署郎吏成狱。郎力持不许,翁益怒,亟命上奏,得旨如拟。至万历四年,而王奎、卢锦、荷花俱伏法,人皆称快。乃群盗则观刑于市而窃笑之。群盗得志,弥横恣为椎埋⑮,鲜衣怒马⑯,以游侠见称。其魁名朱国臣者,初亦宰夫也,畜二瞽妓,教以弹词博金钱,夜则侍酒,国臣时时醉詈,且痛笞之。二妓不能堪,乃泄其杀周皇亲及他流劫事,闻兵部捕之,与其党刘汝成、刘五等七人俱收缚。都下皆痛荷花冤不已,语传内廷,会刑科亦追论其事,上恻然伤之,械国臣赴刑部,俱吐实,备列剭掠情状。乃知周世臣曾屡属目⑰,国臣疑其辨貌讨捕,决意杀之。而刘汝成戳其胁,刘五斫其胸。汝成又自列举事未几,生女胁下有大创,如世臣死时,故已知其为厉矣⑱。时去决冤狱时已二年,刑部尚书为严恭肃(清)⑲,虑初问诸臣当得罪,谋之首揆江陵公。江陵公云:"第以真情入告主上,不得有所饰,且首事者尤不可逭⑳。"盖谓张国维也。严如教上疏,上以所拟过轻,命再拟。乃谪三刑郎于外任;翁司寇已正位南枢㉑,遂夺官归;而张国维终于论戍。一时以为纵,或谓张弁有大力结强援,得丽轻典云㉒。(卷十八《刑部》)

【注释】

① 戚畹:犹"戚里"。帝王外戚居住地。借指外戚。　周寿:英宗妃、宪宗生母孝肃周太后之弟。封庆云侯。

② 执燎扃户:执火炬关闭窗户。

③ 仗:弓、矛、剑、戟等兵器的总称。

④ 仆(pū):使……仆倒;击倒。

⑤ 梓宫:专指帝、后之棺。隆庆六年(1572)五月二十六日(庚戌),穆宗崩于乾清宫,年三十六。七月初三日(丙戌)上尊谥,庙号穆宗。九月十九日(壬寅)葬昭陵。

⑥ 游徼(jiào):巡游。

⑦ 信地:军队驻扎和管辖的地方。

⑧ 絮泣:谓哭泣不停。

⑨ 稔奸:谓一向通奸。

⑩ 楚毒:酷刑。

⑪ 詈(lì):骂。

⑫ 无验:没有实证。

⑬ 翁大立:馀姚(今属浙江宁波市)人。嘉靖十七年(1538)进士,累官山东左布政使。三十八年,以右副都御史巡抚应天、苏州诸府,以捕盗不力被罢。隆庆二年(1568),命督河道。四年,以浚鸿沟引水功升工部右侍郎,旋改兵部。隆庆末,为刑部侍郎署部事,主荷花之狱。万历二年(1574),为南京刑部右侍郎,就改吏部,明年入为刑部右侍郎,再迁南京兵部尚书。六年,以荷花冤狱夺职归。

⑭ 大逆:古代称危害君父、宗庙、宫阙等犯上作乱之罪为"大逆",为"十恶"之一。参见第248页第9则注释⑪。

⑮ 弥横(hèng)恣为椎埋:意谓更加放肆地劫掠盗杀。横恣,专横放肆。椎埋,劫杀人而

⑯ 鲜衣怒马：美服壮马。谓服饰豪奢。

⑰ 属(zhǔ)目：注目；注视。

⑱ 厉：恶鬼。

⑲ 严清：字公直，云南后卫(今云南昆明市)人。嘉靖二十三年(1544)进士，除富顺知县。廉洁奉公，治声大起。入为工部主事、郎中，董作京师外城，修九陵。后历官保定知府、陕西参政、四川右布政使，并以清望著称。隆庆二年(1568)，以右佥都御史巡抚四川，川中僚吏惮其风采，相率厉其名行。万历二年(1574)，巡抚贵州，历两京大理卿，三迁刑部尚书。张居正当国，尚书不附丽者独清。居正殁后，擢吏部尚书，甫半岁得疾归。十五年起为兵部尚书，疾益甚不能赴。又三年卒。赠太子太保，谥恭肃。

⑳ 谖(huàn)：宽恕；免除。

㉑ 南枢：指南京兵部尚书。时翁大立以刑部右侍郎迁南京兵部尚书，故云"翁司寇已正位南枢"。

㉒ 丽：谓依法与事实施加刑罚。

22. 两 京 街 道

街道惟金陵最宽洁①。其最秽者无如汴梁②，雨后则中皆粪壤，泥溅腰腹；久晴则风起尘扬，觌面不识。若京师虽大不如南京，比之开封似稍胜之。但冬月冰凝，尚堪步屣③，甫至春深，晴暖埃浮，沟渠滓垢，不免挑浚④，然每年应故事而已。壬子之初夏⑤，有一工曹郎⑥，管街道厅⑦，毅然任其事，特疏请旨，既得之，大书圣谕，揭之牌上，导以前行，凡房舍稍侵街巷者，悉行拆毁，怨声满耳。有一给事马过，拆房者掷砖，误中其颅，不胜忿，遂相奏讦工部，上疏诟之，至云："公道世间惟瓦砾，黄门头上不曾饶⑧。"此给事故能作异同者⑨，遂有人赞叹工郎以为风力⑩。工郎益喜自奋，屡行建白，畅论时事，顿被正人之目矣。其时南中有一大老⑪，本金陵人，为南少宗伯⑫，久不北召，方引领大拜⑬，偶署工部⑭。值北有清街之举，慕艳其事，亦出榜清理街道。凡系开国以后兴造大小房屋，俱命撤之，即其密戚先达，毫不假借⑮。远近公私，骇怖失措。施行未竟，而以艰谢事矣⑯。街道一役，本两公职掌，一以无心举事，横博时誉⑰，遂弄假成真；一以有意取名，为识者所窥，不免举故事失之。时局移人，即公务亦在楸枰中生活⑱。（卷十九《工部》）

【注释】

① 金陵:明南京应天府(今江苏南京市)旧称。
② 汴梁:明开封府(今河南开封市)旧称。
③ 步屧(xiè):行走;漫步。屧,同"屟"。本指鞋垫,后以指木屐。
④ 挑浚:谓清淤开塞。
⑤ 壬子:指万历四十年(1612)。
⑥ 曹郎:六部部属各司官吏。如郎中、员外郎等。明工部设司务厅、营缮司、虞衡司、都水司、屯田司等。
⑦ 街道厅:《明史·职官志》中未见。或为工部临时所设机构。
⑧ 公道两句:本唐杜牧《送隐者》诗:"无媒径路草萧萧,自古云林远市朝。公道世间唯白发,贵人头上不曾饶。"此改后二句。
⑨ 故能作异同:谓时常发表异议。异同,反对意见,异议。
⑩ 风力:气概与魄力。
⑪ 大老:称资深大官。
⑫ 南少宗伯:南京礼部侍郎。古代礼官长为大宗伯,次为少宗伯。参见第349页第8则注释⑨。
⑬ 引领大拜:期望高升。引领,伸颈远望。形容殷切期望。大拜,谓拜相。此指高官。
⑭ 署:兼摄;代理。
⑮ 假借:宽假;宽容。
⑯ 以艰谢事:因亲丧而辞职。
⑰ 横(hèng)博时誉:意外博得时人的称誉。
⑱ 楸枰:棋盘。古时棋盘多用楸木制作,故名。此句意谓虽为公务,然亦如棋局而胜负难料。

23. 禁嫖赌饮酒

京师五方所聚,群饮及博徒浪子,理亦宜禁。但有可笑事,如正统间,顺天大兴知县马通所建白者①,真令人绝倒。谓京城有号风流汉子者,专以嫖赌致钱,充花酒费②,宜令娼妓家,不得有双陆、骨牌、纸牌、骰子③;道上有醉卧者,令火夫举置铺内,俟其醒而枷之。章下法司议,赌博者运粮口外,但枷示醉人非旧典,不可行。上允之。夫醉人囊三木固为非法④,若挟邪之博具⑤,决不能禁,亦不必禁。赤县神君所见乃尔⑥,欲其肃清辇毂,不亦难乎?近年丙戌丁亥间⑦,巡城御史杨四知者⑧,出榜禁杀牛,引太祖所定充军律,悬赏购人告发。时九门回回人号满刺者⑨,专以杀

牛为业,皆束手无生计。遂群聚四知之门,俟其出,刲刃焉⑩。四知惴甚,命收其榜,逾月始敢视事。(卷二十《言事》)

【注释】

① 顺天大兴:明顺天府大兴县(今北京市大兴区),为倚郭京县。

② 花酒:在妓院中狎妓宴饮。

③ 双陆:亦称"双鹿""握槊"。古代一种博戏。双方于特制盘上各用十六枚(或十五枚)棒槌形的"马"立于自己一方,掷骰子的点数各占步数,先走到对方者为胜。此博戏从天竺传入,盛于南北朝、隋、唐。 骨牌:亦称"牙牌"。博戏用具。每副三十二张,用兽骨、象牙及竹木制成,上刻以不同方式排列的二至十二点子。俗传始于宋代。 纸牌:用硬纸制成的博戏用具。印有各种点子、图案或文字,形式多样,玩法各异。谢肇淛《五杂俎·人部二》:"有纸牌,其部有四:曰钱,曰贯,曰十,曰万。而立都部管以统之,大可以捉小,而总管则无不捉也。"传唐已有之。 骰(tóu)子:亦称"投子""色子"。赌具。亦用以占卜、行酒令。多以兽骨制成,为小正方块,六面分刻一至六点,一、四涂为红色,馀涂黑色。掷之视所见点数或颜色为胜负。相传为三国魏曹植所创。

④ 橐三木:此指戴枷。三木,桎、梏、械。参见第443页第19则注释①。

⑤ 挟邪:又作"狭邪"。小街曲巷。借指妓院。

⑥ 赤县神君:指京都所治县的知县。神君,对贤明官吏的敬称。此句意谓京县官亦如此见识。

⑦ 丙戌丁亥间:指万历十四、十五年间(1586—1587)。

⑧ 杨四知:字元述,祥符(今河南开封市)人。万历二年(1574)进士,除行人。擢监察御史,巡按陕西、福建、直隶等,官至大理寺少卿。

⑨ 九门:指明北京京城(内城)九座城门。东曰东直门、朝阳门,南曰崇文门、正阳门、宣武门,西曰西直门、阜成门,北曰德胜门、安定门。明清时期,回族人主要聚居在朝阳、宣武、阜成、德胜、东直诸门内外。

⑩ 刲(zì)刃:用刀剑刺入。

24. 杨学录孝行

湖广永州府岁贡生杨成章者①,父泰,任浙江海宁县长亭巡检②,买妾钱塘丁氏,生成章。四岁,泰死,其妻何氏携成章以丧归,丁氏还母家,临诀,剖银钱各半为识。成章稍长,何病且死,出所藏半钱示之,且告之故。成章拜受且泣。既娶,乃行,求母钱塘。而丁前既嫁为东阳人郭氏妻③,生子珉,亦时时念成章。乃令珉持银钱往永州求成章,道出江西,成章亦至,两人会于逆旅,语次参问,合所剖银钱相持泣。成章随珉见母于东阳,欲迎还不得,因留养。数岁,母死,哀毁庐墓④,以孝闻。及是,成章应贡至京师,以老,例不得授官,止给冠带。吏部官以成章与珉孝弟至行,皆可嘉尚,请量授成章一官⑤,给赏珉以励风俗,乃授成章国子监学录⑥,檄有司赏珉,事在嘉靖十年。余谓成章孝固可纪,而何氏之抚庶子,且教以寻所生之母,与郭珉之奉母命而远觅异父之兄,皆当于古人中求之。(卷二十《京职》)

【注释】

① 永州府:明湖广永州府(治今湖南永州市零陵区)。　岁贡生:贡入国子监的生员。明每年或两三年从府、州、县学中选送廪膳生员升入国子监肄业,故称。　杨成章:道州(今湖南永州市道县)人。《明史·孝义传》载其事,与此则所述大略一致。

② 海宁县:明杭州府海宁县(治今浙江嘉兴市海宁市盐官镇南)。此处或误。长亭巡检司在宁海县东(今浙江宁波市宁海县长街镇)。　巡检:巡检司长官。明在各府、州、县关津要害处俱置巡检司,设巡检、副巡检,俱从九品,掌缉捕盗贼,盘诘奸伪,俾率徭役弓兵警备不虞。

③ 东阳:明金华府东阳县(今浙江金华市东阳市)。

④ 哀毁庐墓:服丧守墓。哀毁,居亲丧悲伤异常而毁损其身。庐墓,服丧期间在墓旁盖庐守护。

⑤ 量授:衡量才能,授予相应官职。

⑥ 学录:明国子监博士厅属官,从九品。参见第168页第5则注释③。

25. 佞人涕泣

士人无耻莫甚于成正间①,至弘治而诣风稍衰,惟嘉靖以来又见之。当张永嘉之执政也②,正人弃绝之,目为异类,固为不情,其始终附丽之者,则惟汪铉一人③。汪先任广东最久,因得交议礼方、霍二大臣④,引进永嘉之门,更成刎颈。其长西台位统均⑤,又以吏书兼兵书,皆永嘉力也。其后偶以小故失欢,命阍者拒却不许见,汪无计,乃赁其邻空室,穴以入其庭,伺其将出,扶服叩首泣于阶下,永嘉骇笑,虽待遇如初,而心薄之,寻亦见逐矣。又二十年而严分宜柄政,有赵文华者⑥,先为监生,值分宜为祭酒,赏其文,成相知。后赵为刑部主事被察谪外,分宜疏留之,升京堂⑦,以至大用,遂拜分宜为义父,爱逾所生,乃子世蕃时时姗侮之⑧。又自以私进百花仙酒于上,为分宜所责詈,绝其温清⑨,乃潜求救于欧阳夫人。一日家宴甚乐,夫人举觞曰:"今合家欢聚,奈少文华耳。"严述其负心状,夫人解之曰:"儿曹小忤,何忍遽弃之?"赵先伏隐处,出而百拜泣请,始得侍觞席末。因滥三孤⑩,而世蕃终厌之。旋以触上怒,分宜不为救,斥为民,旋死。又二十年而张江陵柄政,给事陈三谟者⑪,本高新郑入室弟子,以郎署改至吏科都。比丁艰归,出补则高已败,又为张所爱,复补吏垣⑫。而夺情事起,群议保留,十三道已有公疏矣。惟吏垣当为首,而同寅有谓不可者⑬,迟一二日未上。江陵召去,跪而詈之,陈亦絮泣,谓非出己意,退而奋笔为首上之,次年推太常寺卿。至辛巳大计⑭,亦以论列调南,则张犹以前疏之迟,授指劾之也。至江陵败而陈亦斥矣。是三人者,濡足权门不足责,既而蒙谴,智者必远引,自庆脱网矣。乃以数行清泪,再荷收录,终以爱弛,不免先冰山而泮⑮,何其愚也。古人云:"妇人以泣市爱,小人以泣售奸。"诚然哉。(卷二十一《佞幸》)

【注释】

① 成正间:指正统(1436—1449)、成化(1465—1487)年间。本卷《士人无赖》曰:"国朝士风之敝,浸淫于正统,而糜溃于成化。"

② 张永嘉之执政:嘉靖九年(1530),张璁始为内阁首辅,旋改名孚敬,至十四年致仕,执政五年。

③ 汪鋐:婺源(今属江西上饶市)人。弘治十五年(1502)进士。正德六年(1511),历广东提刑按察司佥事,进按察副使。十六年,佛郎机(今葡萄牙国)入侵东南沿海,鋐率军战于屯门,逐之。明年,又战于新会西草湾,指挥柯荣等生擒头目别都卢,缴获其大炮,由鋐进之朝,以功迁右布政使,寻改浙江。嘉靖八年(1529),疏请使用佛郎机铳及蜈蚣船,纳之。九年,召为右都御史,寻加兵部尚书掌院事。十三年,进吏部尚书兼兵部。以附张璁,屡为言官所劾,逾年罢归,卒。

④ 方、霍:指方献夫、霍韬。方献夫,字叔贤,南海(今广东广州市)人。生而孤,弱冠举弘治十八年(1505)进士,改庶吉士,乞归养母。正德中授礼部主事,进吏部员外郎,与主事王守仁论学,师事之。寻谢病归,读书西樵山中十年。嘉靖元年(1522)还朝,大礼议起,上疏迎合圣意,廷臣遥目之以奸邪。四年,进少詹事。六年,召修《明伦大典》,命署大理寺事,与璁、萼覆谳李福达狱,力争减其死。拜礼部右侍郎兼学士直经筵日讲,代为礼部尚书。十一年,璁、萼罢政,代为吏部尚书兼武英殿大学士入阁。明年为首辅,璁复入,献夫以少保致仕,家居十年卒。赠太保,谥文襄。霍韬,字渭先,亦南海人。正德九年(1514)会试第一,谒归成婚,读书西樵山。世宗即位,除职方主事。大礼议中,三上书驳礼部尚书毛澄,帝喜甚,然迫于群议不遽行,而朝士咸指目韬为邪说。韬不自得,谢病归。嘉靖三年(1524),议大礼益急,两诏召韬,不赴。六年还朝,命直经筵日

讲,韬以南音力辞,迁詹事兼翰林学士,复固辞。大礼成,超拜礼部尚书掌詹事府事,韬因固辞不拜,先后荐王守仁、王琼诸人,皆纳用。璁、萼罢政,韬以为言官受杨一清指使,力攻一清,夺其职,璁、萼得召还。后疏谏建二郊事,触帝怒,下都察院狱,逾月乃释,寻以母丧归。十二年,起历吏部左右侍郎,屡与尚书汪铉争,铉罢,以韬掌部事。久之,出为南京礼部尚书。十九年卒于官,年五十四。赠太子太保,谥文敏。

⑤ 西台:此指都察院。唐称御史台为西台,明不设御史台,以都察院代之。　统均:统理协调。即主掌。嘉靖九年(1530),汪铉迁右都御史,明年加兵部尚书仍掌院事。

⑥ 赵文华:慈溪(今浙江宁波市江北区慈城镇)人。嘉靖八年(1529)进士,授刑部主事,以考察谪东平州同知。久之,累官至通政使。性狡诈,未第时在国学,即附于祭酒严嵩;后仕于朝,嵩日贵幸,遂相与结为父子。以建议筑京师外城,加工部右侍郎。倭患起,奉命督察东南军务关防,攘功委责,诬陷良将。进工部尚书,加太子太保,寻命兼右副都御史,总督江南、浙江军务。文华既宠贵,志日骄,事中贵及世蕃渐不如初。后以造新宅而挪用工部大木,承办正阳门楼不力等,帝积怒逐之,卧身中暴毙。

⑦ 京堂:明代对某些中央机构高官的称呼。如都察院、通政使司、詹事府、国子监及大理、太常、太仆、光禄、鸿胪诸寺长官,概称京堂。

⑧ 姗侮:讪笑侮辱;讥笑轻慢。

⑨ 温凊(qìng):冬暖夏凉的省称。常用来指侍奉父母之礼,冬天温被使暖,夏天扇席使凉。

⑩ 滥:贪羡;觊觎。　三孤:指少师、少傅、少保。《明史·职官志一》:"太师、太傅、太保为三公,正一品;少师、少傅、少保为三孤,从一品。掌佐天子理阴阳,经邦弘化,其职至重。"

⑪ 陈三谟:仁和(今浙江杭州市)人。嘉靖四十四年(1565)进士,授永新知县。历官吏科都给事中。万历五年(1577),张居正父丧,与御史曾士楚倡奏疏留,举朝和之。八年,累官至太常少卿,寻调南京。

⑫ 吏垣:吏科。垣,官署代称。陈三谟以张居正荐为吏科都给事中。

⑬ 同寅:同僚。

⑭ 辛巳大计:指万历九年(1581)考绩。明每三年一次考核外官,称大计。

⑮ 冰山而泮:冰山融解。比喻不可长久依赖的靠山。泮,融解。

26. 海忠介抚江南

忠介在江南①,一意澄清,而不识时务,好为不近人情之事。如缙绅之升补及奉差者,藩臬之入贺万寿者,俱赍有勘合②,而鼓吹旌旗八人者改为一人,舆夫扛夫二十四名改为四人,人不能堪,或雇倩③,或迂道他去。又令郡邑庭参不得俯首,然属吏畏威,莫敢仰视。吾乡一郁姓者,以乙科为其属绩溪令④,高年皤腹⑤,俯仰艰楚,入谒时独起止迂缓,腰领屹然。海大喜,以为此第一强项吏也⑥,立疏特荐,新郑即召入为比部郎⑦,其治状与资薄不问也。盖矫枉过正,亦贤者之一蔽云。海开府吴中,人人以告讦为事,书生之无赖者,惰农之辨黠者,皆弃经籍、释末耜,从事刀笔间。后王弇州为华亭画计,草匿名词状,称柳跖告讦夷齐二人⑧,占夺首阳薇田⑨。海悟,为之稍止,寻亦以言去位。而此风既炽,习为故常,至今三吴小民,刁顽甲于海内,则庚午、辛未间启之也⑩。又如吴中士习最醇,间有挟娼女出游者,必托名齐民⑪,匿舟中不敢出。自丁亥有凌司马洋山(云翼)殴诸生一事⑫,大拂物情,吴士伏阙诉冤,严旨系治,凌削官衔,任子遣戍,人心甚快。然此后青衿日恣⑬,动以秦坑胁上官⑭,至乡绅则畏之如伥子⑮。间有豪民拥姝丽游宴,必邀一二庠士置上座以防意外。至民间兴讼,各倩所知儒生,直之公庭,于是吴中相侮,遂有"雇秀才打汝"之语。盖民风士习,惟上所导,所从来久矣。海下狱时,世宗震怒,举朝亦谓必无生理,惟司务何以尚救之⑯,亦下诏狱几死。及隆庆复用,海抗疏论高新郑,盖为徐华亭地,何亦请上方剑诛拱以助海,盖两人始终同志如此。至万历丙戌⑰,海再出为南少宰⑱,何以部郎谒海,而置其榻于坐隅。何毅然曰:"若较名位固宜尔,但当年颇忝气谊,不能以客礼见处乎?"海执不可,何奋衣竟出曰:"不及黄泉,无相见也。"语浸闻于时。何得转为光禄寺丞,历升南鸿胪卿,以老自免,诏加太仆卿致仕。海寻晋南总宪⑲,卒于位。海以乙科为教官聘典试⑳,欲与衡文事㉑,时直指为政㉒,不之许,怒欲出闱,乃许其出一题而止。迁淳安知县,再转嘉兴通判,始入为户部郎,直谏论绞㉓。吾郡志《名宦》,失载海名。(卷二十二《督抚》)

【注释】

① 忠介:海瑞,谥忠介。参见第352页第11则注释①。隆庆三年(1569),海瑞以右佥都御史巡抚应天等十府。

② 勘合:验对符契。古时符契文书,上盖印信,分为两半,当事双方各执一半。用时将二符契相并,验对骑缝印信,作为凭证。凡调遣军队、车驾出入皇城、官吏驰驿等,均须勘合。

③ 雇倩(qìng):付酬请人用车船等为自己服务。

④ 绩溪:明南直隶徽州府绩溪县(今属安徽宣城市)。

⑤ 皤(pó)腹:大腹。

⑥ 强项:谓刚正不为威武所屈。东汉有"强项令"董宣。《后汉书·酷吏传》:"(董宣)后特征为洛阳令。时湖阳公主苍头白日杀人,因匿主家,吏不能得。及主出行,而以奴骖乘,宣于夏门

亭候之,乃驻车叩马,以刀画地,大言数主之失,叱奴下车,因格杀之。主即还宫诉帝,帝大怒,召宣,欲箠杀之。宣叩头曰:'愿乞一言而死。'帝曰:'欲何言?'宣曰:'陛下圣德中兴,而从奴杀良人,将何以理天下乎?臣不须箠,请得自杀。'即以头击楹,流血被面。帝令小黄门持之,使宣叩头谢主,宣不从,强使顿之,宣两手据地,终不肯俯。主曰:'文叔为白衣时,藏亡匿死,吏不敢至门。今为天子,威不能行一令乎?'帝笑曰:'天子不与白衣同。'因敕强项令出。"

⑦ 比部郎:刑部郎中或员外郎。比部,隋唐及宋属刑部,元以后废。明习以称刑部属官。

⑧ 柳跖:又称"盗跖"。春秋战国之际人。相传率从卒九千人,横行天下,侵暴诸侯。 夷齐:伯夷、叔齐。参见第66页第6则注释⑩。

⑨ 首阳薇田:伯夷、叔齐不食周粟,隐于首阳山,采薇而食。

⑩ 庚午、辛未间:指隆庆四年至五年(1570—1571)。时海瑞巡抚江南。

⑪ 齐民:犹"平民"。

⑫ 丁亥:指万历十五年(1587)。 凌云翼:字洋山,太仓(今属江苏苏州市)人。嘉靖二十六年(1547)进士,授南京工部主事。隆庆中,累官右佥都御史。万历元年(1573),进右副都御史巡抚江西,三迁兵部左侍郎兼右佥都御史,提督两广军务,以讨贼功加右都御史兼兵部侍郎。六年,以兵部尚书兼右副都御史总督漕运,巡抚淮扬。后加太子少保、兵部尚书,以病归。家居骄纵,殴打诸生,为言官交章劾之,诏夺官后卒。

⑬ 青衿:青色交领长衫。古代学子和明代秀才常服。借指学子或秀才。

⑭ 秦坑:指秦始皇焚书坑儒事。

⑮ 伥子:旧指为盗贼察情探路的人。亦指助纣为虐的恶人。

⑯ 何以尚:字仁甫,兴业(今属广西玉林市)人。嘉靖末,以举人官户部司务。会主事海瑞以直谏下狱,抗疏论救,予杖夺职。隆庆初(1567),起为光禄寺丞。又以劾高拱坐谪。拱罢,起雷州推官。终南京鸿胪卿。

⑰ 万历丙戌:万历十四年(1586)。

⑱ 南少宰:南京吏部侍郎。万历十三年,召海瑞为南京右佥都御史,道改南京吏部右侍郎。

⑲ 南总宪:南京都察院都御史。

⑳ 典试:主持考试之事。

㉑ 衡文:品评文章。特指科举考试中评选试卷。

㉒ 直指:汉武帝时朝廷设置的专管巡视、处理各地政事的官员。亦称"直指使者"。因出行时身穿绣衣,故又称"绣衣直指"或"直指绣衣使者"。此指朝廷特派巡考官。

㉓ 论绞:谓论劾急切。

27. 徐 文 长

徐文长(渭)暮年游京师①,余尚孩幼,犹略记其貌,长躯晳面,目如曙星,性跅弛不受羁馽②，馆于同邑张阳和太史（元汴）家③，一语稍不合，即大诟詈策骑归。后张殁，徐已癃老④，犹扶服哭奠⑤，哀感路人。盖生平知己，毫不以亲疏分厚薄也。徐初以草《白鹿表》⑥，受知于胡襄懋梅林（宗宪）⑦。戊午浙闱⑧，胡嘱按君急收之⑨，徐故高才，即上第亦其分内，按君搜得之，大喜，以授其所善邑令，令丹铅之⑩。令故为徐所轻，衔之方入骨，按君暂起，辄泚笔涂抹之⑪，比取视则鸿乩满纸⑫，几不可辨矣。徐此后遂患狂易，疑其继室有外遇，无故杀之，论死，系狱者数年，亦赖张阳和及诸卿衮力得出⑬。既郁郁不得志，益病患自戕，时以竹钉贯耳窍，则左进右出，恬不知痛；或持铁锥自锥其阴，则睾丸破碎，终亦无恙。说者疑为祟所凭，或疑冤死之妻，附着以苦之，俱不可知。而其人高伉狷洁，于人无所俯仰，诗文久为袁中郎所推戴⑭，谓出弇州上，此自有定论。其所作画，尤脱畦径⑮，题署则托名"田水月"等号是也，今已有人购之。文长自负高一世，少所许可，独注意汤义仍⑯，寄诗与订交，推重甚至。汤时犹在公车也⑰。余后遇汤，问文长文价何似，汤亦称赏，而口多微辞。盖义仍方欲扫空王李⑱，又何有于文长。（卷二十三《士人》）

【注释】

① 徐渭：字文长，山阴（今浙江绍兴市）人。师同里季本为诸生，有盛名。总督胡宗宪招致幕府为书记，抗倭事多所谋划。宗宪下狱，渭惧祸遂发狂，引巨锥刺耳，又以椎碎肾囊，皆不死。又击杀继妻，论死系狱七年，为张元汴力救得免。渭天才超轶，诗文书画皆绝出伦辈。自称书第一，诗次之，文再次之，画又次之。嘉靖时，王世贞、李攀龙倡"（后）七子社"，因排斥布衣谢榛，渭愤然不入二人党。后二十年，公安袁宏道游越中，得渭残帙，激赏之，刻其集行于世。有《徐文长三集》《徐文长逸稿》等，另有戏曲专著《南词叙录》、杂剧《四声猿》。

② 跅弛（tuò chí）：放荡。　羁馽（zhí）：指马笼头和绊索。喻牵制束缚。馽，缚马足绳索。

③ 张元汴：字子荩，号阳和，山阴人。总角时，闻杨继盛以谏死，遥为诔辞，慷慨泣下。其父太仆寺卿张天复，为云南按察副使，兵败下狱，元汴驰京白状辨冤，往返年余，天复乃得削籍归。后从阳明弟子王畿游，承其"良知之说"，潜心理学。隆庆五年（1571），举进士第一，授翰林修撰。任官公直敢言。万历十五年（1587），进左春坊左谕德兼翰林侍读充日讲官。后请复其父官职，不报，竟以此郁郁致疾，卒。天启初（1621），追谥文恭。

④ 癃老：衰弱老病。

⑤ 扶（pú）服：同"匍匐"。趴伏于地。据《明史·文苑传·徐渭》："（徐渭）又击杀继妻，论死系狱，里人张元汴力救得免。乃游金陵，抵宣、辽，纵观诸边阨塞。善李成梁诸子，入京师，主元汴。元汴导以礼法，渭不能从，久之，怒而去。后元汴卒，白衣往吊，抚棺恸哭，不告姓名去。"

⑥白鹿表:指胡宗宪总督浙江军务时,得白鹿于舟山,思媚上而欲献之,令徐渭并他客草表寄所善学士,学士择以渭表进,世宗大悦,益宠宗宪,而宗宪则以是益重渭。

⑦胡宗宪:字汝贞,号梅林,绩溪(今属安徽宣城市)人。嘉靖十七年(1538)进士。历知益都、馀姚二县,擢御史巡按宣府、大同。三十三年,出按浙江。时歙人汪直据五岛,煽动诸倭入寇,帝命张经为总督、李天宠抚浙江、赵文华督察军务。文华恃严嵩内援,恣甚,经、天宠不附,独宗宪附之。文华大悦,力排二人,有战功则尽归宗宪,宗宪乃超擢为右金都御史、兵部右侍郎及右都御史,总督东南军务。宗宪举戚继光、俞大猷为将,屡败倭寇,擒汪直,杀海盗徐海、陈东,两浙倭渐平。宗宪多权术,喜功名,因文华结严嵩父子,文华死,结嵩益厚,晋兵部尚书。四十一年,嵩罢,宗宪以嵩党为首辅徐阶、南京给事中陆凤仪所劾,罢职闲住。四十四年,因贿求严世蕃而自拟圣旨事发下狱,竟瘐死。万历初(1573)复官,谥襄懋。此则以谥作"襄愍",与史未合。

⑧戊午浙闱:指嘉靖三十七年(1558)浙江乡试。

⑨按君:此指考试巡按官。

⑩丹铅:指点勘书籍用的朱砂和铅粉。此借指校订。

⑪泚(cǐ)笔:用笔蘸墨。

⑫鸿爪满纸:鸿爪燕迹。形容书写潦草,随意涂抹。

⑬衮力:大力。

⑭袁中郎:袁宏道,字中郎,公安(今湖北荆州市公安县西北)人。与兄宗道、弟中道并有才名,时称"公安三袁"。年十六为诸生,结社城南,为之首,诗文有声。万历二十年(1592)进士,选吴县知县。与士大夫谈说诗文,以风雅自命,已而解官去。起授顺天教授,历国子助教、礼部主事,谢病归。久之,以清望擢吏部验封司主事,改文选司。寻移考功员外郎,迁稽勋司郎中。后谢病归,数月卒。

⑮畦径:田间小路。比喻常规。

⑯汤义仍:汤显祖,字义仍,号海若、若士、清远道人,临川(今江西抚州市)人。少有文名,尝拒张居正延揽。万历十一年(1583)始成进士,授南京太常博士,就迁礼部主事。十九年,弹劾大学士申时行,降广东徐闻典史,改知浙江遂昌。二十七年,不附权贵被议罢官,家居二十年卒。作有传奇《紫箫记》《紫钗记》《还魂记》(即《牡丹亭》)《南柯记》《邯郸记》五种,后四种合称《玉茗堂四梦》(或《临川四梦》);诗文有《玉茗堂集》等。

⑰公车:汉以公家车马递送应征者,后因以"公车"为举人应试的代称。

⑱王李:明后七子王世贞、李攀龙的合称。嘉靖、隆庆间,文坛以王世贞、李攀龙为首,与谢榛、宗臣、梁有誉、徐中行、吴国伦等,持复古之论,尊崇前七子李梦阳"文必秦汉,诗必盛唐"之说。

28. 山人愚妄

近来山人遍天下①,其寒乞者无论②,稍知名者如余所识陆伯生名应阳③,云间斥生也④，不礼于其乡，少时受知于申文定相公⑤，申当国时，借其势攫金不少。吾乡则黄葵阳学士⑥，及其长公中丞称莫逆⑦，代笔札，然其才庸腐，无一致语⑧。时同里陈眉公方以盛名倾东南，陆羡且妒之，詈为咿哑小儿，闻者无不匿笑，乃高自矜重。一日忽写所作诗一卷饷余，且曰："公其珍之，持出门即有徽人手十金购去矣。"余曰："诚然。但我获金无用。"顾旁立一童曰："汝衣敝，可挈往市中博金制新袍⑨，便可拜谢陆先生。"语未毕，大怒而去。又一闽人黄白仲名之璧⑩，惯游秣陵⑪，以诗自负，僦大第以居，好衣盛服，蹑华靴，乘大轿，往来显者之门。一日拜客归，橐中窘甚，舆者索雇钱，则曰："汝日掆黄先生⑫，其肩背且千古矣，尚敢索钱耶？"舆夫曰："公贵人也，无论舁五体以出，即空舁此两靴，亦宜酬我值。"彼此争言不已，观者群聚。有友过其门，闻而解之曰："一荣其肩，一尊其足，两说皆有理，各不受赏可也。"舆夫掩口而去。此钟伯敬客白下亲见者⑬，此辈之愚妄，大抵如此。先达如李本宁、冯开之两先生⑭，俱喜舆山人交，其仕之屡踬⑮，颇亦由此。余尝私问两公曰："先生之才高出此曹万万倍，何赖于彼而惑昵之⑯？"则曰："此辈以文墨糊口四方，非奖借游扬⑰，则立槁死矣。稍与周旋，俾得自振，亦菩萨普度法也。"两公语大都皆如此，余心知其非诚言，然不敢深诘。近日与马仲良交最狎⑱，其座中山人每盈席，余始细叩之，且述李、冯二公语果确否，仲良曰："亦有之。但其爱怜亦有因，此辈率多儇巧⑲，善迎意旨，其曲体善承，有倚门断袖所不逮者⑳，宜仕绅溺之不悔也。"然则弇州讥其骂坐㉑，反为所欺矣。弇州先生与王文肃书有云㉒："近日风俗愈浇㉓，健儿之能哗伍者㉔，青衿之能卷堂者㉕，山人之能骂坐者，则上官即畏而奉之如骄子矣。"（卷二十三《山人》）

【注释】

① 山人：此指隐士。

② 寒乞者：穷酸、小气者。

③ 陆应阳：字伯生，华亭（今上海市松江区）人。著有《广舆记》二十四卷。

④ 云间：华亭古称。　斥生：被府、州、县学革退的生员。

⑤ 申文定相公：申时行，谥文定。万历十二至十九年（1584—1591）为内阁首辅。参见第436页第14则注释⑧。

⑥ 黄葵阳：黄洪宪，字懋忠，号葵阳，秀水（今浙江嘉兴市）人。隆庆元年（1567）乡试第一，五年成进士，授庶吉士，进翰林院编修。预修《大明会典》，书成，迁右庶子兼侍读学士日讲官，官至少詹事。万历五年（1577）分校礼闱，张居正欲属其子，洪宪以为不可，居正怒而廷责之。后忌者

以试事中之,遂乞归。洪宪端谨淳厚,取予尤严一介。初为编修时,尝使朝鲜归,止携图书数卷,馈礼皆谢却之,朝鲜人为立却金亭。

⑦ 长公中丞:或指沈思孝。思孝曾官右佥都御史、右都御史,故称中丞。参见第439页第16则注释⑬。此两句意谓陆应阳自称与嘉兴黄洪宪、沈思孝为莫逆之交。

⑧ 致语:此指高明精妙的言语。致,通"至"。

⑨ 博金:指换取金钱。博,获取、得到。

⑩ 黄之璧:字白仲,上虞(今浙江绍兴市上虞市丰惠镇)人,此则作"闽人"。少习举子业,自负过人,试辄不遂。后攻辞章书画。北游京师,与四明屠隆相友善,因往来公卿间,名重一时。

⑪ 秣陵:南京古称。秦置秣陵县(治今江苏南京市南),隶鄣郡(治今浙江湖州市安吉县北)。

⑫ 掆(gāng):扛;抬。

⑬ 锺伯敬:锺惺,字伯敬,竟陵(今湖北天门市)人。万历三十八年(1610)进士,授行人。稍迁工部主事、南京礼部郎中,官至福建提学佥事。以父忧归,天启四年(1624)卒于家。官南京时,僦"秦淮水阁",读书有所得即笔之。于诗文主张"性灵说",反对拟古,但取径与公安派有异。又与同里谭元春合编《古诗归》《唐诗归》,标举幽深孤峭,开创"竟陵派",所作称"锺谭体"。 白下:南京古称。南京北郊有白石山,盛产石灰石与白云石,山之阳称白下陂。

⑭ 李本宁:李维桢,字本宁,京山(今属湖北荆门市)人。隆庆二年(1568)进士,由庶吉士授编修。万历时,预修《穆宗实录》成,进修撰,出为陕西右参议,迁提学副使,进浙江按察使,浮湛外僚几三十年。天启初(1621),以布政使家居。四年,太常卿董其昌荐为南京礼部右侍郎,进尚书。明年,以老病乞骸骨。又明年卒于家,年八十。维桢弱冠登朝,博闻强记,文章弘肆有才气。宾客杂进,请求者无虚日,多能屈曲以副其所望。然文多率意应酬,品格不高。 冯开之:冯梦祯,字开之,秀水(今浙江嘉兴市)人。万历五年(1577)会试第一,选庶吉士,授编修。张居正夺情,梦祯过其子力言不可,忤居正而病免。后复官,累官南京国子监祭酒。寻为南曹郎劾免归,筑室孤山之麓,以诗文书画自娱,江浙名士皆往依之。梦祯在翰林,博雅好古,与沈懋学、屠隆等文章气节相豪,故为人所忌,仕途多艰。

⑮ 踬:绊倒。喻事情不顺利。

⑯ 惑昵:迷惑沉溺。

⑰ 奖借游扬:勉励推许、宣播传扬。

⑱ 马仲良:马之骏,字仲良,新野(今属河南南阳市)人。万历三十八年(1610)进士。官户部主事,进员外郎、郎中。工于诗。与锺惺同年,诗风亦近之。

⑲ 儇(xuān)巧:慧黠刁巧。

⑳ 倚门断袖:指妓女、男同性恋者。

㉑ 骂坐:亦作"骂座"。漫骂同座的人。

㉒ 王文肃:王锡爵,字元驭,太仓(今属江苏苏州市)人。嘉靖四十一年(1562)举会试第一、

廷试第二,授编修,累迁至祭酒。万历五年(1577),以詹事掌翰林院,明年进礼部右侍郎。与张居正不协,乞省亲去。十二年,即家拜礼部尚书兼文渊阁大学士参机务。还朝,请禁诡谀、抑奔竞、戒虚浮、节侈靡、辟横议、简工作,帝咸褒纳。十九年,与同列争册立不得,乞归省。二十一年还朝,遂为首辅。明年,以少傅兼太子太保、吏部尚书、建极殿大学士致仕。三十八年卒于家,年七十七。赠太保,谥文肃。

㉓ 浇:浮薄;不厚。多指社会风气不好。

㉔ 哗伍:使军旅哗乱。

㉕ 卷堂:全堂散伙。指生员集体罢学或僧人集体离寺。

29. 侠 娼

壬子季夏①,余以应试在邸中,方逃暑习静,友人麻城邱长孺侵晨警门入②,邀至其寓。先有一客在,云是浙鄞范仲子③。各进糜蔬④,并马出城。余苦辞不获,问以何往,第曰:"第去,必有竟日欢。"从之出西郊十馀里,日已渐高。抵一第,门甚壮,入门一大厅事若勋戚家。坐少顷,有女鬟捧茶至,云:"姑少待,娘即梳裹矣。"余已讶之。旋招余辈入其卧室,虽敞而不华,所陈衣箧镜奁左右充满。待其妆毕,始肃客问起居⑤,邱、范皆其旧识,问余:"此即沈君否?"余曰:"是也。"因微笑不答。其貌不甚白皙,而双瞳特明秀⑥,鬓发如云⑦,体纤弱不胜衣,约年二十矣。因导余辈从西角门入,则又一径,乔木蔽日,假山亦已古色,又得堂庑加大,前俯一池,宽三数亩,荷已盛花,中有败舟二,因谓余曰:"此小舠久废⑧,目下将葺治,与兄采莲为江南之乐,兄许之否?"余不测所以,但唯唯谢。寻以饭进,少憩,即入内治庖。邱因谓余曰:"此人故狭邪⑨,不知所从来,此即其新买第宅,所蓄不赀,将择偶以托身,彼谋之我,我谓非兄不可。今日之设,意在定盟,余两人主议耳。"余疑骇不敢置对。既而酒肴毕陈,侍婢竞出,俱晓丝竹,亦粗能南北曲⑩,第未精耳。四人相对轰饮,日渐旰⑪,其人亦微哄相劝。余请别再三,邱、范曰:"吾辈当先归,明日携一樽,与汝二人称贺。"余变色不许,请以场后再续此游,各跨马辞去。其人泫然,若不胜情,终无他言。入城时,日在虞渊矣⑫。余即下第,不复共冶儿往还⑬。寻谋南归,往别邱,因叩以此妓近况。邱答语支吾,似已他有所主,不欲明言,余不复苦诘。又数年,邱从辽左从军归⑭,遇之邸舍,余偶再及往事,邱始叹息,愀然曰:"误此子性命者,君也。向年委诚于君,君坚不从,范仲子因以甘言朝夕诱之,遂订偕老。范故好蒱博⑮,又谋复故官,尽散其资装,以及田园之属几万金,往时会饮大第亦售三千金,尽为范所浪费,以致簪珥俱尽,姬侍亦散鬻,孑然一身,不给朝夕。范别昵一娼,弃之不顾,已投缳久矣⑯。其姓刘行二。"余至是始得其姓氏,为黯然不怡者数日。范名家子,曾登戊戌武进士⑰,官都阃⑱,中废,今亦已流落矣。刘氏侠而憨,初无远谋定见,为雄狐所蛊,竟至非命,真是可怜。而范负心至此,恐"薄幸"二字,不足以尽之。范字仲凝,近见士友,云其人惯诱娼女,作此等伎俩,非一度矣。(卷二十三《妓女》)

【注释】

① 壬子季夏:指万历四十年(1612)六月。季夏,夏季的最后一个月。
② 麻城:明湖广黄州府麻城县(今属湖北黄冈市)。 警门:敲门。警,通"惊"。
③ 浙鄞:明浙江宁波府鄞县(今浙江宁波市)。
④ 糜蔬:粥与菜。
⑤ 肃客问起居:迎进客人问安。肃,进。
⑥ 矑(lú):瞳人。
⑦ 鬒(zhěn)发:稠而黑的头发。
⑧ 小舠(dāo):小船。
⑨ 狭邪:妓院或妓女。
⑩ 南北曲:南曲、北曲的合称。南曲,宋元时南方戏曲、散曲所用各种曲调的统称。大多渊源于唐宋大曲、宋词和南方民间曲调。盛行于元明。用韵以江浙一带语音为准,有平上去入四声,明中叶以后也兼从《中原音韵》。音乐上用五声音级,声调柔缓婉转,主要以箫笛伴奏。宋元南戏和明清传奇都以南曲为主。北曲,金元时北方戏曲、散曲所用各种曲调的统称。大多渊源于唐宋大曲、宋词和北方民间曲调,并吸收了北方少数民族音乐。盛行于元代,用韵以《中原音韵》为准,无入声。音乐上用七声音阶,声调道劲朴实,以弦乐器伴奏,有"弦索调"之称。元杂剧都用北曲,明清传奇也采用部分北曲。
⑪ 旰(gàn):天色晚;晚上。
⑫ 虞渊:亦称"虞泉"。传说为日没之处。
⑬ 冶儿:此指妖冶妩媚的女人。
⑭ 辽左:辽东。明置辽东都司(治今辽宁辽阳市)。
⑮ 蒱(pú)博:樗蒱。古代一种博戏。后亦泛指赌博。
⑯ 投缳:自缢。
⑰ 戊戌武进士:指万历二十六年(1598)武科进士。明武举创制于成化十四年(1478),以太

监王直建言,仿文科例,设武科乡试、会试。弘治六年(1493),定武科六年一试,先策略,后弓马,策不中者不准试弓马。后又改为三年一试,不设殿试。考中者名目与文科同,但加"武"字以别之。

⑱ 都阃:统兵在外的将帅。

30. 金 瓶 梅

袁中郎《觞政》①,以《金瓶梅》配《水浒传》为外典②,予恨未得见。丙午遇中郎京邸③,问曾有全帙否?曰:"第睹数卷,甚奇快。今惟麻城刘涎白承禧家有全本④,盖从其妻家徐文贞录得者⑤。"又三年小修上公车⑥,已携有其书,因与借抄挈归。吴友冯犹龙见之惊喜⑦,怂恿书坊,以重价购刻。马仲良时榷吴关⑧,亦劝予应梓人之求⑨,可以疗饥。予曰:"此等书必遂有人板行⑩。但一刻则家传户到,坏人心术,他日阎罗究诘始祸,何辞置对?吾岂以刀锥博泥犁哉⑪!"仲良大以为然,遂固箧之⑫。未几时,而吴中悬之国门矣⑬。然原本实少五十三回至五十七回,遍觅不得。有陋儒补以入刻,无论肤浅鄙俚,时作吴语,即前后血脉亦绝不贯串,一见知其赝作矣。闻此为嘉靖间大名士手笔,指斥时事,如蔡京父子则指分宜⑭,林灵素则指陶仲文⑮,朱勔则指陆炳⑯,其他各有所属云。中郎又云:"尚有名《玉娇李》者⑰,亦出此名士手,与前书各设报应因果。武大后世化为淫夫⑱,上烝下报⑲;潘金莲亦作河间妇⑳,终以极刑;西门庆则一呆憨男子,坐视妻妾外遇,以见轮回不爽。"中郎亦耳剽㉑,未之见也。去年抵辇下,从邱工部六区(志充)得寓目焉㉒,仅首卷耳,而穢黩百端,背伦灭理,几不忍读。其帝则称完颜大定㉓,而贵溪、分宜相搆㉔,亦暗寓焉,至嘉靖辛丑庶常诸公㉕,则直书姓名,尤可骇怪。因弃置不复再展。然笔锋恣横酣畅,似尤胜《金瓶梅》。邱旋出守去,此书不知落何所。(卷二十五《词曲》)

【注释】

① 觞政:袁宏道撰。是书凡十六则,采古代典籍中简正之饮酒礼仪,附以新条,编为饮事守则。朱国祯《涌幢小品》曰:"袁中郎不善饮而好谈饮,著有《觞政》一篇。"

②《金瓶梅》:明一百回长篇小说《金瓶梅词话》的略称。万历刻本序谓"兰陵笑笑生作",其真实姓名不详。是书乃中国第一部以家庭生活为素材的人情小说。全书围绕西门庆及其家庭生活这一中心线索,展示其政治上的升迁史,经济上的发家史以及任性纵欲的情爱史,构成一幅丰富生动的城市生活风俗画。小说善于刻画人物,描摹人情世态颇为细致,表现了熟练的语言技

巧。然书中存在大量性描写，因而曾被目为"淫书"。　　外典：指与某种著作相关的另一种著作。《金瓶梅》是借《水浒传》中西门庆、潘金莲的故事敷演而成的，故称之为"外典"。

③ 丙午：万历三十四年（1606）。

④ 刘承禧：字延白，一字延伯，麻城（今属湖北黄冈市）人。出身官宦世家。万历八年（1580）举武科会试第一，官至锦衣卫指挥。娶嘉靖朝内阁首辅徐阶曾孙女为妻。十七年，坐父过罢职归。喜收藏，书画、杂剧、话本等无不搜求，文士多与之游。

⑤ 徐文贞：徐阶，谥文贞。参见第348页第8则注释②。

⑥ 小修：袁中道，字小修，公安（今湖北荆州市公安县西北）人。少即能文，与兄宗道、宏道并有才名，时称"公安三袁"。万历三十一年（1603）始举于乡，四十四年成进士，授徽州教授。历国子博士、南京礼部主事。天启四年（1624），进南京吏部郎中。两年后卒于官，年五十七。有《珂雪斋近集》《珂雪斋前集》《珂雪斋外集》等。　　上公车：指举人赴京会试。袁中道举乡试后，会试几经落第。此指中道赴万历三十八年（1610）庚戌科会试。

⑦ 冯犹龙：冯梦龙，字犹龙，又字子犹、耳犹，别号龙子犹，长洲（今江苏苏州市）人。少为诸生，晚年以贡生历官丹徒县训导。崇祯七年（1634），官至寿宁知县。政简刑清，倡导文学，致力于小说、戏曲、俗文学的整理与研究。编纂有小说"三言"（《喻世明言》《警世通言》《醒世恒言》），改编小说有《新平妖传》《新列国志》，戏曲有《墨憨斋定本传奇》，笔记小品有《智囊》《古今谈概》等。

⑧ 榷吴关：掌管吴中关税。

⑨ 梓人：古代专造乐器悬架、饮器、箭靶的木工。后泛指木工、建筑工匠等。此指印刷业刻版工匠。

⑩ 板行：雕板印刷发行。此句意谓这种书终会有人刻印发行。

⑪ 刀锥博泥犁：意谓博取微末小利而堕入地狱。刀锥，喻微末小利。泥犁，佛教中指地狱。

⑫ 固箧（qiè）：秘藏于小箱中。

⑬ 悬之国门：谓公开刊布。

⑭ 蔡京：宋徽宗朝宰相。参见第347页第7则注释②。此谓《金瓶梅》以蔡京父子暗指严嵩父子。

⑮ 林灵素：宋温州（今属浙江）人。少从浮屠学，苦其师笞骂，去，为道士。善妖幻术，往来于淮泗间。政和末（1117），徽宗迷信道术，召入宫，赐号通真达灵先生，为建玉清神霄宫于福宁殿东，又建上清宝箓宫于皇宫附近。宣和二年（1120），以忤太子，斥还故里，未几死。　　陶仲文：初名典真，黄冈（今属湖北）人。嘉靖中，由黄梅县吏为辽东库大使，秩满寓于京，以善符水荐入宫。世宗遭宫婢之变，移居西苑，日求长生不朝，君臣不相接，独仲文得时见。后加少师，兼少傅、少保，一人兼领三孤，终明世惟仲文而已。二十九年，累封恭诚伯。三十六年，以疾乞还山。又三年卒，年八十馀。特谥荣康惠肃。相传仲文以进"内宫子嗣延法"术，深得世宗宠用，立朝几二十

年而不废。

⑯ 朱勔：宋苏州（今属江苏）人。家本贱微，谄事蔡京、童贯，父子皆得官。时徽宗垂意花石，勔搜求奇石异卉以献。政和年间，主持苏州应奉局，搜罗花石，运往东京，号"花石纲"。此役连年不绝，百姓备遭涂炭，凡官吏居民旧有睚眦之怨者，无不生事陷害。流毒东南二十年，为"六贼"之一。钦宗即位，削其官，籍其资财，放归田里，后又羁之衡州，徙韶州、循州，寻遣使斩之。　陆炳：其先平湖（今属浙江嘉兴市）人，父松袭锦衣卫职，侍从兴献王于安陆，选为仪卫司典仗。世宗入承大统，松以从龙恩迁锦衣副千户，累官后府都督佥事、协理锦衣卫事。松妻为世宗乳媪。炳幼即从母入宫中，稍长日侍左右。嘉靖八年（1529），举武会试，授锦衣副千户，进指挥使掌南镇抚司事。十八年，从帝南幸，次卫辉，夜四更行宫失火，炳负帝出，自是受宠，累迁都指挥同知。后结严嵩，屡致冤狱，陷害夏言、仇鸾等大臣。三十九年，卒于官。赠忠诚伯，谥武惠。隆庆初（1567），御史追论炳罪，削秩籍其产。万历三年（1575），张居正等以其救驾功奏免。

⑰ 玉娇李：小说。为《金瓶梅》最早的续书。早佚。

⑱ 武大：《水浒传》中武松的哥哥武大郎。

⑲ 上烝下报：指乱伦行为。烝，淫及上辈；报，淫及下辈。

⑳ 河间妇：指淫荡的妇人。唐柳宗元《河间传》："河间，淫妇人也，不欲言其姓，故以邑称。"

㉑ 耳剽：谓仅凭耳闻所得，犹如窃取。

㉒ 邱志充：字美甫，号六区，诸城（今属山东潍坊市）人。万历三十八年（1610）进士，授工部都水司主事。累迁为河南副使，督兵援渝州，称文武才，擢参政分巡湖南。风纪肃然，官至布政使。后忤宦官魏忠贤，入狱八年卒。

㉓ 完颜大定：小说《玉娇李》中虚构金国皇帝。

㉔ 贵溪、分宜相搆：指夏言、严嵩之间权斗。

㉕ 嘉靖辛丑庶常诸公：指嘉靖二十年（1541）庶吉士。是年，有高仪、严讷、高拱、陈以勤、徐养正等二十八人以进士改庶吉士。

31. 四喜诗

　　向来有《四喜诗》，曰："久旱逢甘雨，他乡遇故知，洞房花烛夜，金榜挂名时①。"成弘间人②，曾以宋公序、子京兄弟事实之演为传奇③。后因戊辰科有广文登第者④，山阴王对南相国⑤，每一句上加二字，曰"十年"、曰"万里"、曰"和尚"、曰"教官"以谑之，已堪捧腹。至今上壬辰科⑥，翁青阳太史以浙中教职抡大魁⑦，馆中又于七字之下，增曰："甘雨又带珠，故知为所欢，和尚乃选驸马，教官乃得状元。"一时传笑，以为无加矣。近复有覆试被斥者⑧，改"四喜"为"四悲"，曰："雨中冰雹损

稼,故知是索债人,花烛娶得石女,金榜以覆试除名。"盖俱重在末句,而他则借以翻案⑨,闻者亦为之捧腹。(卷二十六《谐谑》)

【注释】

① 金榜:科举殿试揭晓的题名榜。言"四喜"之诗,较早见于宋人笔记。南宋洪迈《容斋四笔》卷八《得意失意诗》:"旧传有诗四句诵世人得意者云:'久旱逢甘雨,他乡见故知,洞房花烛夜,金榜挂名时。'好事者续以失意四句曰:'寡妇携儿泣,将军被敌擒,失恩宫女面,下第举人心。'此二诗,可喜可悲之状极矣。"

② 成弘间:指明成化(1465—1487)、弘治(1488—1505)年间。

③ 宋公序、子京兄弟:指北宋宋庠、宋祁兄弟。庠字公序,开封府雍丘(今河南开封市杞县)人,幼居安州安陆(今属湖北孝感市)。仁宗天圣二年(1024)举进士,状元及第。累官至检校太尉同平章事,充枢密使,封莒国公。以司空致仕。卒,赠太尉兼侍中,谥元献。其弟祁字子京,与兄同时举进士,礼部奏祁第一、庠第三,章献太后不欲以弟先兄,乃擢庠第一、祁第十八。官翰林学士、史馆修撰。与欧阳修等合修《新唐书》,书成,迁左丞,进工部尚书,拜翰林学士承旨。卒谥景文。兄弟并有文名,时称"二宋"。 传奇:明代以唱南曲为主的戏曲形式。是宋元南戏的进一步发展。

④ 戊辰科有广文登第者:指隆庆二年(1568)戊辰科有儒学教官考中进士。广文,泛指清苦闲散的儒学教官。

⑤ 王对南:王家屏,字忠伯,号对南,大同山阴(今山西朔州市山阴县古城镇)人。隆庆二年戊辰科进士,选庶吉士,授编修。神宗即位,进修撰,充日讲官,迁侍讲学士。万历十二年(1584),擢礼部右侍郎,改吏部。逾月,命以左侍郎兼东阁大学士入阁预机务。时申时行当国,许国、王锡爵次之,家屏居末,每议事,秉正持法,不亢不随。十四年丁母忧,两年馀复召入,十九年以礼部尚书为首辅,寻以立储事不为帝所纳,致仕归。阅八年,储位始定,遣官存问。又二年卒,年六十八。赠少保,谥文端。

⑥ 壬辰:指万历二十年(1592)。

⑦ 翁青阳:翁正春,字兆震,号青阳,侯官(今福建福州市)人。万历中为龙溪教谕。擢壬辰科进士第一,授修撰,累迁少詹事兼侍读学士。三十八年(1610),拜礼部左侍郎署部事,改吏部掌詹事府。未几,以侍养归。天启元年(1621),起为礼部尚书,协理詹事府事。明年,忤魏忠贤乞归,卒。崇祯初(1628)谥文简。 抢大魁:举科举殿试第一,即状元。此则言翁正春"以浙中教职抢大魁",与史未合。正春任教谕在龙溪(今福建漳州市),非浙中也。

⑧ 覆试:又称"重试"。唐、宋已有之,而宋代复试,实开殿试滥觞。明代因之,旨在保障考试公平,杜绝科场舞弊,然亦多因廷争而设,故非常例。本书卷十六《科场》谓覆试"非盛世待士体也"。

⑨ 翻案:此指诗文中对前人成句或原意反而为之。

32. 颜　面

往年在西湖,适曹遵生以南大理请假游武林①,偶谈及抗疏诸公②,曹云:"我生平最憎徽人黄黄石③,每见便作忠臣面孔相向。"予不以为然。一日,相遇于李本宁宪长衙斋④,予素不识其人,一见即思曹语,不觉掩口匿笑。又在邸中,黄贞甫携盒相访⑤,邓远游同在坐⑥,方饮次,袁小修来谈甚洽,而袁托故亟去。予送之门,谓之曰:"贞甫为兄故人,何以匆匆乃尔?"袁曰:"我非不欲留,但我怕邓公其满脸皆词赋也。"余亦抚掌无以应。(卷二十六《嗤鄙》)

【注释】

① 曹遵生:未详何许人。　南大理:南京大理寺。此指南京大理寺卿。
② 抗疏:上书直言。此指万历十四年(1586),神宗宠妃郑淑妃生下皇子,当即册封郑氏为贵妃。而皇长子常洛已五岁,生母王恭妃却未加封,廷臣担忧废长立幼之变,乃疏请册立太子。神宗不理,贬斥言者。自此,每有抗疏立储。至二十八年,章累上达数千,受贬斥者亦颇众。二十九年,在慈圣太后干预下,神宗遂册立常洛为皇太子。史称"争国本"事件。
③ 黄黄石:黄正宾,字黄石,歙(今属安徽黄山市)人。以赀为中书舍人,直武英殿。耻由赀入官,常思树奇节。万历十九年(1591),以缓册东宫抗疏劾首辅申时行,忤上,斥为民,遂有声于士大夫间。熹宗立,起故官,再迁尚宝少卿,致仕。崇祯元年(1628),魏忠贤党徐大化、杨维垣已罢官,犹潜居京师,正宾疏发其奸,都人快之。而疏中有"潜通宜寺"语,帝以其妄,斥回籍。
④ 李本宁宪长:李维桢,时任浙江按察使。参见第459页第28则注释⑭。
⑤ 黄贞甫:黄汝亨,字贞父(甫),仁和(今浙江杭州市)人。万历二十六年(1598)进士,授进贤令。在邑减征建仓,有政声。为人所忌,左迁。久之,起南京工部主事,升礼部郎中,视学江西,进布政司参议。逾年谢病归,结庐南屏,著述为乐。与袁中道、汤显祖、徐霞客等友善。有《寓林集》三十卷。
⑥ 邓远游:邓渼,自号萧曲山人,建昌新城(今江西抚州市黎川县)人。万历二十六年(1598)进士,授浦江令。累迁金都御史,巡抚顺天。后忤魏忠贤,谪戍贵州。崇祯初(1628)放还,卒。多与汤显祖、胡应麟等诗酒酬和。有《大旭山房集》。

33. 大　西　洋

利玛窦字西泰①,以入贡至,因留不去。近以病终于邸,上赐赙葬甚厚,今其墓在西山。往时予游京师，曾与卜邻，果异人也。初来即寓香山嶴②，学华言读华书者凡二十年，比至京，已斑白矣。入都时在今上庚子年③，涂经天津，为税监马堂所谁何④，尽留其未名之宝，仅以天主像及天主母像为献，礼部以所称大西洋为《会典》所不载，难比客部久贡诸夷⑤，姑量赏遣还。上不听，俾从便僦居。玛窦自云："其国名欧逻巴，去中国不知几千万里。"今琐里诸国⑥，亦称西洋，与中国附近，列于职贡，而实非也。今中土士人授其学者遍宇内，而金陵尤甚。盖天主之教，自是西方一种，释氏所云旁门外道，亦自奇快动人。若以为窥伺中华，以待风尘之警⑦，失之远矣。丙辰⑧，南京署礼部侍郎沈㴶、给事晏文辉等⑨，同参远夷王丰肃等⑩，以天主教在留都⑪，煽惑愚民，信从者众，且疑其佛郎机夷种⑫，宜行驱逐。得旨：丰肃等送广东抚按，督令西归。其庞迪义等⑬，晓知历法，礼部请与各官推演七政⑭。且系向化西来，亦令归还本国。至戊午十月⑮，迪义等奏曰："先臣利玛窦等千馀人，涉海九万里，观光上国，食大官者十七载。近见要行驱逐，臣等焚修学道⑯，尊奉天主，如有邪谋，甘堕恶业⑰，乞圣明怜察，候风归国。若寄居海屿，愈滋猜疑，望并南京等处陪臣，一并宽假。"疏上不报。闻其尚留香山嶴中。万历二十九年二月庚午朔，天津河御用监少监马堂，解进大西洋利玛窦进贡土物并行李，时吾乡朱文恪公⑱，以吏部右侍郎掌礼部尚书事，上疏曰："《会典》止有琐里国，而无大西洋，其真伪不可知。又寄住二十年，方行进贡，则与远方慕义特来献琛者不同⑲。且其所贡天主、天主母图，既属不经，而随身行李有神仙骨等物，夫既称神仙，自能飞升，安得有骨？则唐韩愈所谓凶秽之馀⑳，不宜令入宫禁者也。况此等方物，未经臣部译验，径行赍给，则该监混进之非，与臣等溺职之罪，俱有不容辞者。又既奉旨送部，乃不赴部译，而私寓僧舍，臣不知何意也。乞量给所进行李价值，照各贡译例，给与利玛窦冠带，速令回还，勿令潜住两京，与内监交往，以致别生支节，且使眩惑愚民。"不报。公讳国祚，字兆隆，号养醇，秀水人，以太医院籍，中万历壬午顺天乡试，癸未进士第一人，累官光禄大夫、柱国、少傅兼太子太傅、户部尚书、武英殿大学士，赠太傅。其在礼部请储嗣，公私凡七十疏；又特参郑国泰㉑，谓本朝外戚不预政事，册立非国泰所宜言，戚臣为侧目。公立朝无偏党，守至清。既卒，御祭文有云："忠著三朝，清风百世。"又云："生且无居，殁焉能葬？"闻易名之典㉒，初拟文清、文介，为顾秉谦所持㉓，定下谥曰文憨，廷议不平，乃更谥文恪云。（卷三十《外国》）

【注释】

① 利玛窦：字西泰，意大利人。天主教耶稣会传教士。万历十年（1582）奉派来中国。初在广东肇庆传教，任在华耶稣会会长。二十九年至京，进呈自鸣钟和《坤舆万国全图》，并与士大夫交游。力主天主教与孔孟之道融合，研读四书五经，并作拉丁文释义和注释。亦向中国介绍西方科学知识。著译有《中国札记》、《天学实义》、《几何原本》（与徐光启合译）等。万历三十八年（1610）卒于北京，年五十九。

② 香山墺：指广州府香山县壕镜（今澳门特别行政区）。

③ 庚子年：指万历二十八年（1600）。

④ 马堂：神宗朝御用监少监，充矿税使。万历二十四年（1596），监税天津，兼辖临清。堂贪婪凶暴，初至临清，尝白昼夺人财产，远近为罢市，致州民万馀，纵火焚其署，毙其党三十七人。后十馀年，堂又擅往扬州巡盐，巧取豪夺，为御史徐缙芳劾其九罪，帝不问，故益骄横。　谁何：盘诘查问。

⑤ 客部：即主客司。明礼部四清吏司之一。主客司，分掌诸蕃朝贡接待给赐之事。

⑥ 琐里：明以称南洋群岛。

⑦ 风尘之警：谓兵乱之警报和惊扰。

⑧ 丙辰：指万历四十四年（1616）。

⑨ 沈㴶：字铭缜，乌程（今浙江湖州市）人。万历二十年（1592）进士，改庶吉士，授检讨。累官南京礼部侍郎掌部事。光宗立，以大学士方从哲荐，进礼部尚书兼东阁大学士入阁预机务。内竖李进忠（后改名魏忠贤）、刘朝皆其弟子，相密结而弄权，累加少保兼太子太保、户部尚书、武英殿大学士。天启二年（1622）致仕归，逾年卒。赠太保，谥文定。　晏文辉：字怀泉，南昌（今属江西）人。万历二十六年（1598）进士，授太平知县，调武进。正士习，清赋役，决冤狱，美政甚著。官至南京礼科给事中，参各类贪劣官三十人。后知时事不可为，请告归。

⑩ 王丰肃：字一元，意大利人。天主教耶稣会传教士，利玛窦之徒。居南京传教。万历四十四年（1616），为沈㴶、晏文辉同参，驱逐出境。天启四年（1624）重返中国，至山西传教，改名高一志。崇祯十三年（1640），卒于绛州。

⑪ 留都：古代帝都新迁，于旧都设官留守，称留都。明成祖迁都北京，故以南京为留都。

⑫ 佛郎机：明代称葡萄牙或西班牙。正德、嘉靖年间，葡萄牙人屡侵掠东南沿海，明军驱逐之。嘉靖三十二年（1553），葡萄牙人贿买海道副使汪柏，获租香山壕镜，许其经商交易。隆庆年间，西班牙人由吕宋侵犯明境，亦指为佛郎机人。

⑬ 庞迪义：或亦为利玛窦之徒。

⑭ 七政：古代天文术语。所指有三：其一，指日、月和金、木、水、火、土五星；其二，指天、地、人和四时；其三，指北斗七星。

⑮ 戊午：指万历四十六年（1618）。

⑯ 焚修:焚香修行。泛指净修。

⑰ 恶业:冤业;罪孽。

⑱ 朱文恪:朱国祚,谥文恪。参见第433页第12则注释⑭。

⑲ 献琛:进献珍宝。亦表示臣服。

⑳ 凶秽:凶邪污秽。唐韩愈《论佛骨表》:"况其身死已久,枯朽之骨,凶秽之馀,岂宜令入宫禁?"(见《五百家注昌黎文集》卷三十九)

㉑ 郑国泰:神宗宠妃郑贵妃之弟。官都指挥使。郑贵妃生皇三子,谋立太子。神宗碍于祖制及廷臣疏谏,搪塞不立储,因而满朝"争国本"达十五年。皇长子储位未定,冠婚逾期,国泰奏请先冠婚,后册立。朱国祚抗疏,以"本朝外戚不得与政事,册立大典非国泰所宜言"劾之。后皇太子立,皇三子封福王。国泰被指结郑妃内侍,阴害东宫,拖延福王就国,以及红封教张差梃击案等,皆牵连国泰。万历末卒。

㉒ 易名之典:指古代帝王、公卿、大夫死后,朝廷为之立谥的仪典。

㉓ 顾秉谦:字益庵,昆山(今属江苏苏州市)人。万历二十三年(1595)进士,改庶吉士。累官礼部右侍郎。天启元年(1621),进礼部尚书,掌詹事府事。魏忠贤用事,秉谦率先谄附之。三年,以原官兼东阁大学士入阁参机务。五年,以少傅兼太子太师、吏部尚书、建极殿大学士任为首辅。秉谦曲奉魏阉,陷害廷臣,士论鄙之。未几,阉党自相倾轧,秉谦乞休归。崇祯元年(1628),入逆案论徒三年,赎为民。后寄居他乡而死。

枣林杂俎

[明] 谈迁

《枣林杂俎》，明谈迁撰。迁字孺木，号观若，原名以训，字仲木，号射父，海宁（今浙江嘉兴市海宁市盐官镇南）人。诸生。终生不仕。天启元年（1621）始著《国榷》，六年初稿成。南明隆武元年（1645）又续订崇祯、弘光两朝史实。两年后，书稿被窃，发愤重写。清顺治十年（1653）北上居京，访明降臣、皇亲、臣僚及公侯门客，搜集遗闻，著成有明一代编年史《国榷》，署名"江左遗民"。十四年，赴山西平阳哭祭其先师张慎言，寻病卒于客乡，年六十四。其著作除《国榷》《枣林杂俎》外，尚有《枣林集》《枣林诗集》《北游录》《海昌外志》等。

《枣林杂俎》作于明亡之际，分六集十八门。六集为"智集""仁集""圣集""义集""中集""和集"。十八门中，以"逸典""科牍""先正流闻""从赘"诸门所载史料为最有价值，其考证明代典章制度、朝政盛衰、人物掌故等，皆力求精审而详备。而其馀各门，记各地民俗物产、艺文技馀、风光气候，亦足以资谈助与博识。然亦有"空玄""幽冥""妖异"诸门，多记里巷传闻及怪力乱神等荒诞不经之事，可谓白璧微瑕。

选文标题为原书所有。

1. 建文遗臣

金华杨荣^①，由岁贡，敦尚风节^②，以诗文名，官国子助教，靖难末弃官归。永乐初诏录旧臣，荣辞不赴。强至途中，叹曰："吾何颜复树名仕籍乎！"遂赴水死。

朱宁，一名窎，字士安。洪武中尝为汀州同知^③，调河间^④，奉母就养。时守阙，宁署郡符^⑤。未几靖难兵起，仓卒城陷，遣人送母由间道驰归。抱印抗节^⑥，因械军中。永乐初谪戍良乡十馀年^⑦，备尝艰苦，作耕云轩以自适。后赦归，以主簿起，竟不就，辞疾归，母已没，痛悼不已，庐墓终身。（以上俱《汤溪县志》，先属金华县。）

仙居顾硕^⑧，以通经授石楼知县^⑨，擢吏部主事。文皇帝即位，召之不赴，弃官逃去，为富家牧牛。每至山椒水湄^⑩，辄饮泣微咏。出牧携一竹筒，缄縢甚密^⑪，暮归即枕之卧。或问此中何物，珍之乃尔？即闷闷不答。至永乐终，尽赦死义家，闻之歌曰："骑牛缓缓过前阿，手执牛绳口叹歌。牛饱人饥欲归去，幸何幸何幸幸何！"乃开筒出衣冠服之，辞主人而归。询其详，乃硕也。（《仙居县志》）

袁敬所者，不知其名。永乐初流寓常山之松岭^⑫。为人易直，善饮，饮酣辄书《渊明五柳图诗》^⑬，书罢掷笔悲吟，继以溅泪。又常夜宿旅店，闻人行声起，题诗于壁，悲吟达旦。一江西布商见之，曰："此吾乡某编修，何为在此？"袁趋掩其口，商佯不顾而去。后十馀年赘一嫠妇^⑭，死妇家。"藜杖芒鞋白衣裘，山中甲子自春秋。呼儿点校门前柳，莫遣飞花过石头。"（《题渊明五柳图诗》）

宣德初有绵竹山人^⑮，题诗于浦城之黎岭^⑯："山河形胜今犹在，宫阙趋跄事已非^⑰。冀野风生双虎斗，咸阳火起一龙飞。伤心何忍闻黄诏，稽首无缘见衮衣^⑱。击石犹怀千古恨，仰天血泪不胜挥。"

万州海云庵有老僧示寂^⑲，衣上有诗："十年依佛国，万里走天涯。旧主无寻处，孤臣敢问家？何心婴组绶^⑳，有血滴袈裟。寒食魂应寂，悲歌愧五蛇^㉑。"（以上俱钱牧斋《国朝诗选》。）

燕人南征，真定知府全椒徐文晟（贡士）闭城不应^㉒。后登极，查理不孝官，戍兴州中屯卫^㉓。妻王氏击登闻鼓诉冤^㉔，得末减。（智集《逸典》）

【注释】

① 金华：明金华府（治今浙江金华市）。此杨荣为金华府汤溪县（今浙江金华市婺城区汤溪

镇)人。洪武间,领岁荐任国子助教。

② 敦尚风节:崇尚风骨节操。

③ 汀州同知:明汀州府(治今福建龙岩市长汀县)次官。据《明史·职官志四》:府设知府一人,正四品;同知,正五品;通判无定员,正六品;推官一人,正七品。其属,经历司经历一人,正八品;知事一人,正九品;照磨所照磨一人,从九品;检校一人,司狱司司狱一人。知府掌一府之政,宣风化,平狱讼,均赋役,以教养百姓;同知、通判分掌清军、巡捕、管粮、治农、水利、屯田、牧马等事,无常职,各府所掌不同;推官理刑名,赞计典;经历、照磨、检校受发上下文移,磨勘六房宗卷。

④ 河间:明河间府(治今河北沧州市河间市)。据《明史·成祖纪一》:"(洪武三十五年十月丁巳)命北平州县弃官避靖难兵者朱宁等二百一十九人,入粟免死,戍兴州。"

⑤ 郡符:郡守符玺。此指朱宁代掌知府印。

⑥ 抗节:坚守节操。

⑦ 良乡:明顺天府良乡县(今北京市房山区)。

⑧ 顾硕:字景蕃,仙居(今属浙江台州市)人。洪武中,以通经儒士累官吏部主事。

⑨ 石楼:明平阳府石楼县(今属山西吕梁市)。

⑩ 山椒水湄:山顶与水边。

⑪ 缄縢(jiān téng):封固。

⑫ 常山:明衢州府常山县(今属浙江衢州市)。

⑬ 渊明五柳图:指以东晋诗人陶渊明为题材的图画。渊明尝作《五柳先生传》,后世因称其为"五柳先生"。袁敬所作有题画诗《题渊明五柳图诗》,见录于朱彝尊《明诗综》卷十八。

⑭ 嫠妇:寡妇。

⑮ 绵竹:明成都府绵竹县(今属四川德阳市)。

⑯ 浦城:明建宁府浦城县(今属福建南平市)。

⑰ 趋跄:形容步趋中节。古代朝拜晋谒须依一定节奏和规则行步。亦指朝拜、进谒。

⑱ 衮衣:古代帝王及上公所穿绣有卷龙的礼服。借指帝王或上公。

⑲ 万州:明琼州府万州(今海南万宁市)。 示寂:佛教称菩萨及高僧身死。寂,梵语"涅槃"之意译。言其寂灭乃是一种示现,并非真灭。

⑳ 婴绂绶:意谓为官爵所羁绊。婴,纠缠,羁绊。组绶,古人佩玉用来系玉的丝带。借指官爵。《礼记·玉藻》:"天子佩白玉而玄组绶,公侯佩山玄玉而朱组绶,大夫佩水苍玉而纯组绶,世子佩瑜玉而綦组绶,士佩瓀玟而缊组绶。"

㉑ 五蛇:喻指春秋时辅佐晋文公的狐偃、赵衰、魏武子、司空季子、介子推五臣。《史记·晋世家》:"龙欲上天,五蛇为辅。"龙喻重耳。

㉒ 真定:明真定府(治今河北石家庄市正定县)。 全椒:明南直隶滁州全椒县(今属安徽滁州市)。

㉓ 兴州中屯卫:洪武年间置。永乐元年(1403),迁治于良乡县,直隶于后军都督府。
㉔ 登闻鼓:古代帝王为表示听取臣民谏议或冤情,在朝堂外悬鼓,许臣民击鼓上闻,谓之"登闻鼓"。晋始设,宋真宗景德四年(1007)又置登闻鼓院,专掌臣民奏章。明以后置于通政院。

2. 省掾何麟

武宗微行,自大同抵太原①,城门闭不入。上怒,遣中官逮山西守臣拒门者,按抚而下皆怖。布政司吏沁水何麟曰②:"来旨未有主名,此易为耳。若厚贿中官,不令罗织,愿与俱往。即上怒,麟一身不足恤也。"至京奏曰:"陛下巡幸晋阳③,维时司城门者实臣麟一人,他官无与也。臣不能启门恭迎銮舆,臣罪万死。但陛下轻宗庙社稷而远事巡游,且易服微行,无清道警跸之诏④,白龙鱼服⑤,臣下何由辨焉?昔汉光武夜猎至上东门,守臣郅恽拒而弗纳⑥,光武以恽为守法而赏之。今小臣欲守郅恽之节,而陛下乃有不敬之诛,臣恐后世以为臣之不幸不若郅恽,而陛下宽仁之量亦远逊光武也。"有旨杖六十释之,各官皆不问。(智集《逸典》引《沁水县志》)

【注释】

① 大同:明大同府(今属山西)。山西行都司所驻。　太原:明太原府(今属山西)。
② 何麟:沁水(今属山西晋城市)人。入《明史·孝义传》,所载事迹同此则。
③ 晋阳:太原古称(今山西太原市晋源区)。宋以前为太原府治所。
④ 警跸:古代帝王出行时,于所经路途侍卫警戒,清道止行,谓之"警跸"。
⑤ 白龙鱼服:喻贵人微服出行,恐有不测之虞。西汉刘向《说苑·正谏》:"昔白龙下清泠之渊,化为鱼,渔者豫且射中其目。"
⑥ 郅恽:字君章,汉汝南西平(今河南驻马店市西平县西)人。少明天文历数之学。王莽末年,西至长安,上书谏莽,莽怒,遂系之。经冬,会赦得出,南遁苍梧。建武三年(27),至庐江,入积弩将军傅俊幕,为长史。七年,耻以军功取位,辞归乡里。县令以为门下掾。久之,太守请为功曹。郡举孝廉,为郎,迁上东门侯。光武帝出猎夜还,恽拒关不开,帝乃回从东中门入。明日,又上书谏,赐布百匹,贬东中门侯,为参封尉。后侍讲殿中,著书八篇,以病卒。

3. 馆陶全城

壬午北兵深入①,馆陶令晋调元②,其姻孝廉某自关中来③,道被掠。仪观甚伟,厉声曰:"我非庸庸者,不令我见主帅乎?如吾见也者,会当立效相报。"及见主帅,曰:"我关西男子,不与俗伍。姻家馆陶令,以舌下之④,马骡金帛随所欲耳。"主帅信之,以骑往,孝廉求舆昪至城下,约停车,容入说之⑤。入即助守,曲尽方略。盖孝廉倜傥⑥,足以绐敌也。(智集《逸典》)

【注释】

① 壬午:指崇祯十五年(1642)。是年正月,清兵陷松山,蓟辽总督洪承畴降。至十一月,清兵分道入塞,克蓟州,京师戒严,畿南郡邑多不守。此时李自成、张献忠亦陷中原各州郡,明廷两面受敌。

② 馆陶:明东昌府馆陶县(今山东聊城市馆陶县东北)。 晋调元:咸宁(今属湖北)人。举万历四十三年(1615)乡试。官馆陶知县。

③ 关中:古地域名称。泛指函谷关以西战国末秦故地(今陕西中部平原)。而称函谷关、潼关以西地区为"关西"。明清时,称山海关以东地区(今辽宁、吉林、黑龙江)为"关东"或"关外"。

④ 以舌下之:意谓劝其投降。

⑤ 说(shuì):劝说。

⑥ 倜傥:卓异而不同寻常。

4. 金陵对泣录

甲申长安陷①,光禄寺署丞胶州高弘商困贼中②,脱归。秋末省其兄相国,备述前厄。故录之:

三月己丑朔。甲辰③,上召考选中外官三十三人于中左门。谕曰:"国家多事,南寇北胡。闻寇已薄固关④,虽无确报,可谓迫于门庭,朕已修省待咎。此时何以扑剿?何以安人心?何以生财?何以足用?尔等其熟计之。"滋阳知县黄国琦首对曰⑤:"贼之骄恣于招抚,从来招抚无裨于事。"因请收拾人心及用人之要。上问安人心,曰:"安人心不难,在于圣心,圣心安则人心自安"云云。上首肯,笔记其名。又问生财,对曰:"今生财云加派、云捐助,俱非也。岂可一而再、再而三乎?皇上远虑,宜搜内藏,尽所有以为外用。"上又首肯。因问用人,曰:"天下未尝无人。但人未必为用"云云。上大是之,立除兵科给事中。馀以次对。未毕,俄传外札,上手拆阅讫,仓皇遽退,各官不敢散。已传旨:"吏部官、翰林官何不与坐?"以杨学士观光、林中允增志侍班不坐也⑥。按:侍班阁部等大僚例不坐,而鸿胪所说本于黄国琦面述,或艰难时特礼。时阁臣皆坐,云"已设坐,未得命耳"。驾回宫,各官乃散。后知传札以贼至昌平也。各官环阁臣于御河桥,杨观光等责以城守事。魏藻德曰⑦:"大家做,靠不得一人。"是日内阁课庶吉士。东宫日讲官刘理顺、何瑞徵讲《论语》首章未竟⑧,东宫沉吟曰:"'不亦乐乎''不亦说乎',二'乎'字可玩。"因视两讲官而笑,讲官亦笑。赐茶退。夜二十刻⑨,部推左懋泰戎政兵部右侍郎⑩,总督城守,未报。

乙巳,闭都门。时传吴三桂兵至⑪,不知即贼也。夜攻阜成门(平则门)并广宁门(彰义门)、西便门⑫。漏二十刻,炮声渐亟。炮实内向,人不知也。丁夜后炮愈亟⑬,贼环攻。有旨:"城堵尚虚一千八百有奇,守卒俱称无饷,襄城伯李国桢不登陴⑭。"丙午巳刻⑮,贼入阜成、西便二门,人不知也。

丁未昧爽⑯,市人云宫女出西华门⑰,或传圣驾昨出城。辰刻,宣武门、北顺城门有内臣戎服可千骑云⑱。王太监救火,呼开门,答以钥在中府。曰"亟碎其锁",击之未碎。或云前门(正阳门)开⑲,遂沿前门(弘商亲见),至则被矢炮,不可近。自公生门入长安右门还宫⑳。巳刻,贼入宣武门,肆杀掠,内臣被祸尤惨。李自成射承天门题榜㉑,矢中"天"上,驰入宫。午刻,伪示五城购车驾㉒。

戊申,午前内传先帝自尽于煤山㉓。伪谕:"明朝文武大小官员,俱限次日赴各将军帐下具职名,汇册送览。愿复官者量才擢用,不愿复官者革职为民,准给路引即放回籍。敢有匿而不报,两邻不举,长班房主一并诛戮㉔。特谕。"自是,各官俱分投职名。权将军李友家㉕,自巳至酉共报七十三人。刘斯球等其去者㉖,以革职回籍也。主贼录职名、籍贯、履历、寓舍、僮婢、长班,录讫皆驱对厅锢之。工部侍郎陈必谦不即入㉗,击以舆扛㉘。

己酉,先帝、后移东华门席舍㉙,兵部武选主事大足刘养贞出私钱八千得柳棺殡之㉚。先帝不幸时,首露网㉛,右足靴,身布短后衣。胸题"朕既丧国,无颜冠冕见人"。是日同先后长椅昇出。先后衣筓甚肃,鼻微伤,其裳纫结。越三日,贼出梓宫,一丹漆,一黝漆,改殡焉。先帝冲天冠、龙袍、玉带、漆金靴,先后袍带亦如之。定王骑骡来临㉜,不敢哭而去。次东宫亦骡至㉝,青衣褒帽,头触地良久,虽不哭,隐痛不能起,贼拥去。诸臣临哭可四十馀人,临而不哭者三十馀人。养贞日侍侧,哀毁,被执至李友处。友据丘字胡同许锦衣宅,年五十馀,性凶悍。所锢各官,许家人传餐,印其面而入,出即去之。

癸丑薄莫,李友传各官各据朝本朝见。光禄寺监事林兰友问朝本何若㉞,有佐史吴某云"红折、黄面、开职名朝见"。兰友如其言,馀仿之。刑部尚书张忻言黄折非所用㉟,付红单职名,人多从之。酉刻,李友列骑七十三队,队骑各五,露刃,押出各臣赴窝铺㊱。伪将刘宗敏拘各臣千六百馀人㊲,独多。丁夜叱起,俱蓬垢。予匹马骑,飞驱入西长安门㊳,出东长安门,过御河桥、皇天夹道,进东华门,至此始知非朝也。至会极门㊴,牛金星深衣盘坐棕毯上㊵,面东向。右侍郎宋企郊亦盘坐金星侧㊶,北向。金星授《缙绅录》一部,硃笔点唱。先令甲科打躬㊷,馀诵乡贯,谕高声以应。或托疾,令扶候。合选,即圈于录上,赴部听铨注㊸,否且回各营。奔仆数人。

乙卯又选。各官昧爽骑由午门入会极门。牛金星杌坐㊹,授注官面西向,宋企郊亦杌坐如前。唱选预名者,令候会极门。否则出东华门,或令出西华门,不解其故。盖东皆回营,西皆斩于门外,凡七十六人,多勋戚。

丙辰,各营拷职官追赃,内臣加炮烙尤燀㊺。刘宗敏家论官大小勒限,赃完日释之。李友、张□、葛□等,各混拷,不勒限。李友家七十三员,选用二十九人,听其自捐,夹伤十之四。刘养贞再夹再呼"太祖高皇帝",追四十三金,又银杯二。又征之,不应,曰"宁死我也"。□□□王都等杖毙。党崇雅除通州仓场侍郎㊻,来谒李友,角巾绿衣。诸人就问,竟蹙额不答。中书科舍人吴桥沈□□,始被拘,佯风疾,时呼"流贼来,杀流贼"。颠狂潦倒,屡受鞭,不之拷,四月二十二日同释。

四月戊午朔。乙丑,黄纸传二十七日即位。塘报吴三桂举兵逼京师㊼。戊辰,李自成驰伪敕及吴襄手书招之。至天津,碎其敕,掷父书不启,斩从使四人,释回一人。伪敕自李友家发。李自成闻斩使,大怒,召李友等点兵站队。站队,即出师也。

庚午,李自成胁东宫、二王及吴襄东行。贼将祥符李肖宇(失其名)宠任,在刘宗敏、李友等下,据吏部郎左懋泰宅。从自成败归,述其本末。云:

前哨至通州东值吴氏兵,失三十骑。至天津西□,防御使张若麒、巡抚黎玉田、李希沆各迎㊽,自成甚喜。若麒疏荐三桂。自成所过,各官道迎,自成亦跪。东宫乘骡,值各官问其新旧。见旧官泪下,手指其心曰"甚利害,须耐"。见新官色喜,曰"真尔主也,善事之"。旧官或称"殿下",挥止之。自成至天津,三桂结方营于东,势孤。贼西联七营,甚盛。自成单骑呼"吴将军出语"。三桂出马。自成曰:"大势已定,将军何固执不下?我使可杀,敕可碎,老将军手书独不可拆乎?"三桂叱曰:"尔养马私夷㊾,不得称我将军。且弑我君父,籍我家口,不共戴天,何言降也!我兵虽有限,亦不浪战㊿,生死由天!"自成曰:"将军误矣,此语何自得之?朕今日尚赖将军,奸人挑击,几丧大事。先皇帝自尽,非我逼也。东宫及老将军固在。"少顷并跨骡出，吴襄曰："尔毋信浮言。圣上未入京，先皇帝即自经。儿知之乎？及入京，召我大内同饭，禄我全家，日赐存问，恩甚渥。儿宜谢。"三桂怒曰："非我父也。吴氏受国恩三百年，不能死报，而甘他人之食乎！料家书如此，故掷之。"襄又劝谢，三桂哭曰："求见东宫。"三桂叩首马上，大恸，东宫默然。良久，自成劝通语。东宫曰："将军速谢，有明主可事矣，毋惑浮言，且父在。"三桂哭曰："惟主命。"马上谢万岁，又叩襄首。自成令东宫同襄回营。自成曰："将军赤诚，能容朕单骑劳军乎？"三桂诺。自成东入吴营下马，三桂亦下马，各拜。云："我君臣几误于人言，此后借重将军不浅，容朕再谢。"三桂辞拜，竟如主臣礼。自成因问守榆关之策[51]，答曰："往关外有八城可恃。今八城亡，关外失险。臣因其难守，奏请入关，先皇帝疑焉。以臣家口入京，俾臣守关。如戎马至，关未易守也，必先收入关为上策。"自成曰："然。即借将军图之。"三桂谢不敏，且乏兵饷。自成曰："兵饷易易耳。我兵三十七万，留骑十万、金四十万，资将军。功成当厚爵相报。"三桂愿以身任。自成曰："朕回营即发敕付将军。"三桂又谢。请往登关门指示形势，许之。至关阅城，又出至一片石[52]。

戊寅晡刻，三桂宴自成上坐，东宫左之，三桂右。以东宫在，竟坐地西向。吴襄送席不与焉。酒数行，忽笳吹大作，白标弥望，三桂即起抱东宫去。还欲执自成，已上马无及矣。天遽晦，贼方解甲不备。北兵突击，贼汹惧大溃。追杀亡算，仅四万骑回京，步卒尽没。（上系李肖宇口述。肖宇亦侍宴，其所部万三千人，才还骑十七、庖人一、家丁二。云经战十三年，未有如此之败者。人马拥塞，自相跆籍。漏刃逃生，言之犹为魂悸。）

癸未午刻，李自成回京，入德胜门[53]，被蟒，手白布拂面。从马约七千匹，列东华门。二十骑自御道入东华门。前一贼抱婴儿，不知谁也。初，贼兵或先归，问以自成，曰"死矣"，都人幸甚。从逆各官闻之大恐，伪衔封署并涤去。已侦自成将至，仍题新衔。吴襄支解于天津之西。

是日，故学士杨观光、何瑞徵、光禄少卿李天经、李延鼎[54]，同鸿胪寺官八人劝进。自成曰："事且棘，何登极之有？"刘宗敏厉声曰："已有旨，明日登极，各官可出料理。"各官退，宗敏与自成争语。敏曰："尔十几年辛苦，一旦败坏，若不登极，何以回关中？"自成默然。（李友佐史吴某说。）

甲申，果登极，殊草草。我太庙主早毁，从此坏民居，运入大内为焚具。

丁亥卯刻，贼出阜城门，留卒七百馀人，入大内及各巷纵火。李友家有□部主事□□,自经吴桥之㊺。

先是,四月二十二日,西华门外粘示紫笔云"本镇匡复"等情。吴三桂尚在天津。

高弘商拘李友家,被夹勒四百金。见李友日醉拥妇女,啼号不惜也。詹事张维机、主事萧鸿基㊱,至夹其首。张尚书凤翔前出狱㊲,被拘,勒四百金,不夹。

李肖宇故祥符诸生,陷贼中久矣,据左懋泰宅。懋泰避宅后通款㊳,招高弘商屡候之。肖宇因言从贼久,犹在人下,欲乘其败图自成,不果。弘商遁出京亦肖宇资遣之。(仁集《逸典》)

【注释】

① 甲申长安陷:指崇祯十七年(1644)三月,李自成大顺军攻入北京,明思宗朱由检自经于万岁山(煤山),明亡。史称"甲申之变"。长安,都城的通称。

② 高弘商:胶州(今属山东青岛市)人。官光禄寺卿。南明户部尚书兼文渊阁大学士高弘图之弟。

③ 甲辰:此指三月十六日。下文"乙巳""丙午""丁未"分别为十七、十八、十九日。

④ 固关:明"京畿藩屏"之一。在井陉关西南(今山西阳泉市平定县娘子关镇旧关村)。明京畿之西有四大关隘,由北而南依次为居庸关、紫荆关、倒马关、固关。是日,李自成南路军已由固关东进,陷真定、保定;北路军入居庸关,克昌平,迫近沙河。

⑤ 滋阳:明兖州府滋阳县(今山东济宁市兖州市)。 黄国琦:字石公,新昌(今属浙江绍兴市)人。崇祯十年(1637)进士。官至兵科给事中。明亡,奉母南归。

⑥ 杨观光:字用宾,一字葵宸,招远(今属山东烟台市)人。崇祯元年(1628)进士。官至少詹事兼翰林侍读学士。京师陷,附贼,代焚太庙神主,与梁兆阳、何瑞徵同为"从逆献谋之首"。李自成兵败,死于乱军中。 林增志:字可任,瑞安(今属浙江温州市)人。崇祯元年(1628)进士,授蒲圻知县。擢翰林编修,进右中允,转少詹事。明亡,赴金陵,与马士英不合,称疾去。南明隆武二年(1646),起为礼部右侍郎兼东阁大学士,累迁礼部尚书兼文渊阁大学士。寻隆武死难,增志削发为僧,住永嘉密印寺。清康熙六年(1667)卒,年七十五。

⑦ 魏藻德:顺天通州(今北京市通州区)人。崇祯十三年(1640)进士第一,授修撰。十六年,超擢少詹事兼东阁大学士入阁辅政。十七年二月,诏加兵部尚书兼工部尚书、文渊阁大学士,总督河道屯田练兵诸事驻天津,不行,遂为首辅。三月,都城陷,被执,幽于刘宗敏部,受拷掠而死。

⑧ 刘理顺:字复礼,杞县(今河南开封市)人。崇祯七年(1634)进士第一,授修撰。历南京司业、左中允、右谕德,入侍经筵兼东宫讲官。城破,与妻妾皆自尽,年六十三。后赠詹事,谥文正。 何瑞徵:信阳(今河南信阳市西北)人。崇祯元年(1628)进士第二,授编修。累官国子监

祭酒。城陷，与梁兆阳、杨观光同为"从逆献谋之首"。李自成兵败退，又降清，授礼部右侍郎，致仕。

⑨ 夜二十刻：指夜半。古代以漏壶计时，一昼夜分为百刻。或起源于商。汉改为百二十刻，南朝梁又以八刻为一时辰，昼夜十二时辰共分为九十六刻。夜二十刻，指入夜后两个半时辰，即从戌初（十九时）至子正（二十四时）。

⑩ 左懋泰：莱阳（今属山东烟台市）人。崇祯七年（1634）进士。历知祥符、陈留诸县，累官吏部员外郎。李自成陷京师，从为左侍郎。清兵入关，降清授官。后谒其从兄左懋第，懋第时为南明兵部右侍郎兼右佥都御史，以"此非吾弟也"叱出之。

⑪ 吴三桂：字长白，祖籍高邮（今属江苏扬州市），入辽东（治今辽宁辽阳市）籍。锦州总兵吴襄之子。崇祯元年（1628）举武科，以父荫为都督指挥。官至宁远总兵，封平西伯，驻山海关。李自成克北京，招降不从，引清兵入关，大败李自成，受封为平西王。后为清军先驱，平李自成、张献忠，灭南明，镇守云南。拥兵自重，与福建靖南王耿精忠、广东平南王尚可喜并称"三藩"。清康熙十二年（1673），圣祖下令撤藩，吴三桂举兵反，自称周王。十七年，在衡州称帝，国号大周，建元昭武，寻病死。其孙吴世璠继位，旋为清所灭。

⑫ 阜成门：明北京内城西垣南侧门。元时称平则门。　广宁门：明北京外城西门。旧称彰义门。　西便门：明北京外城西南角城门。

⑬ 丁夜：四更时。古代夜分五更：一更为甲夜（十九时至二十一时），二更为乙夜（二十一时至二十三时），三更为丙夜（二十三时至一时），四更为丁夜（一时至三时），五更为戊夜（三时至五时）。

⑭ 李国桢：号兆瑞，丰城（今属江西宜春市）人。袭襄城伯。崇祯末，总督京营戎政，然不善掌兵事。城破，李自成弑帝、后梓宫于东华门外，惟国桢跟跄奔赴跪梓宫前大哭。贼执之见自成，以头触阶，血流被面。自成以好语劝降，国桢言有三事相从即降：一祖宗陵寝不可发掘，一须葬先帝以天子礼，一太子二王不可害。自成诺之。寻为帝、后发丧，以天子礼葬田贵妃陵园，国桢一人斩衰徒步往葬。事毕，恸哭作诗数章，自缢死。南明赠太子太师，进侯，谥贞武。　登陴：引登城上女墙。引申守城。

⑮ 巳刻：即巳正（十时）。旧时以十二地支对应十二时辰，每个时辰等于现代两个小时。后又将每个时辰细分为初、正。如子时分子初（二十三时）、子正（二十四时）；丑时分丑初（一时）、丑正（二时）。其馀顺推。

⑯ 昧爽：拂晓；黎明。此指十九日拂晓。

⑰ 西华门：明北京皇宫西门。

⑱ 宣武门：北京内城南垣西门。旧称顺城门。

⑲ 前门：即正阳门。明北京内城南垣中门。

⑳ 公生门：明北京皇城东西长安门南外门。参见第233页第15则注释③。

㉑李自成:本名鸿基,米脂(今属陕西榆林市)人。为银川驿卒。崇祯三年(1630),入不沾泥部,初号八队闯将。后归高迎祥部,迎祥死,继其号为闯王。转战于陕西、山西、河南、湖广、四川等地。十六年,克襄阳,称新顺王。旋克西安,立国号大顺,建元永昌。十七年攻入北京,称帝。俄明将吴三桂引清兵入关,迎战不利,退出北京。明年,战死于武昌府通山县九宫山。 承天门:明北京皇城南门(今称天安门)。

㉒五城:指北京城内的中城、东城、南城、西城、北城。此句意谓李自成榜示京城各处,悬赏缉捕崇祯帝。

㉓煤山:即万岁山。参见第221页第3则注释③。

㉔长(cháng)班:京官随身仆从。

㉕权将军:李自成大顺军官称。按其军制:权将军,一品;副权将军,二品;制将军,三品;果毅将军,四品;威武将军,五品;都尉,六品;掌旅,七品;部总,八品;哨总,九品。 李友:未详何许人。李自成部将。

㉖刘斯琭:未详何许人。崇祯时官吏科给事中。

㉗陈必谦:字益吾,常熟(今属江苏苏州市)人。万历四十一年(1613)进士。天启中官南御史,以疏论"梃击""移宫"二案,及劾戚臣郑善性,削籍。崇祯改元,起原官。累擢都御史巡抚河南。时流寇大炽,尝率兵援灵宝,大破贼于朱阳山。复频挫贼势,官至工部侍郎。

㉘舆扛(gàng):抬轿的木杠。扛,同"杠"。

㉙东华门:明北京皇宫东门。 席舍:草席搭盖的简易棚舍。

㉚兵部武选主事:明兵部武选司属官。武选,掌卫所土官选授、升调、袭替、功赏之事。参见第192页第19则注释②。 刘养贞:大足(今重庆市大足区)人。崇祯中,由进士历汉阳府推官,迁兵部武选司主事。崇祯帝殉难,养贞为持服,蚤暮悲泣,寻卒。

㉛网:网巾。以丝结成的网状头巾,用以束发。

㉜定王:朱慈炯。思宗第三子。崇祯五年(1632)生,十六年封王。十七年京师陷,不知所终。

㉝东宫:朱慈烺。思宗长子。崇祯二年(1629)生,立为皇太子。京师陷,被擒,伪封宋王。及贼败西走,太子不知所终。

㉞林兰友:字翰荃,仙游(今属福建莆田市)人。崇祯四年(1631)进士,授临桂知县。以息宗藩夺嫡之谋,擢湖广道御史,转南京。直声震京师,迁光禄寺卿。京师陷,为贼所执,拷掠备至。贼败,南还依唐王,用为佥都御史。南明亡,挈家遁海隅十余年卒。年六十六。

㉟张忻:字静之,掖县(今山东烟台市莱州市)人。天启五年(1625)进士,授夏邑知县,调滑县。历吏部主事,迁太常寺卿,以忤中贵归。崇祯中,叛兵围莱州,忻以守土功累迁刑部尚书。明亡降清,任天津巡抚。未几,引疾归。清顺治十五年(1658)卒,年六十五。

㊱窝铺:临时支搭以避风雨的营寨或棚子。

㊲ 刘宗敏：米脂（今属陕西榆林市）人，一说蓝田（今属陕西西安市）人。出身铁匠。崇祯七年（1634），投李自成军。骁勇善战。十五年，随自成攻襄阳，以功升权将军。自成建大顺于西安，封汝侯。十七年东征，由太原、宣化克京师。清顺治二年（1645），兵败西撤，被清军俘获于武昌附近，不屈而死，年三十八。

㊳ 长安门：在大明门内、承天门外东西两侧，称长安左门（东）、长安右门（西）。二门为进入皇城通往中央官署衙门的总门。百官上朝，由此二门步入，经天街，上金水桥，入承天门，进午门而至皇宫内。

㊴ 会极门：原称左顺门。参见第195页第24则注释⑥。

㊵ 牛金星：宝丰（今属河南平顶山市）人。举人出身。居乡有恶声。崇祯十四年（1641）投李自成，为谋士，深得信任，授天祐殿大学士。入京后以宰相自居，倾轧弄权。后随自成败走西安，自西安南撤时中途逃逸。其子牛佺降清为官，金星潜居其官邸，直至病死。

㊶ 宋企郊：乾州（今陕西咸阳市乾县）人。崇祯元年（1628）进士，授扬州府推官，累官吏部员外郎。八年，丁忧家居，降李自成。自成立大顺，改六部为六政府，以企郊为吏政府尚书。自成兵败西撤，企郊随行，途中遁去，不知所终。

㊷ 甲科：明称进士为甲科，举人为乙科。此指出身进士的官员。　打躬：同"打恭"。弯下身子作揖。表示恭敬。

㊸ 铨注：谓对官吏考选登录。

㊹ 杌坐：犹言"呆坐"。杌，浑然无知。

㊺ 炮烙：相传为殷纣王所用的一种酷刑。《史记·殷本纪》："百姓怨望而诸侯有畔者，于是纣乃重刑辟，有炮烙之法。"裴骃集解引《列女传》："膏铜柱，下加之炭，令有罪者行焉，辄堕炭中。妲己笑，名曰炮烙之刑。"后指用烧红的铁烙人的刑罚。　熸（jiān）：熄灭。此处引申为置人于死地。

㊻ 党崇雅：字于姜，宝鸡（今属陕西）人。天启五年（1625）进士。累官户部左侍郎，督饷天津。后降大顺于通州，授通州仓场侍郎。旋又降清，改刑部左侍郎。清顺治五年（1648），拜本部尚书。八年，调户部，进少保兼太子太保。明年请老归。十一年，特旨起为内翰国史院大学士，加太保兼太子太傅。十三年告归。康熙三年（1664）卒，赐祭葬如礼。

㊼ 塘报：军事情报。亦指专职传递紧急军情报告的人。

㊽ 张若麒：胶州（今山东青岛市）人。崇祯四年（1631）进士，授清苑知县。迁刑部主事，转兵部。十一年，迁职方郎中。十四年，清兵攻锦州，帝以洪承畴总督蓟辽军务，以若麒为监军，率军御敌。后若麒督促进兵，致兵败松山，承畴被俘降敌，若麒自宁远逃还，下狱论死罪。李自成入京，释之，乃降，授兵政府尚书。清兵攻京师，若麒迎降，授顺天府丞掌府事。历太仆寺少卿，官至通政使。清顺治十三年（1656），病卒于家。　黎玉田：字含玉，乾州（今陕西咸阳市乾县）人。崇祯元年（1628）进士，授沈邱知县。以才调杞县。英断不挠，尝单骑擒寇。十一年，迁右佥都御史，

寻升右副都御史巡抚保定。十五年，巡抚辽东。甲申之变，降大顺。　李希沆：字鼎武，庆阳（今属甘肃）人。崇祯元年（1628）进士，授兰阳知县，调黄冈。时寇焰方炽，希沆设险拒守之。后迁给事中，官至都御史巡抚山海关。甲申之变，降大顺。

㊾荞马私夷：荞马贱辈。李自成故里米脂，地处陕西延绥，自宋以来为朝廷养马地。其先祖承担里役，为朝廷养马户。私夷，低贱侪辈。

㊿浪战：指无取胜可能之战斗。

㊼榆关：即山海关（在今河北秦皇岛市）。古称渝关、临榆关，明改今名。

㊽一片石：关隘名。在山海关西北。

㊾德胜门：明北京内城北垣西门。

㊿李天经：吴桥（今河北沧州市吴桥县东）人。历陕西按察使、山东布政使，累迁光禄寺卿。甲申之变，降大顺。　李延鼎：未详何许人。

㊹自经吴桥之："之"后当有脱字。或"之"为衍文。

㊺张维机：晋江（今福建泉州市）人。天启五年（1625）进士。官至礼部侍郎兼掌詹事府事。甲申降大顺。　萧鸿基：未详何许人。

㊻张凤翔：堂邑（今山东聊城市东昌府区堂邑镇）人。万历二十九年（1601）进士。崇祯中，累官至工部尚书，后坐军械不具下狱。甲申降大顺。后又降清，起为户部侍郎，转吏部。清顺治八年（1651），为工部尚书。十年致仕归。

㊼通款：谓与敌方通和言好。

5. 定策本末

甲申四月，京报绝月馀，留都疑沮①。十三日，有中人夜至内府，云京师三月十七日失守，馀不能详。翌辰，张总宪巍山与御史周元泰、朱国昌、郭维经、米寿图至高司农硁斋所②，值他出，候之。而硁斋值徐魏公弘基于皇城下③，亦闻之矣。少顷，硁斋及史尚书可法、侍郎吕大器、姜詹事曰广等④，俱集议监国。首福王⑤，或云潞王⑥，时并侨淮安。或云惠王在汉中⑦，或云桂王在广西⑧，然远不即至也。高、张之意属于洛阳，史颇不然之，意在卫辉。恐北耗未确，逡巡未决。俄奏差回自都下，云三月十六日丐服手菜筐出京，夕炮声远震，迨旦寂如，馀不知也。诸人唯唯。守制山东武德道兵备佥事桐城雷演祚亦召至⑨，各散。是夕，迁上硁斋书⑩，乞遣部曹往淮扬摄漕舟，暂还留都。明日筮京师，得《泰》之"九三，无平不陂，无往不复，艰贞无咎，勿恤其孚，于食有福"⑪。筮留都，得《蛊》之"上九，不事王侯，高尚其事"⑫。自是北耗仍杳。二十二日,史尚书以三千骑勤王,渡江携印往,俾吕侍郎署部,摄礼部印。越三日,史尚书速诸臣往江浦议事,时渐知国变,不果往。吕侍郎得史手札,立传示诸公。迁寓总宪署中,获目之。诸公日素服会清议堂,谋葺武英殿⑬。二十七日,有中人奔南,备悉凶问。诸公皇皇,谓定策非本兵不能济也。是日,告奉先殿,姜詹事撰文,高尚书举笔云"神宗皇帝之第二子第一藩"云云⑭。而史尚书之手札至,意专卫辉;寻又札云"洛阳、卫辉并南下,当拊阄孝陵之前"云云⑮。亡何,总督凤阳马士英书来⑯,奉福王发淮安,将及矣。即日,守备南京太监韩赞周出迎。二十九日,王舟泊燕子矶⑰,诸公驰候。明日抵龙江关⑱,先召见列侯,次尚书史可法、高弘图、程注⑲,右都御史张慎言同谒舟中。王左手挈史,右手挈高,亦跽,泣答之。角巾衣葛⑳,坐榻上,枕衾俱敝,蚊帱不具。五月朔,登三山门㉑,环城而东,谒孝陵,自朝阳门入㉒,经东、西华门㉓,宿外守备厅。四日监国,传谕天下。是役也,南都始议未定,而马士英成之。史尚书前督凤阳,稔知福世子湛于酒色,碍于众,迟疑不敢坚执,实为社稷深虑,非私计也。徐弘基值高司农皇城下,曰:"事亟矣,惟贤是立,何论序乎?"时潞王先南下扬州、镇江,假史尚书立迎,则马士英自沮,何至其后以国予人哉!史尚书在高邮,闻福王舟近,即列诸公名启迎。而士英初意亦不专洛阳,与史尚书同,偶值福王舟,拥而南,背其始议。后谓"臣以兵十万护跸临江",欲驾南都诸公之罪。给事中李沾㉔,谓"告庙文'神宗皇帝之第二子第一藩'出臣笔",俱非其实,故备记之。初迁闻王谒陵,出朝阳门外,万众伏候。见王乘辇,角巾半污旧,手摇白竹扇,有陇亩风㉕,窃心幸之。不谓淫佚败度,为怀、愍之续也㉖。追思史氏之先见,真纯臣苦心矣,后世谁谅之者!王谒陵还,宜南自洪武门入大明左门㉗,宿便殿。竟穿朝宿外署,非礼也。前筮"于食有福",隐寓福藩;"平、陂、往、复",于时验矣。所占留都,高尚书拜相,寻罢。明年留都不守。(仁集《逸典》)

【注释】

① 疑沮:怀疑;疑惑。

② 张藐山:张慎言,字金铭,号藐山,阳城(今属山西晋城市)人。万历三十八年(1610)进士,除寿张知县,调繁曹,擢御史。崇祯元年(1628),累迁刑部右侍郎,以谳狱不称旨落职归。久之,召为工部右侍郎,寻由左侍郎迁南京户部尚书。屡上疏引疾不允,改南京吏部尚书掌右都御史事。甲申三月京师陷,五月福王即位,命掌吏部事。未几,为廷臣纠劾,乞休得请,然无家可归,流

寓芜湖、宣城间。国亡后病卒,年六十九。　周元泰、朱国昌、郭维经、米寿图:四人时为南京都察院诸道监察御史。周元泰为广东道御史,朱国昌为四川道御史,郭维经为河南道御史,米寿图为山西道御史。　高砺斋:高弘图,字研文,号砺斋,胶州(今属山东青岛市)人。万历三十八年(1610)进士,授中书舍人,擢御史。天启初(1621),以忤魏忠贤令闲正。崇祯三年(1630),召拜左佥都御史,进左副都御史。五年,迁工部右侍郎,入署总理户、工二部。以不与中官共坐乞休,帝怒,削籍归家。十六年,召拜南京户部尚书。明年三月京师陷,福王即位,改为礼部尚书兼东阁大学士。其年十月乞休,无家可归,流寓会稽。国破,逃野寺中,绝食而卒。

③ 徐弘基:魏国公徐达十世孙。万历二十三年(1595)袭,金书南京军府。三十五年,协守南京,领后府。后以疾辞。崇祯十四年(1641),起为南京守备,加太傅。卒谥庄武。

④ 史可法:字宪之,大兴(今北京市大兴区)籍,祥符(今河南开封市)人。崇祯元年(1628)进士,授西安府推官。以平贼功,累迁右佥都御史,巡抚安庆、庐州、太平、池州四府。后由漕运总督、凤阳巡抚升任南京兵部尚书。甲申之变,在南京欲立君,为马士英拥福王至,乃立福王。拜礼部尚书兼东阁大学士,仍掌兵部事。时马士英冀入相,力排可法,以督师为名,使守扬州。清多尔衮致书诱降,却之,坚守孤城。及城破,自杀未死,为清兵所执,不屈被杀。　吕大器:字俨若,遂宁(今属四川)人。崇祯元年(1628)进士,授行人,擢吏部稽勋主事。以平贼功,累迁兵部添注右侍郎,兼右佥都御史总督保定、山东、河北军务。后改南京兵部右侍郎。甲申四月,京师报陷,南京大臣议立君,大器主立潞王。福王即位,遂乞休去,为马士英所劾,削籍。明年(1645),唐王召为兵部尚书兼东阁大学士。未几兵败,奔广东拥永明王监国。久之,进少傅,尽督西南诸军。后征讨宗室朱容藩,得疾卒于都匀,谥文肃。　姜曰广:字居之,新建(今江西南昌市)人。万历四十七年(1619)进士,授庶吉士,进编修。天启时奉使朝鲜,不携中国一物往,不取朝鲜一钱归,朝鲜人为立怀洁碑。魏忠贤以其东林党,削籍归。崇祯改元,起为右中允,累迁詹事掌南京翰林院。京师陷,南京大臣议立君,曰广与大器皆主立潞王,触忤权臣,乞归。赴江西左良玉部将金声桓军,兵败,投池死。

⑤ 福王:朱由崧。父常洵,神宗第三子,封福王,就藩洛阳,所好惟酒色。崇祯十四年(1641)正月,李自成攻洛阳,城破执之,遂遇害。王妃邹氏及世子由崧避走怀庆。十六年七月,由崧袭封。明年三月,京师失守,由崧与潞王常涝俱避贼至淮安。四月,凤阳总督马士英等迎由崧入南京。五月,即皇帝位,年号弘光。由崧湛于酒色声伎,一切军政事务咸委于马士英、阮大铖等。明年三月,南宁侯左良玉以诛士英为名,举兵武昌,顺江东下。五月,清兵亦渡江攻南京,由崧走太平,至芜湖,为守城叛将所执,献于清军。九月,解送京师。明年五月被诛,年四十。弘光朝仅存一年。其后,尚有唐王隆武政权,唐王绍武政权,桂王永历政权,韩王定武政权等,均为清廷所灭。自弘光至定武,史称"南明"。

⑥ 潞王:朱常涝。父翊镠,穆宗第四子,封潞王,万历十七年(1589)就藩卫辉。四十二年,皇太后崩,翊镠悲恸废寝食,未几薨。四十六年,世子常涝嗣。崇祯中,流贼扰秦、晋、河北,常涝屡

以疏告急。后中州失,常涝流寓至杭州。清顺治二年(1645),降于清,送京。明年五月,与福王等俱被诛。据《清世祖实录》卷二十六:"壬戌(十七日),京师纷传故明诸王私匿印信谋为不轨,及行查,果获鲁王、荆王、衡王世子金玉银印,鲁王等十一人伏诛。"鲁王为"潞王"之误。

⑦惠王:朱常润。神宗第六子,封惠王,天启七年(1627)之藩荆州。崇祯十五年(1642),李自成破夷陵、荆门,据荆州,常润走避长沙就吉王。十六年,张献忠陷长沙,常润与吉王走衡州就桂王。衡州继陷,三王走永州,入广西居梧州。后常润降清送京,或与福王、潞王同时被诛。此则谓"惠王在汉中",误。汉中,为端王封地。端王朱常浩,神宗第五子,天启七年(1627)之藩汉中。崇祯中,当贼冲数年,终力有不敌,奔重庆。十七年,张献忠陷重庆,被执遇害。

⑧桂王:朱常瀛。神宗第七子,封桂王,天启七年(1627)之藩衡州。崇祯十六年(1643),衡州陷,与吉、惠二王同走广西居梧州。清顺治二年(1645),清兵平江南,福王被擒,常瀛将欲监国,闻唐王朱聿键自立于福州,遂寝其事。是年薨于苍梧。其三子永明王朱由榔袭,并于顺治三年(1646)监国肇庆,年号永历。

⑨雷演祚:太湖(今属安徽安庆市)人。崇祯三年(1630)举人。十三年,破格特用为刑部主事。十五年,擢山东武德道兵备佥事,守德州。疏劾督师范志完纵兵淫掠、克扣军饷、构结大党等,致其诛。寻以忧去。弘光时,因劾姜曰广事,被逮治,赐自尽。

⑩迁:本书作者谈迁。

⑪泰:《周易》六十四卦中第十一卦。乾下坤上。天地、人事交通和畅达于最佳,谓为"泰"。"九三"为此卦第三爻爻题。九三居三阳之上、三阴之下,将要过中,恰为泰极之时。其爻辞意谓泰极否来,无始终平直而不遇波折,无始终往前而不遭反复,然居安思危,所作所为坚守正道,则无咎而有福。

⑫蛊:《周易》第十八卦。巽下艮上。刚柔不交,上下不接,久绝不通而生事之象,谓为"蛊"。"上九"为此卦终爻爻题。上九在蛊卦之终,下无系应,处于事外。其辞意谓世事蛊坏,超脱于外,可治人心之蛊,故为高尚之志,可以效法。

⑬茸:修治;整理。此句意谓在武英殿谋画恢复之策。

⑭神宗皇帝之第二子第一藩:指福王朱常洵。神宗第二子邠王常溆早夭,故此处以常洵为第二子。常洵生母郑贵妃最受宠幸,神宗久不立太子,中外疑贵妃谋立,"争国本"达十五年。参见第404页第32则注释②。至万历二十九年(1601)始立光宗为太子,封常洵为福王,四十二年始令就藩,耗费亿万计。常洵以长先之藩,故称"第一藩"。

⑮拈阄孝陵之前:谓在太祖陵前抓阄决定立福王还是潞王。孝陵,为明太祖与孝慈皇后合葬陵墓。在南京钟山南麓。

⑯马士英:字瑶草,贵阳(今属贵州)人。万历四十七年(1619)进士,授南京户部主事。历知严州、河南、大同三府。崇祯时,累官兵部右侍郎兼右佥都御史总督庐州、凤阳等处军务。甲申之变,自庐、凤拥兵迎福王,以功升东阁大学士兼兵部尚书、都察院右副都御史,为南明弘光朝首辅。

与阮大铖相结弄权,先后罢逐吕大器、姜曰广、刘宗周、高弘图等。清顺治二年(1645),清兵破扬州,逼南京,福王走太平,士英奉王母妃走杭州就潞王。未几,潞王降,士英奔鲁王、唐王皆被拒。明年,为清兵擒斩之。

⑰ 燕子矶:在南京北郊临江(今南京市燕子矶公园)。

⑱ 龙江关:在南京城西临江(今南京市下关)。

⑲ 程注:字尔雅,孝感(今属湖北)人。万历三十八年(1610)进士,授行人。历官礼、户、吏三科给事中,以疏论客魏子弟世袭锦衣卫职太滥,削籍令养马。崇祯时起为大理寺少卿,累迁南京工部尚书。南京陷,还里卒。

⑳ 角巾衣葛:平民服饰。角巾,方巾,有棱角的头巾,为隐士或布衣冠饰。衣葛,穿葛布夏衣。

㉑ 三山门:明南京内城西南门。参见第371页第9则注释①。

㉒ 朝阳门:明南京内城东门(民国时改为中山门,今不存)。

㉓ 东、西华门:明南京皇宫东、西二门。

㉔ 李沾:华亭(今上海市松江区)人。崇祯元年(1628)进士,授慈溪知县。历知惠安,迁南京吏科给事中。以拥立福王功升太常少卿。附马士英,弹劾吕大器诸臣,超擢左都御史。后不知所终。

㉕ 陇亩:草野;山野。

㉖ 怀、愍:指晋怀帝司马炽、愍帝司马邺。永嘉五年(311),晋内乱,汉(前赵)刘曜攻破洛阳,俘怀帝至平阳。汉主刘聪在宴会上命怀帝青衣行酒,晋旧臣悲愤号哭。七年被害。其从子司马邺即位于长安,是为愍帝。建兴四年(316)冬,刘曜攻破长安,俘愍帝至平阳,寻被杀。西晋亡。

㉗ 洪武门:在明南京内城正阳门(民国时改光华门)内、皇城承天门外。自洪武门至承天门有千步廊,两侧为军政各官署衙门,左部西府。明南京内城南垣有三座城门,自东往西为正阳门、通济门、聚宝门(民国时改中华门)。　大明左门:此指明南京皇城南垣长安左门。承天门前两侧为长安左右门。

6. 蔡新童婢

崇德蔡新父为人鸩死①,新誓报,奋击之,下狱十三年。家童阿小年十五,秃发,稍识书,吁天求白主冤②。积面作饵③,携之乞食,至京击登闻鼓,历十三疏始得白。初,阿小北去,家仆婢二人谋逸。婢攘臂曰:"主母茕茕④,恃吾二人。若可去,吾当终事之。"日刈草二百斤,半供纺,半曝之待风雨,即孝女不啻也⑤。永乐癸卯⑥,新举于乡,官临淄令⑦。厚赠其婢,年至九十二。(圣集《先正流闻》引《崇德县志》)

【注释】

① 崇德：明嘉兴府崇德县（今浙江嘉兴市桐乡市崇德镇）。 蔡新：字日新，父仲良为仇人所鸩，泣誓不共戴天，奋复之，系狱十馀年。屡疏上，获免。卒业太学。举永乐二十一年（1423）乡试，擢慈利令。锄强扶弱，德政所及，苗民归化。改临淄县，为政一如慈利，民咸颂其德。

② 吁天：向天呼冤。

③ 饵：糕饼。亦泛指食物。

④ 茕茕（qióng—）：形容孤单无靠。

⑤ 不啻：不如，比不上。

⑥ 永乐癸卯：永乐二十一年（1423）。

⑦ 临淄：明青州府临淄县（今山东淄博市临淄区）。

7. 清吏张守约

张守约字彦博，岳州人①，嘉靖丙戌进士②。知华阳县③，历崇德，迁南评事寺正④，擢知淮安⑤。淮安素难治，守约遣孥归⑥，单车携二苍头之任，辟园植蔬，自奉俭约。禁绝官市，常俸贮之帑⑦，间出以赈困乏。性严峻，蓄家人少恩⑧，二苍头日啖脱粟数合⑨，鹑衣括据⑩。愤恚不得逸，一日乘守约寝刺杀之。僚吏闻变急来视，守约息仅属瞑目语之故⑪，遂死。检所遗，惟二敝箧，箧中书数束、敝裘数袭而已。衾褥帷幄，咸缀浣污裂靡堪御者⑫。二苍头竟伏法。（圣集《先正流闻》）

【注释】

① 岳州：明岳州府，治巴陵（今湖南岳阳市）。

② 嘉靖丙戌：嘉靖五年（1526）。

③ 华阳：明成都府华阳县（今四川成都市）。

④ 南评事寺正：南京大理寺属官。明大理寺设左、右二寺，各寺正一人，正六品，分理京畿、十三布政司刑名之事。评事，本指大理寺属官，此处代指大理寺。

⑤ 淮安：明淮安府，治山阳（今江苏淮安市）。

⑥ 孥：此指妻子与儿女。

⑦ 常俸贮之帑（tǎng）：常将其薪俸存贮于囊中。帑，囊。

⑧ 蓄：养育；供养。

⑨ 脱粟：糙米。只去皮壳、不加精制的米。

⑩ 鹑衣拮据：形容衣服破烂而短缺。
⑪ 息仅属(zhǔ)瞑目语之故：意谓所馀气息只够用来闭目述说被杀缘由。属，正；恰。
⑫ 缀浣(zhuì huàn)：缝补洗涤。指破旧衣服。

8. 李梦阳何景明

李何哀然四杰之首①，冠冕当代，人无异喙②。间有微文③，未加点璧④。近常熟钱牧斋选明诗⑤，论李何最严，不啻输攻矣⑥。虽非定论，录俟公据⑦。

献吉生休明之代⑧，负雄鸷之才，傥然谓"汉后无文⑨，唐后无诗"，以复古为己任。信阳何仲默起而应之。厥后齐吴代兴，江楚特起，北地之坛坫不改⑩。近世耳食者⑪，至谓唐有李杜、明有李何。自大历以迄成化，上下千载无馀子焉。呜呼！何其悖也。夷考其实⑫，平心而论之，由本朝之诗溯而上之，格律差殊，风调各别，标举兴会，舒写性情，源流则一而已矣。献吉以复古自命，曰："古诗必汉魏、必三谢⑬；今体必初盛，盛唐必杜，舍是无学焉。"牵率模拟，剽贼于句字之间，如婴儿之学语，如童子之洛诵⑭。字则字，句则句，篇则篇，毫不能吐其心之所有，古之人固如是乎？献吉曰："不读唐以后书。"献吉之诗文，引据唐以前书，纰缪挂漏，不一而足，又何说也？国家当日中月满，盛极始衰，粗才笨伯，应运而起，雄霸词盟，流传伪种。二百年以来，正始沦亡⑮，榛芜塞路⑯，先辈读书种子从此断绝，岂细故哉！后有能别裁伪体如少陵者，必以斯言为然。其以是获罪于世之君子，则非吾所惜也。

仲默初与献吉创复古学，名成之后，互相诋諆⑰，两家坚垒，屹不相下。于是低头下拜，王渼陂倒前徒之戈⑱；俊逸粗浮，薛西原分北军之祖⑲。则一时之轩轾已明，身后之玄黄少息矣⑳。予独怪仲默之论曰："诗溺于陶，谢力振之，古诗之法亡于谢。文靡于隋，韩力振之，古文之法亡于韩。"呜呼！诗至于陶谢、文至于韩，亦可以已矣。仲默不难以一言抹杀者，何也？渊明之诗，锺嵘以为"古今隐逸之宗"㉑，梁昭明以为"跌宕昭彰，抑扬爽朗，横素波而旁流，干青云而直上"㉒。评之曰"溺"，于义何居？世运迁流，风雅代变，西京不得不变为建安㉓，太康不得不变为元嘉㉔。康乐之兴会标举㉕，寓目即书，内无乏思，外无遗物。正以畅汉魏之飚流，革孙许之风尚㉖。今必欲希风枚马㉗，方驾曹刘㉘，割时代为鸿沟，画宋元为鬼国，徒抱刻舟之愚，自违舍筏之论；昌黎佐佑六经，振起八代，文亡于韩，有何援据？吾不知仲默所谓文者何文、诗者何诗也。昔贤论仲默之刺韩，以为大言无当，矫诬轻毁，箴为膏肓,允为笃论矣。献吉两书驳何,矛盾互陷,独于斯言了无诤语。弘正以后,讹谬之学流为种智㉙,后生面目偭背不知向方㉚,皆仲默谬论为之质的也㉛。(圣集《艺薮》)

【注释】

① 李何:明"前七子"之首李梦阳(字献吉)与何景明(字仲默)。参见第224页第6则注释①、第230页第12则注释⑥。　衰然:杰出貌。　四杰:指李梦阳、何景明、边贡、徐祯卿。《明史·文苑传二·何景明》:"天下语诗文,必并称何李,又与边贡、徐祯卿并称四杰。"

② 异喙:犹"异词"。不同的意见或说法。

③ 微文:隐寓讽喻的文辞。

④ 点璧:白璧的斑点。比喻美中不足。

⑤ 钱牧斋:钱谦益,字受之,号牧斋,常熟(今属江苏苏州市)人。万历三十八年(1610)进士及第,授编修。历官至礼部侍郎。崇祯时为温体仁所讦,革职。南明弘光时,诌事马士英、阮大铖,官礼部尚书。后降清,授礼部侍郎掌秘书院事。寻告病归里,暗中参与反清复明之事。清康熙三年(1664)卒,年八十三。家富藏书,学殖宏博,为明清之际文坛领袖。著有《初学集》《有学集》《投笔集》等,编有《列朝诗集》。

⑥ 输攻:亦作"输攻墨守"。喻战争。《墨子·公输》:"公输盘为楚造云梯之械,成,将以攻宋。子墨子闻之,起于齐,行十日十夜而至于郢,见公输盘。……子墨子解带为城,以牒为械,公输盘九设攻城之机变,子墨子九距之。公输盘之攻械尽,子墨子之守圉有馀。"

⑦ 公据:官府凭据。此处指公正评论。

⑧ 休明:清明美好。

⑨ 俔(xiàn)然:狂妄自大貌。

⑩ 坛坫(diàn):会盟的坛台。此处喻文坛盟主。

⑪ 耳食:谓不加省察,徒信传闻。

⑫ 衷考:考察。

⑬ 三谢:指南朝宋齐诗人谢灵运、谢惠连、谢朓。宋唐庚自《文选》中辑有《三谢诗》。

⑭ 洛诵:反复诵读。洛,通"络",连络。

⑮ 正始:合乎儒家王道、礼义之始。

⑯ 榛(zhēn)芜:草木丛杂。

⑰ 诋諆(qī):毁谤诬蔑。

⑱ 王渼陂:王九思,字敬夫,号渼陂,鄠(今陕西西安市户县)人。弘治九年(1496)进士,由庶吉士授检讨,迁吏部郎中。后以刘瑾党谪寿州同知。复被论,勒致仕。"前七子"之一。有《渼陂

集》。正德中,倡导诗文复古的李梦阳、何景明,二人间发生激烈争论,相互诋毁。李重字拟句模、刻意古范,何则主不效形迹、达岸舍筏。以致当时文坛分为三派:袒李派、申何派与中立派。王九思尝作诗评价此事,《漫兴》其三云:"仲默亲从献吉游,高才妙悟孰能俦? 宁独老夫堪下拜,即教献吉也低头。"

⑲ 薛西原:薛蕙,字君采,学者称西原先生。参见第412页第31则注释⑥。薛蕙对李何之争亦有评价,《戏成五绝》其四云:"海内论诗伏两雄,一时倡和未为公。俊逸终怜何大复,粗豪不解李空同。"后人认为,王、薛二诗是在申何抑李。 袒:别本作"祖"。依上下文,"袒"为是。谓薛蕙分化了北军之袒。李梦阳庆阳人,故称袒李派为北军。

⑳ 玄黄:天地的颜色。玄为天色,黄为地色。代指天地。此处引申为世界。

㉑ 锺嵘:字仲伟,颍川长社(今河南许昌市长葛市东)人。南朝齐梁间文学批评家。齐时官至司徒行参军。入梁,历中军临川王行参军、衡阳王与晋安王记室。著有《诗品》三卷。其中评陶渊明诗为"古今隐逸诗人之宗",列为中品。

㉒ 梁昭明:南朝梁昭明太子萧统。主持编有总集《文选》,选录自先秦至梁诗文辞赋,分三十八类,凡七百馀篇。又编有《陶渊明集》七卷,为序有曰:"其章不群,词采精拔,跌宕昭彰,独超众类,抑扬爽朗,莫之与京。横素波而傍流,干青云而直上。"

㉓ 西京:西汉都长安,东汉改都洛阳,故称洛阳为东京,长安为西京。此指以张衡《西京赋》为代表的东汉文学。 建安:东汉献帝年号(196—219)。此指以三曹(曹操、曹丕、曹植)七子(孔融、陈琳、王粲、徐幹、阮瑀、应瑒、刘桢)为代表的建安文学。

㉔ 太康:西晋武帝年号(280—289)。此指以三张(张载、张协、张亢)二陆(陆机、陆云)两潘(潘岳、潘尼)一左(左思)为代表的太康文学。 元嘉:南朝宋文帝年号(424—453)。此指以三大家(谢灵运、颜延之、鲍照)为代表的元嘉文学。

㉕ 康乐:谢灵运。东晋名将谢玄之孙,袭封康乐公,故称谢康乐。南朝梁沈约《宋书·谢灵运传论》:"爰逮宋氏,颜谢腾声,灵运之兴会标举,延年之体裁明密,并方轨前秀,垂范后昆。"

㉖ 孙许:孙绰、许询。东晋玄言诗的代表。

㉗ 希风枚马:此谓追慕以枚乘、司马相如为代表的西汉文学风尚。

㉘ 方驾曹刘:此谓可与以曹植、刘桢为代表的建安文学比肩。

㉙ 种(zhǒng)智:即佛教语"一切种智"的省称。佛教关于智慧的术语。指无所不知的佛智,是对总相、别相的全面认识。

㉚ 偭背:违背。

㉛ 质的(dì):目标或准绳。

9. 海　市

海市见于登莱①,然不独登莱也,凡滨海皆如之。人不经见②,故无得而称焉。

海盐周翁家澉浦西门外③,尝曰万历中于葫芦山观剧④,忽海上现城郭楼台,女墙内行人如织⑤,或负载,或荷盖。可二十刻⑥,颓其一隅,馀渐沦没。浙江观察中牟张天机石平⑦,尝行部海盐,登城楼,望见海中有浮屠高三十仞,白云滃滃从之⑧。初谓绝岛所未有之奇也。已而石塘阗沸⑨,人皆走,且呼曰:"海市矣,海市矣。"未几,赤壁矗起,甃城剥落若堵墙⑩,少间色变,白色楼数十间涌出其际。窗棂玲珑,金碧如画。忽苍烟飞来,复阁尽没⑪。而修竹万丛,松柏槎枒⑫,层城睥睨⑬,横亘异状。烟尽,楼脊尽出,顿还旧观。乃有长桥出于水上,隐隐历历,车马无声,楼船旗帜,似有人队介而立。其馀若鼎若铛者、幡盖者、盘盂杯棬者,目之所接,手之所指,盖不可胜数。而又倏忽尽矣。石平为吴太史骏公述之⑭,见太史《记》中⑮。

嘉靖四年四月二十三日,福宁州海中浮来五山⑯,自笔架山外而至⑰。峰峦突兀,上有草木人马,往来贸易。阖城聚观,自午逾申乃没,盖海市也。(又集《名胜》)

【注释】

① 海市:又作"海市蜃楼"。大气因光线折射,将远处景物显示在空中或地面而形成的各种奇异景象,常发生在海上或沙漠地区。旧称蜃气。蜃,传说中的蛟属,能吐气成云。　登莱:明登州府(治今山东烟台市蓬莱市)、莱州府(治今山东烟台市莱州市)。

② 经值:经常遇到。

③ 澉浦:明海宁卫澉浦所(今浙江嘉兴市海盐县澉浦镇)。

④ 葫芦山:在澉浦城东南濒海。

⑤ 女墙:城墙上呈凹凸形的小墙。亦泛指矮墙。

⑥ 可二十刻:大约夜半时分。参见第481页第4则注释⑨。

⑦ 张天机:字石平,中牟(今属河南郑州市)人。崇祯四年(1631)进士。历官参议。入清,授浙江粮储道观察使。

⑧ 滃滃(wěng—):云气腾涌貌。

⑨ 石塘:石筑堤岸。　阗(tián)沸:喧闹混乱。

⑩ 甃(zhòu)城:用砖瓦所砌城墙壁。

⑪ 复阁:重叠的楼阁。

⑫ 槎枒(chá yā):亦作"槎牙""槎丫"。树木枝杈歧出貌。

⑬ 层城睥睨:高城短墙。层城,重城,高城。睥睨,女墙,矮墙。

⑭ 吴骏公:吴伟业,字骏公,号梅村,太仓(今属江苏苏州市)人。师事张溥,为复社成员。崇

祯四年(1631)进士,授编修。官至左庶子。南明弘光时,拜少詹事。入清,官至国子监祭酒。工诗文,善词曲,亦精书画。与钱谦益、龚鼎孳并称"江左三大家"。有《吴梅村全集》。

⑮ 记:指吴伟业《海市记》文。见《吴梅村全集》卷三十九。
⑯ 福宁州:明福宁州,治霞浦(今属福建宁德市)。
⑰ 笔架山:在霞浦城东南海岛上(今霞浦县长春镇神仙岛)。

10. 严 讷

常熟严文靖相国家居①,有老儒候之,诣相国曰:"先生自视与孔子何如?"相国骇逊②,老儒曰:"非谓道德也,第论名位。"相国曰:"宣尼仅鲁司寇③,仆忝冒多矣④。"老儒又曰:"老先生何如周公?"相国益骇逊,老儒曰:"当周公初造⑤,又值流言,不如老先生作太平宰相。"又曰:"老先生何如伏羲氏⑥?"相国骇不能答,老儒曰:"今日某卜祈伏羲氏,闻相国召,舍之而来,真过之矣。"相国大笑。(和集《丛赘》)

【注释】

① 严文靖:严讷,字敏卿,常熟(今属江苏苏州市)人。谥文靖。参见第436页第14则注释⑧。

② 骇逊:惊骇而避让。

③ 宣尼:指孔子。西汉平帝元始元年(1),追谥孔子为褒成宣尼公。后因称孔子为宣尼。鲁司寇:春秋时诸侯国职官,掌刑狱纠察。据《史记·孔子世家》,鲁定公九年至十四年(前501—前496),孔子仕鲁,"定公以孔子为中都宰。一年,四方皆则之。由中都宰为司空,由司空为大司寇"。宰,春秋时地方县邑长官。中都宰,即中都(今山东汶上县西)县长。司空、司寇,西周始置。治理朝政有司徒(掌民户劳役)、司马(掌兵马军备)、司空(掌土地工程)等"三司",其次为司寇。"三司"和司寇又有大、小之分。孔子由县宰升小司空再升大司寇。

④ 忝冒:犹言滥竽充数。

⑤ 初造:谓刚开始奠定基业。周克商第二年,武王病逝,成王年幼,由周公摄政。周公兄弟管叔、蔡叔、霍叔散播流言,引起朝中误解。管叔等还勾结纣王之子武庚,联合东夷部落起兵,史称"三监之乱"。周公率军东征,诛管叔、武庚,逐蔡叔,乱平。

⑥ 伏羲:古代传说中的三皇之一。风姓。相传其始画八卦,又教民渔猎,取牺牲以供庖厨,因称庖牺。

11. 盗　侠

沁水窦生①,以父尉迁安②,往候遂还,出天津值盗,剖箧见残简,薄之。生曰:"迁安尉,安能厚耶! 今且何以归也?"盗感悟,引还家,贻百二十金。赠小黄帜,令道警出示之③。自是畏途示帜,彼悍少曰:"自大兄所来乎?"生得返里。其兄游河南,语此事于逆旅老人。老人曰:"后辈草草何足道④。"因叩之,老人曰:"少作此伎俩,今发种种矣⑤,无足问也。"随问:"客能射乎?"客引强弓面且赤。老人拓弓如轻绵,射飞鸟命中,客骇服。老人曰:"平平耳。"更截柳桯各二尺置树端,发铲矢必中裂。又立木寸馀,矢捭木平过⑥,又不仆。老人投弓而叹:"休矣。日薄西山,可奈何? 客今后如道警,第述某名氏,犹及免也。"(和集《丛赘》)

【注释】

① 沁水:明泽州沁水县(今属山西晋城市)。
② 迁安:明永平府迁安县(今河北唐山市迁安市)。
③ 道警:指旅途中的危急情况。
④ 草草:草率;苟简。
⑤ 种种(zhǒng—):头发短少貌。形容年迈。
⑥ 捭(bò):分开;撕裂。

12. 科第阴德

随州程铎①,崇祯戊辰进士,授惠州推官。庚午分考闽闱②,撤棘语门人曰③:"吾辈读书虽借文字,而积德尤为之本。予记公车时④,舟泊一渚,是夕北岸某家失火,有妇裸奔投水,予呼僮救之入舟。恐僮辈有他意,坐守彻夜,解衣衣之,凌晨归其家而行。是妇见疑于夫,谓幸生⑤,逐之,适怀妊不能明也。还母家,后举子⑥,岐嶷可爱⑦,少即补诸生,隽乡榜⑧,戊辰同礼闱。初场稿毕,拍案叫绝,俄烛蕊烬其角,自度不中格⑨,未誊真⑩。步于号房,见隔坐老孝廉枯坐,举稿授之。记其名,乃程铎也。铎因得隽成进士,少年来访,恳问素履,漫以前事应之。少年泣拜曰:'公真长者,吾母长诵其事,无路访觅。今借以七艺报⑪,于愿足矣。'乃述母见逐之故,其冤始白。故知阴德灼灼不爽也⑫。"备叙颠末,以为门人训。

鄞县邵仲陟⑬,己卯馆袁化祝氏⑭。赴秋闱,寓妇意挑之,仲陟不应。侍女间馈茗饵,悉却之。或妇自至,避不接,且戒祝氏童勿以语人。仲陟竟登榜。(和集《丛赘》)

【注释】

① 程铎:字仲声,江夏(今湖北武汉市)人,一说随州(今属湖北)人。崇祯元年(1628)进士,授惠州府推官。后平九连山贼,凯旋疾作,书"英雄气尽"四字,遂卒。民立祠祀之。

② 庚午:崇祯三年(1630)。 分考闽闱:谓分任福建乡试考官。

③ 撤棘:指科举考试放榜后。因放榜日关闭贡院,并于门口设置荆棘,以防落第者闯入喧闹,放榜后撤去,故称。

④ 公车:代指举人。参见第457页第27则注释⑰。

⑤ 幸:旧指男子的情爱。此句意谓(丈夫)以为妇人是书生的情人。

⑥ 举子:生育子女。此指生子。

⑦ 岐嶷(nì):形容幼年聪慧。《诗经·大雅·生民》:"诞实匍匐,克岐克嶷。"朱熹集传:"岐嶷,岐茂之状。"

⑧ 隽(juàn):中选;中式。

⑨ 中(zhòng)格:合格。

⑩ 誊真:谓以楷书誊写。

⑪ 七艺:七经。汉以来所推崇的七部儒家经典。七经名目,历来说法不一。东汉指《易》《诗》《书》《仪礼》《春秋》《公羊》《论语》;唐指《诗》《书》《礼》《乐》《易》《春秋》《论语》;宋指《书》《诗》《周礼》《仪礼》《礼记》《公羊》《论语》;清指《易》《书》《诗》《春秋》《周礼》《仪礼》《礼记》。此处泛指科举应试所涉儒家经典。

⑫ 灼灼不爽:谓彰著而不差。

⑬ 邵仲陟:鄞县(今浙江宁波市)人。崇祯十二年(1639)举乡试。仕履未详。

⑭ 己卯:崇祯十二年。 袁化:地名。在明嘉兴府海宁县东北(今浙江嘉兴市海宁市袁花镇)。

三垣笔记

[明] 李 清

《三垣笔记》三卷、《附识》三卷,明李清撰。清字映碧,一字心水,兴化(今属江苏泰州市)人。崇祯四年(1631)进士,授宁波府推官。十年,召为刑科给事中,复改吏科,转工科。十七年甲申之变,福王即位南京,清以故官往依之,迁大理寺左丞。南都失守,辗转流寓江之南北,后归隐兴化枣园,清廷屡征不起,以著述自娱。主要著作有《南渡录》《南北史合注》等。

《三垣笔记》记崇祯、弘光两朝史实。所谓"三垣",即作者所任"刑垣""吏垣""工垣"三科,举其所闻见,以笔之于书。而以目见者为《笔记》,耳闻者为《附识》,要在存其真也。故记当时朝章典故,重臣言行皆翔实可信,无所偏颇,可订正《明史》之舛谬并增补其不足。

选文标题为编者所拟。

1. 上召诸推知入对

上于崇祯戊寅四月①,忽一日御门召诸推知入对②,一无问难,惟五人一班,听其自言。或语冗碎不可了,上必云:"减省些。"或误称臣为知县,或误称上为老大人,旋觉误,仓皇称老皇上者,上微笑。问毕,人给一卷,试题亲洒宸翰③,贴于壁,惟判题不同。盖亦仿唐人身言书判故事也④。(《三垣笔记·上·崇祯》)

【注释】

① 崇祯戊寅:崇祯十一年(1638)。

② 推知:明府州县官的统称。亦专指府推官与知县。洪武时,天下府州县官凡廉能正直、考课为最者,则越级擢用。至崇祯,词臣为帝所轻,凡馆员须历推知,然后考课选用。《明史·郑以伟传》:"以伟修洁自好,书过目不忘,文章奥博,而票拟非其所长。尝曰:'吾富于万卷,窘于数行,乃为后进所蘧。'章疏中有'何况'二字,误以为人名也,拟旨提问,帝驳改始悟。自是词臣为帝轻,遂有馆员须历推知之谕,而阁臣不专用翰林矣。"

③ 亲洒宸翰:谓皇帝亲自书写(试题)。

④ 身言书判:唐科举制,进士及第后并不授官,尚须经吏部复试,称"释褐试"或"省试",取中后才授官职。据《通典·选举三》:"其择人有四事:一曰身,取其体貌丰伟;二曰言,取其言词辨正;三曰书,取其楷法遒美;四曰判,取其文理优长。四事皆可取则先德行,德均以才,才均以劳。其六品以降,计资量劳而拟其官;五品以上,不试,列名上中书、门下,听制敕处分。凡选,始集而试,观其书判;已试而铨,察其身言;已铨而注,询其便利而拟其官;已注而唱示之,不厌者得反通其辞,他日更其官而告之如初;又不厌者,亦如之;三唱而不厌,听冬集。"冬集,唐职事官任满后,按规定冬季集于京师参加铨选,谓之冬集。

2. 刑部冤狱

予初入刑垣①,郑司寇三俊获谴归②,予就寓谒,问刑部何事最冤,三俊惨然曰:"无过盗情。若欲平反,不过云秋后处决尔。"予愕然曰:"何谓?"三俊曰:"此皆从东厂缉获者,司官不敢反③,堂官何繇反④?惟择无赃无证,情可矜疑者⑤,缓以秋决,或可从容解网也⑥。"相与叹息久之。三俊有清正名,下狱时,风埃暴起,翳日无光⑦,行路莫不吁嗟。(《三垣笔记·上·崇祯》)

【注释】

① 刑垣：指刑科。唐以后称谏官官署为"谏垣"。明设六科，掌侍从规谏，故称为"垣"。
② 郑三俊：字用章，池州建德（今安徽池州市东至县东北）人。万历二十六年（1598）进士，授元氏知县。历南京礼部郎中、归德知府、福建提学副使、太常少卿、左副都御史，累官刑部尚书。寻以谳狱不称旨，被诬下狱。崇祯十五年（1642），召复故官，旋代为吏部尚书。未几，乞休归。国变后，家居十馀年乃卒。
③ 司官：主管官员。此指刑部十三清吏司属官，如郎中、员外郎、主事等。
④ 堂官：指各部尚书、侍郎等官员。参见第129页第2则注释④。
⑤ 矜疑：谓罪犯可悯，案情可疑。
⑥ 解网：解开罗网。比喻宽宥、仁德。
⑦ 翳（yì）日：蔽日。翳，遮蔽，隐藏。

3. 东厂盗最冤

予初入刑垣，闻东厂盗最冤，每厂役获盗①，必加以五毒②，择肥而攀，俟罄掳既饱③，然后呈厂。厂上疏皆历历有词，不四日便下部拟，不十馀日便依样招奏，又不四日便会官处决。曾有一盗赴市，太息云："我贼也不曾做，如何诬我为盗？"一日，予晤刑部一司官，以平反劝，惨然曰："不敢。"予曰："何也？"对曰："天下有一介不取之官，而无一介不取之吏，若一翻厂招，异日借题罗织，官吏并命矣④。"一时干和招灾⑤，莫此为甚。（《三垣笔记·上·崇祯》）

【注释】

① 厂役：此指东厂役卒。
② 五毒：古代五种酷刑。明称为"全刑"。《明史·刑法志三》："全刑者曰械，曰镣，曰棍，曰拶，曰夹棍。五毒备具。"
③ 罄掳：谓搜括殆尽。
④ 并命：共命运；同死。
⑤ 干和招灾：冲犯平和而招致灾祸。

4. 遇北兵辄股栗

北兵入犯，连破数十城，无敢撄者①。孙总督传庭亦云②："我麾下百战兵，为流

贼望而胆落者,遇北兵辄股栗③。(《三垣笔记·上·崇祯》)

【注释】

① 撄:触犯;迫近。

② 孙传庭:字百雅,振武卫(今山西忻州市代县)人。万历四十七年(1619)进士,授永城知县。天启时,以吏部稽勋司郎中请告归,家居久不出。崇祯八年(1635),始迁验封司郎中,超擢顺天府丞。明年,代为陕西巡抚讨流贼高迎祥,擒之。又与洪承畴联兵,击溃李自成、张献忠等。十一年,清军入长城,京师戒严,召传庭、承畴入卫,擢传庭为兵部右侍郎兼右佥都御史总督诸镇援军。因与兵部尚书杨嗣昌不协,引病告休,帝发怒斥为民,下狱待决。十五年,李自成攻破河南,起传庭将禁军援开封,旋赴陕西总督三边。明年,进兵部尚书,改称督师,督河南、四川、山西、湖广、贵州及江南北军务。是年十月,李自成破潼关,传庭战殁于阵,年五十一。帝疑其诈死,不予赠荫。《明史》本传:"传庭死而明亡矣。"

③ 股栗:大腿发抖。形容恐惧之甚。

5. 杨光先责陈启新

崇祯九年八月初,北兵入塞,陈给谏启新时派守门①,有新安官生杨光先历阶而上②,责以不请缨而守门③。启新惭,但答:"一死无益。"光先曰:"公以口舌得官,既荷殊恩,当有异报,乃惮一死耶?"拂衣欲出,启新复揖之入室。光先责以先不当受职,又责以"受职后,国计、民生、兵马、钱粮四项绝不侃侃直言,而今日一疏'色衣穿朝'④,明日一疏'御街走马'⑤,后日一疏'护日不敬'⑥。岂未为官时,天下便有许多可痛哭流涕处,一为官后,便人人迁善改过,事事革故鼎新,天下遂到无一事可言处"。又曰:"公一味真方假药,恕己责人,寻人小疵,搪塞了事。异日被上看破,讨不得个明哲保身⑦,思予言晚矣。"启新怒甚。后如其言。(《三垣笔记上·崇祯》)

【注释】

① 陈启新:山阳(今江苏淮安市)人。武举出身。历京师太仓军士、漕司书办。崇祯九年(1636),上疏言今天下有三大病:一为科目取人,文章政事相悖;一为资格用人,惟尚文途贡举;一为推知行取,惟选进士为科道。故宜停科目以黜虚文,举孝廉以崇实行,罢推知行取以除积横之

习,蠲灾伤钱粮以苏累困之氓。帝奇其言,立擢吏科给事中。累官刑科右给事中。十五年,以隐丧事被劾下狱,后遁去。

② 官生:明高官所请荫之子。《明史·选举志一》:"明初因前代任子之制,文官一品至七品,皆得荫一子以世其禄。后乃渐为限制,在京三品以上方得请荫,谓之官生。" 杨光先:新安卫(今安徽黄山市歙县)人。官千户。崇祯九年(1636),上书弹劾陈启新及元辅温体仁,舁棺自随。帝怒,廷杖,远戍辽西。

③ 请缨:谓自告奋勇请求杀敌。《汉书·终军传》:"南越与汉和亲,乃遣军使南越,说其王,欲令入朝,比内诸侯。军自请:'愿受长缨,必羁南越王而致之阙下。'"缨,套马的革带,引申为绳索。

④ 色衣穿朝:谓官员上朝服饰不合礼仪。明文武官公服,按品级有严格规定,不可错乱。参见第253页第3则注释⑥。

⑤ 御街走马:在御街策马奔驰。御街为京城中皇帝出行的街道,禁止车马奔走。

⑥ 护日不敬:谓侍奉人君不谨守恭敬。以上数句,意谓身为言官,不直言国计民生等大事,而专事纠弹官员违礼不敬等小疵。

⑦ 明哲保身:谓明智者不参与可能给自己带来危险的事。《诗经·大雅·烝民》:"既明且哲,以保其身。"孔颖达疏:"既能明晓善恶,且又是非辨知,以此明哲择安去危,而保全其身,不有祸败。"

6. 袁恺上疏

予署篆时①,袁同官恺忽入②,预与予别,予惊问故,恺袖出一稿示曰:"已上。"余阅之,言甚激。其一言上不可过宠宗室,以鱼肉小民;其二言上不宜滥开保举,以混浊仕路;其三言上不宜赘设总监臣③,以掣诸督抚肘;其四言上不宜戮辱大臣,致罪轻罚重之刑部尚书刘之凤身罹重辟④。中一段有云:"近上决意兴河工,同官夏尚纲切切言之⑤,亦未重谴也,诸臣皆不言,何耶?"末云:"辅臣薛国观是忠是佞⑥,更望详察,以听自裁,无令久妨贤路。"予阅讫,举手贺曰:"直哉!公一身不惜,何有一官?"越数日,竟留中。或云上是时已疑国观,故不处恺。国观闻而衔之,每恺具一疏,不曰殊属沽名,则曰何得市恩。若上一改票⑦,便加降调耳。阁臣休容之度一时乃尔⑧。(《三垣笔记·上·崇祯》)

【注释】

① 署篆:掌印。因官印皆刻篆文,故名。

② 袁恺:字伯顺,聊城(今属山东)人。崇祯四年(1631)进士。由太原推官入为刑科给事中。陈时弊五事,请罢首辅薛国观,继发其纳贿行私事,语侵佥都御史宋之普。国观遂获罪,而恺为之普所倾,亦贬秩调外。弘光时起故官,道卒。

③ 总监臣:即总监军。明末特设此职,以亲信太监充任,监督军队将领。

④ 刘之凤:字雏鸣,中牟(今属河南郑州市)人。万历四十四年(1616)进士。历南京御史。天启时上疏忤魏忠贤,夺其职。崇祯二年(1629)起故官,累迁刑部侍郎,寻代郑三俊为本部尚书。十三年,以轻判南京给事中荆可栋贪污罪,帝疑其受贿,下狱坐绞。李清等论救不果,竟瘐死。

⑤ 夏尚纲:大兴(今北京市大兴区)人。崇祯四年(1631)进士。历官刑科给事中。十二年四月,命修河池,尚纲上疏谏。据《明史纪事本末》卷七十二:"京城池濠,广五丈,深三丈。给事中夏尚纲上言:'连年塞垣失守,门庭无惫,若使堑水足拒,则去年通、德、沧、济,其为广川巨浸何限?而扬鞭飞渡,如入无人,则控挑险要,在人不在险明矣。今掷此百万于水滨,孰若移而用之于岩疆,使敌骑不得蹒入哉?'不听。"

⑥ 薛国观:韩城(今属陕西渭南市)人。万历四十七年(1619)进士,授莱州推官。天启时擢户科给事中,数有建白。附魏忠贤,争击东林党,迁兵科右给事中,再迁刑科都给事中。崇祯改元,为南京御史袁耀然所劾,罢归。复起为礼科都给事中,迁太常少卿。崇祯九年(1636),擢左佥都御史。明年,拜礼部左侍郎兼东阁大学士入阁参机务。寻以吏部尚书、武英殿大学士任首辅。十三年,以受贿事令致仕。又为袁恺所论,明年逮至京,命自缢死。

⑦ 改票:改书票旨。参见第231页第13则注释②。

⑧ 休容:宽容气量。此句意谓内阁大臣的气度不过如此。

7. 倪元璐不惧北兵

予与倪少司马元璐行抵济宁①,忽飞骑传北兵至,城中如沸,妇女啼号载道。诸公皆惶惑欲遁,倪走书约予,矢不他移②,且拟次日与周仪曹镳、钱寺簿位坤同登城犒兵③,诸公惭而止。又行至一小堡,值北兵攻某城,炮声甚逼,诸公又惶惑欲遁,倪曰:"吾当以死守堡耳。"次日方徐徐登道。时与北兵虽分道,然相去仅三十里,一横冲便至,倪不惧也。(《三垣笔记·中·崇祯》)

【注释】

① 少司马:明指兵部左、右侍郎。　倪元璐:字玉汝,上虞(今浙江绍兴市上虞市丰惠镇)人。

天启二年(1622)进士,改庶吉士,授编修。崇祯改元,尝上疏论魏忠贤遗党,力颂东林,寻进侍讲。又请毁《三朝要典》。历南京司业、右中允、右谕德充日讲官、右庶子、国子监祭酒。雅负时望,为权臣所忌,崇祯八年(1635),落职闲住。十五年九月,诏起兵部右侍郎兼侍读学士。明年春抵都,陈制敌机宜,超拜户部尚书兼翰林院学士,仍充日讲官。明祖制,江浙人毋得任户部官,因屡辞,不允,寻命兼吏部事。十七年二月,命以原官专直日讲。逾月,李自成陷京师,元璐取帛自缢而死。赠少保、吏部尚书,谥文正。此则指李清以刑科给事中被贬,十五年起补吏科,即闻边警,冒险北上,至淮安而遇其师倪元璐及周镳诸人,于是同行,抵济宁(今属山东)。

② 矢不他移:谓立誓决不改变志向。矢,发誓。

③ 周镳:字仲驭,金坛(今属江苏常州市)人。崇祯元年(1628)进士,授南京户部主事,改礼部。寻抗疏极论不当宠任内臣,帝怒,斥为民。由是天下知名。十五年,起礼部主事,进郎中,为吏部尚书郑三俊所倚。然好名利,为言官疏论罢归。福王立于南京,以镳别图拥戴,被指为姜曰广私党,下狱,赐自尽。 仪曹:唐以后礼部郎官之别称。 钱位坤:长洲(今江苏苏州市)人。崇祯四年(1631)进士。历兵部职方郎中,累迁大理寺正。甲申之变,降李自成。福王立,治从贼之狱,位坤列四等罪应成拟赎。 寺簿:唐以后太常、光禄、大理等卿寺属官之别称。

8. 言官频过阁臣

予为刑垣时,见言路诸公以频过阁臣为愧①,至此番独不然。每清晨过阁臣门,马扇重沓②,非某科亦某道。周辅延儒喜软美③,故多媚子④,吴辅甡尚声气⑤,故间出伪士。惟蒋辅德璟有才名⑥,喜掖后进,知名士多附焉。予与沈给谏荫培往谒⑦,见座无虚席,止立谈中门,饮茶阶下而退。予上马,顾问荫培曰:"何例?"荫培笑曰:"新例也。"(《三垣笔记·中·崇祯》)

【注释】

① 频过:频繁拜访。

② 马扇:扇马或骗马。阉割过的马。此指官员坐骑。 重沓:此指聚集。

③ 周延儒:字玉绳,宜兴(今属江苏无锡市)人。万历四十一年(1613)会试、殿试皆第一,授修撰。天启中,官至少詹事掌管南京翰林院事。思宗即位,召为礼部右侍郎。崇祯二年(1629),拜礼部尚书兼东阁大学士入参机务。四年,成基命致仕,遂以延儒为首辅。明年,进少傅兼太子太傅、吏部尚书、建极殿大学士。与温体仁争权,寻以叛将李九成等陷登州事被劾,六年,引疾乞归。十四年,诏起复为首辅,加少师兼太子太师、吏部尚书、中极殿大学士。十六年,进太师,帝益尊礼。然延儒实庸驽无材略,且性贪。时天下大乱,一无所谋画,信用文选郎吴昌时弄权。清兵入

关,延儒自请视师,避不敢战,惟与幕下客饮酒娱乐,日草章奏捷。后为锦衣卫指挥骆养性发其真相,帝大怒,遣其归。未几,言官劾吴昌时赃私巨万,大抵牵连延儒。冬十二月,昌时弃市,勒令延儒自尽,籍其家。　　软美:温顺美好。

④ 媚子:亲爱之人。

⑤ 吴甡:字鹿友,兴化(今属江苏泰州市)人。万历四十一年(1613)进士。历知邵武、晋江、潍县。天启二年(1622),征授御史。后以忤魏忠贤,削籍。崇祯改元,召复故官,先后巡按河南、陕西,又出为山西巡抚。崇祯十一年(1638),迁兵部左侍郎,未赴,兵部尚书杨嗣昌请推他人,帝怒,令甡落职闲住。十三年冬起故官,明年命协理戎政。十五年,擢礼部尚书兼东阁大学士入阁。与首辅周延儒政见不合,各树党帜。延儒居江南,为江南党;甡居江北,为江北党。十六年,流贼连陷襄阳、荆州、承天,命甡督师湖广。甡请拨精兵三万,自金陵赴武昌,久之乃调残兵万馀,不果行。值清兵入关,周延儒自请督师北上,日奏捷。甡不得已,以五月辞朝,帝命中官赐银牌给赏,越宿又下诏责其逗留,削其官职,下法司议罪。南京兵部尚书史可法驰疏救,不从。十一月,遣戍金齿。明年,途经南康,闻京变。未几,福王立,赦还,复故秩。国变后久之,卒于家。

⑥ 蒋德璟:字申葆,晋江(今福建泉州市)人。天启二年(1622)进士,改庶吉士,授编修。崇祯时,由侍读历迁少詹事。崇祯十五年(1642),擢礼部尚书兼东阁大学士入直。周延儒、吴甡各树门户,德璟无所比,性鲠直,渊博有文才。十六年,进太子少保、户部尚书、文渊阁大学士。明年三月初,廷辩得罪,去位寓外城。旋城破,得亡去。福王监国,欲召入阁,固辞不赴。又明年,唐王立于福州,召入,寻以足疾辞归,卒于家。

⑦ 沈荫培:史籍中皆作"沈允培"。归安(今浙江湖州市)人。崇祯四年(1631)进士。累官吏科都给事中。

9. 不为同邑相公累

予族兄沛①,同邑吴辅甡甥也。予赐环北行②,语予曰:"弟行矣,何以益吾舅?"予曰:"但不为累。"兄曰:"何累?"予曰:"不肖者贪利,则假同邑相公以招摇;贤者好名,则假同邑相公以标榜。皆累也。"及抵京,闻周、吴二阁臣处,人竞挑激③。时韩给谏如愈④,予同邑同籍也⑤,入谒,蹙眉曰:"吾辈一门人,一同里,两姑难为妇⑥,若何?"予曰:"非公事不见,亦非公服不见耳。"如愈首肯。故予二人游二辅间,独免于评论。(《三垣笔记·中·崇祯》)

【注释】

① 族兄沛:指李清同族兄长李沛。兴化(今属江苏泰州市)人。诸生。明亡,清廷征以贤良

方正,不就。

② 赐环:亦作"赐圜"。旧时放逐之臣,遇赦召还谓"赐环"。《荀子·大略篇》:"绝人以玦,反绝以环。"杨倞注:"古者臣有罪待放于境,三年不敢去,与之环则还,与之玦则绝,皆所以见意也。"此指崇祯十五年(1642),李清起补吏科给事中,北上赴任。

③ 挑激:挑拨煽动。指阁臣周延儒、吴甡各立门户,其党互相攻讦。

④ 韩如愈:字唐山,兴化(今江苏泰州市)人。崇祯四年(1631)进士。累官兵科给事中。凛然有正气,尝劾都给事中曾应璘,或谓散员不当劾都谏,如愈正色曰:"都谏贤则敬之,不贤则纠之,敢恤僚谊而欺明主哉!"十六年,劾山东总兵刘泽清剿贼不力,焚掠地方,泽清遣人杀之于道。

⑤ 同籍:此指同一官职。

⑥ 两姑:两位婆婆。 妇:新妇;儿媳。

10. 吾辈为其难

闯贼围京城,马翰林世奇与成枢曹德书云①:"吾辈舍一死无别法,吾不为其难,谁为其难者!"而德亦复书云:"人生慷慨仗节易②,从容就死难,吾辈为其难,亦为其易乎!"又云:"弟老母舍妹争欲先引决,弟止之,志在为其难。然虑变起仓卒,我辈无以自明,故复以二义相商也③。"已,妹先自尽,德哭视其缢,其妾请继之,德痛不及视,入别其母张氏,哭尽哀,出而自缢。母见子女及妾皆没,亦自缢,惟继妻一妾一子留居江南金坛县得免④。越载馀,忽传德不死,间行抵江南。妻妾闻之,皆忿然曰:"彼若不死,我辈必死,名殉实逃,何颜生存?"既问之,妄也。其忠义所感,刑于寡妻如此⑤。(《三垣笔记·中·崇祯》)

【注释】

① 马世奇:字君常,无锡(今属江苏)人。幼颖异嗜学,有文名。崇祯四年(1631)进士,改庶吉士,授编修。十一年,以词臣分谕诸藩,世奇使山东、湖广、江西诸王府。还,历左谕德、左庶子。十七年三月,城陷,自缢死。赠礼部右侍郎,谥文忠。清赐谥文肃。 成德:字元升,霍州(今属山西临汾市)人,依舅氏占籍于怀柔(今北京市怀柔区)。与马世奇同年进士,授滋阳知县。性刚介,清操绝俗,疾恶如仇。以极论温体仁,坐戍边。七年,荐起如皋知县,寻擢兵部武库主事。甲申城破,趋午门,见兵部尚书张缙彦自贼所出,以头触其胸,詈之。俄闻帝崩,奔东华门哭奠,归家与妹及母夫人等自缢死。赠光禄卿,谥忠毅。清赐谥介愍。 枢曹:明用以代称兵部属官。

② 慷慨仗节:谓意气激荡、坚守节操。

③ 二义:另外之义。指前述"慷慨仗节"之义。
④ 金坛:明镇江府金坛县(今江苏常州市金坛市)。
⑤ 刑:通"形"。显现;显示。

11. 名 妓 王 微

许光禄誉卿所纳名妓王微有远鉴①,南渡后,微病,临终,以所缄一布袱授誉卿曰:"我死必乱,汝可启之。"及北兵入吴,誉卿将远匿,乃启袱视之,则破衣一件,碎银一包也。若钱宗伯谦益所纳妓柳隐②,则一狎邪耳③,闻谦益从上降北,隐留南都,与一私夫乱④,谦益子鸣其私夫于官,杖杀之。谦益怒,屏其子不见⑤,语人曰:"当此之时,士大夫尚不能坚节义,况一妇人乎!"闻者莫不掩口。(《三垣笔记·中·崇祯》)

【注释】

① 许誉卿:字公实,华亭(今上海市松江区)人。万历四十四年(1616)进士,授金华推官。天启中,征拜吏科给事中,抗疏极论魏忠贤大逆不道,镌秩归。思宗即位,起为兵科给事中。时大治阉党,誉卿具疏论吏部尚书王永光,以为不当,为珰孽薛国观所忮,遂引去。崇祯七年(1634),起故官,历工科都给事中。劾大学士温体仁、王应熊等玩寇速祸之罪,帝不问,遭削籍。后廷臣相继论荐,竟不果用。弘光朝,起为光禄寺卿,不赴。南都亡,剃发为僧,久之卒。 王微:别本作"王媺"。

② 柳隐:本名杨爱,嘉兴(今属浙江)人。自幼被卖与官宦人家,后沦落青楼,为江南名妓。改姓柳名隐,字如是,号河东君。即以字行。工诗善画,风流纵诞。崇祯十四年(1641),嫁钱谦益为妾。甲申之变后,谦益为弘光朝礼部尚书。清兵迫南都,劝谦益自杀殉明,不从。谦益降清北上,如是留南京。寻谦益辞官归,居常熟虞山。顺治四年(1647),谦益以助反清事入狱,如是奔走呼号救以出。康熙三年(1664),谦益卒,族人争产,如是自缢殉之,年四十七。有《湖上草》《戊寅草》等集。

③ 狎邪:谓行为放荡,品行不端。柳如是常着男装,行事不羁于流俗。据清陈鼎《东林列传》卷十《周镳雷縯祚合传》:"尝闻之父老云:阮大铖誓师江上,衣素蟒,围碧玉,见者讶为梨园装束;钱谦益为礼部,以艳妓为妻之柳隐者,冠插雉尾,戎服佩刀,跨骑而入国门,睹者以为明妃出塞。呜呼!大兵、大礼皆如娼优排场之戏,岂非人妖物怪乎?欲国之不亡不可得也。"

④ 私夫:家奴;仆从。

⑤ 屏(bǐng):摈弃;放逐。

12. 许琰殉国

长洲许生员琰闻毅庙缢殉①,恸哭投水死。于少参重庆先济南道②,以国变南归,与同乡冯绅犹龙饮③,犹龙力称琰忠,重庆曰:"不然,若非忧贫则忧病,假此为名耳。"犹龙斥其言,重庆几与大哄④,众解之乃已。(《三垣笔记·下·弘光》)

【注释】

① 许琰:字玉仲,吴县(今江苏苏州市)人。为诸生。闻京师陷,帝殉社稷,大恸,誓欲举义兵讨贼,走告乡里皆不应。端午日,步至胥门投于河,适潞王舟至,救之出,询其故,嗟叹良久。后绝食而死。乡人私谥潜忠先生。　毅庙:指思宗朱由检。崇祯十七年(1644)三月,李自成陷北京,自缢于煤山,明亡。清兵入关,谥怀宗,后改庄烈愍皇帝。南明上庙号思宗,后改毅宗。史称思宗或崇祯皇帝。

② 于重庆:金坛(今属江苏常州市)人。崇祯四年(1631)进士。官至山东布政使司参议、提刑按察使司副使。　少参:布政使司左、右参议。谓"分守道"。参见第164页第1则注释⑩。

③ 冯犹龙:冯梦龙,字犹龙。参见第463页第30则注释⑦。

④ 大哄(hòng):大吵;吵架。

13. 左懋第北使

左少司马懋第等北使①,为犒师,为祭山陵,访东宫二王踪迹②。其奏:"据探官探视,先帝梓宫以三十六人、周后以十六人③,舁至田贵妃坟上④,民酿钱四十千⑤,开隧道安厝⑥。此山陵局也⑦。"东宫二王,钞有北示云⑧:"有一男子自称太子,至周奎家⑨,入见公主⑩,主为先帝手砍折臂,未死也,此人掩面哭,公主不相识。奎入奏,令侍书朱国诏等及为太子医癣内官等辨认⑪,皆以为非,惟一管鱼池内监、三武侍卫武臣以为是。及见袁贵妃⑫,贵妃云:'太子有四虎牙,牙根甚黑,今无此,非也。'发刑部审,因欲置伪太子死,恐真太子藏匿,故留之,令父兄出首。此东宫之局也。二王杳然。"后陈洪范归⑬,言皆为闯杀,亦未确。(《三垣笔记·下·弘光》)

【注释】

① 左懋第:字萝石,莱阳(今属山东烟台市)人。崇祯四年(1631)进士,授韩城知县。有异

政。十二年,擢户科给事中,疏陈四弊,谓民穷、兵弱、臣工委顿、国计虚耗。十四年,督催漕运,驰疏言民疾苦。十六年,出察江防。京师陷,入仕南明。寻以懋第为兵部右侍郎兼右佥都御史充正使,以左都督陈洪范、太仆少卿马绍愉为副使,使北与清通好。十七年十月初,懋第及从者百馀人至北京,馆鸿胪寺,陈太牢以祭先帝。二十八日,遣还。陈洪范潜通清摄政王左右,请赴江南招诸将刘泽清等来降附,独得归。懋第则为清兵自沧州追回,扣留于太医院,题其院门曰:"生为大明忠臣,死为大明忠魂。"明年六月,闻南京失守,恸哭。其从弟懋泰已降清,来谒,懋第怒叱之。闰六月十二日,以不降诛。清谥忠贞。

② 东宫二王:指崇祯皇太子与定王、永王。思宗共七子,四子早夭,存三子。第一子即太子慈烺,第三子定王慈炯,第四子永王慈炤。甲申之变,为大顺军所擒。及李自成败走,皆不知所终。

③ 周后:思宗皇后周氏,其先苏州(今属江苏)人,徙居大兴(今北京市大兴区)。天启中选入信邸,册为信王妃。帝即位,立为皇后。甲申之变,自尽于宫中。

④ 田贵妃:陕西人,后家扬州。生而纤妍,寡言多才艺。天启中侍于信邸。崇祯元年(1628)封礼妃,进皇贵妃。十五年七月薨。谥恭淑,葬昌平天寿山,即思陵。

⑤ 醵(jù)钱:凑钱。

⑥ 安厝(cuò):亦作"安措"。安葬。

⑦ 局:情势;局面。"山陵局"即帝王殡葬之情况。

⑧ 钞有北示:谓抄录清廷告示。有北,北方寒冷荒芜之地,代指清廷。此言使北者抄录清廷告示,将东宫二王情况奏陈南京。

⑨ 周奎:苏州(今属江苏)人。思宗周皇后之父。崇祯三年(1630)封嘉定伯。

⑩ 公主:此指长平公主。思宗共六女,四女早夭,存二女,即长平公主与昭仁公主。长平公主年十六,帝选周显尚主,将婚,以寇警暂停。京师陷,帝入寿宁宫,长平公主牵帝衣哭,帝曰:"汝何故生我家!"以刀断其左臂。又斫昭仁公主于昭仁殿。长平公主越五日复苏。清顺治二年(1645),上书清帝欲出家为尼,诏不许。命周显尚故主,赐土田、邸第、金钱、车马等,公主涕泣而受。逾年病卒。赐葬广宁门外。据本书《三垣笔记附识中·崇祯》:"闯贼入宫后,出长平公主尸,碧血委顿无生理,然按之体微温。嘉定伯周奎舁归,灌米汁,遂苏,自是育奎家。后北兵入燕,以主适周世显,即崇祯时所选将以降主者也。主喜诗文,善针纴,右颊三剑痕即上所击。御臧获阳笑语,隐处即饮泣呼皇父皇母,未尝不泪尽继以血也。以是生羸疾,怀孕五月,以丙戌年八月卒,年仅十有七。"

⑪ 侍书:明翰林院属官。正九品,掌以六书供侍。 朱国诩:未详何许人。崇祯朝官至太仆寺少卿兼翰林院侍书。工书。

⑫ 袁贵妃:思宗贵妃袁氏。天启中侍于信邸。帝即位,进皇贵妃。性恭顺。周后与田妃不睦,而与袁妃善。甲申之变,帝命袁妃自缢,绳断而苏,帝拔剑斫其肩,又斫所御妃嫔数人,袁妃伤重不死。清帝赐居所膳养,未几病卒。

⑬ 陈洪范：辽人。崇祯时，初为兵部尚书熊文灿部将，历总兵官。与左良玉、刘泽清等将抵御流寇及清军，转战山东、湖广、山西、京畿等地。入弘光朝，为左都督。充副使从左懋第赴北京与清议和，畏祸，私通摄政王多尔衮左右，以招降江南诸将，独释还。后降清。

14. 伪 太 子

甲申十二月间，高鸿胪梦箕仆穆虎自北而南①，中途遇一稚子，挟与偕，薄暮解内衣，灿然龙也。虎惊询，谬云："我王子。"既益狎，乃易语太子。行抵京师，望孝陵辄伏地哭②。梦箕初犹疑，留与深语，每言及先帝先后，则长号。又问："闯贼入宫，何以呼尔？"稚子涕泪交下，故作羞恨状曰："儿我。"间娓娓宫中事，梦箕无以辨也，乃始信之。初欲疏闻，继谓此先帝胤③，出恐不免，密送杭州宅内。稚子至，益骄，每酣饮则狂呼，间大言阔步，梦箕侄不能禁也。惧，书达梦箕，箕亦惧，命载送金华之浦江，然外人已啧啧矣④。不得已，于正月疏闻，上亟遣内臣冯朝进追回，至绍兴方及，命府部大小九卿科道旧日东宫讲读等官前去辨验。时诸讲官刘中允正宗、李司业景濂皆云⑤："太子眉长于目。"而北使左少司马懋第密疏至，亦云北有一太子，不知真伪，询西宫袁妃，妃曰："太子有虎牙，足下有痣。"至是验之，无一合。继问讲读何所，则误指端敬殿为文华殿⑥；问讲读先后，则误以先读为先讲；问讲读既完，所写何字，则以《孝经》为《诗》句；问字写几行，则误以描摹十大字自写小字于旁为全写。又问："当日讲读曾问难数次，尚记忆几何？"曰："不记。"又问："讲案上何物？"曰："不知。"虽正宗、景濂亦不识也。已，戴给谏英前问以崇祯十六年曾廷鞫吴昌时⑦，携皇太子于中左门，何事何语？又问嘉定伯何姓何名⑧？亦不能对。时众犹无言，惟阁臣铎大言曰⑨："假！"遂退。未几，李总宪沾同数人升阶⑩，始跽地乞怜，自云王晁孙之明⑪，非太子，为穆虎所教，手书付沾，遂据实奏闻。午后，上召对，谕曰："朕念先帝身殉社稷。"言出泪落，连拭不成语，继乃曰："朕今日侧耳宫中，惟望卿等奏至，若果真，即迎入大内，仍为皇太子，谁知又不是。"慨伤久之。（《三垣笔记·下·弘光》）

【注释】

① 高梦箕：河间（今属河北沧州市）人。南明弘光朝鸿胪寺少卿。

② 孝陵：明太祖与孝慈皇后合葬陵墓。在南京钟山南麓。

③ 胤:后嗣;子嗣。

④ 啧啧:形容议论纷纷。

⑤ 刘正宗:字可宗,安邱(今山东潍坊市安丘市)人。崇祯元年(1628)进士,授编修。历东宫讲读官、侍讲。甲申京师陷,携眷南下金陵。福王立,授中允。清兵破南都,归故里。清顺治二年(1645),以荐起为国史院编修,累迁秘书院学士。十四年,授吏部侍郎,擢弘文院大学士。官至少傅兼太子太傅、吏部尚书、文华殿大学士。十七年,为人所劾,下法司治罪,籍家产之半入旗,不许回籍。逾年病卒。 李景濂:未详何许人。崇祯朝尝为东宫讲读官。南明时官至国子监司业。

⑥ 端敬殿:在明皇宫东部南三所。万历二十七年(1599)建。南三所有端敬殿、端本宫,为东宫太子所居。文华殿在南三所西南。

⑦ 戴英:宜兴(今属江苏无锡市)人。崇祯七年(1634)进士。官至给事中。"廷鞫吴昌时"事,在崇祯十六年(1643)七月。吴昌时,吴江(今属江苏苏州市)人。初为吴江县令熊开元拔举,授行人。十二年,秩满当考选,贿赂吏部尚书薛国观以图升迁,仅授礼部仪制主事。昌时大恨,以为国观卖己,遂与所善东厂谋,尽发国观受贿不法事。国观罢相,出都重车垒垒,侦事者入闻,帝怒,执之入都,寻赐死。就缢时但言:"吴昌时杀我!"十四年,周延儒复相,昌时之力居多,延儒由是德之,昌时亦依其势。未几,吏部尚书郑三俊引荐为吏部文选郎中。昌时益骄横,交结内官弄权,纳贿行私,内阁票拟机密每事先知。十六年,言官交章弹劾昌时,亦诟病三俊引以为属。三俊端言清亮,正色立朝,竟以此乞休。五月,周延儒亦罢归。七月,厂卫及言官奏闻抄得昌时赃私巨万,上自讯昌时于中左门,拷掠至折胫乃止,大抵牵连延儒,即征延儒听勘。冬十二月,诛昌时,延儒赐死,籍其家。

⑧ 嘉定伯:周皇后之父周奎,封嘉定伯。皇太子慈烺,为周皇后所生,故有此问。

⑨ 铎:王铎,字觉斯,孟津(今河南洛阳市孟津县会盟镇)人。天启二年(1622)进士,改庶吉士。崇祯朝历少詹事,累擢礼部尚书。甲申之变,避乱于南京。福王立,进东阁大学士入参机务,为次辅。弘光元年(1645),清兵迫南京,弘光帝走芜湖,以铎留守。城破,铎等出降。仕清授礼部尚书、弘文院学士,遣祭西岳华山,礼成辞归。清顺治九年(1652)卒于家。工书画,与董其昌齐名。

⑩ 李沾:华亭(今上海市松江区)人。崇祯元年(1628)进士。历知慈溪、惠安诸县,有善政,累迁吏科给事中。国变赴南京,附马士英拥立福王有功,迁太常少卿。复以劾吕大器,超擢左都御史。

⑪ 王昺:字鉴心,高阳(今属河北保定市)人。万历十五年(1587),尚穆宗女延庆公主,官驸马都尉。御史刘光复固请建储,逮系诏狱,昺疏救之,坐贬。光宗即位,复故官。其侄孙王之明,崇祯时曾侍卫东宫,家破南奔,诈称太子,下狱,中外哗然。南宁侯左良玉举兵武昌,以救太子、诛马士英为名,顺流东下,旋死于九江。时清兵乘机渡江,帝出走,被擒,弘光灭。

15. 伪 元 妃

童氏自河南至,谬云帝元妃①,刘良佐令妻往迎②,叩其颠末,云年三十六岁,十七岁入宫册封,为曹内监③。时有东宫黄氏,西宫李氏。李生子玉哥,寇乱不知所在。氏于崇祯十四年生一子,曰金哥,啮臂为记,今在宁家庄。语甚凿凿,妻信之,跽拜如见后。良佐素惮妻,闻之亦信,童氏由此愈骄。凡所经郡邑,或有司供馈稍略,辄诟詈,掀桌于地,间有望尘道左者④,辄揭帘露半面,大言曰免,闻者骇笑。至京,上以为赝,命送镇抚司鞫。初犹云真,及刑拷,乃云周王妃⑤,误闻周王作帝,故错认耳。说者谓不讯之禁内,而拷之狱中,非礼也。童氏将至,马辅士英具揭帖请于上,言:"皇上元良未建⑥,奸党宗藩尚怀觊觎,若此信果真,当先迎童氏归宫,密令河南抚按设法迎致皇子,以消奸宄。若谓童氏流离失散,不便母仪天下,则当置之别宫,抚育皇子。昔汉高祖开基英主也,吕后为项羽所获,置军中者数年⑦。唐德宗母为乱兵所掠⑧,终身访求不得。宋高宗母韦氏、后邢氏皆为金掳⑨,韦终迎归,邢亦遥加后号。古帝王遭时不造⑩,如此等事多矣,况童氏寄居外家,又何嫌焉!"疏成,以从龙诸臣皆云诈伪,且潜邸宫人无生子者,遂止。至是复刊其疏,欲自明,然人终不信也。(《三垣笔记·下·弘光》)

【注释】

① 元妃:国君或诸侯嫡妻。此谓弘光帝朱由崧嫡妻。

② 刘良佐:字明辅,大同左卫(今山西大同市左云县)人。崇祯时为总兵官,率军与流寇战于安庆、庐州一带,曾大败张献忠军。福王立,分江北为四镇:东平伯刘泽清辖淮海,驻淮安,经理山东一路;封高杰兴平伯,辖徐州、泗州,驻泗水,经理开封、归德一路;刘良佐广昌伯,辖凤阳、寿州,驻临淮,经理陈州、杞州一路;进靖南伯黄得功为侯,辖滁州、和州,驻庐州,经理光州、固始一路。以兵部尚书史可法督师江北,驻扬州,节制四镇。清顺治二年(1645),豫亲王多铎下江南,良佐以十万军降清。江南定,诣京师,隶汉军镶黄旗。后征江西,授江南江安提督,累迁左都督。康熙五年(1666),以病乞休,逾年卒。

③ 曹内监:未详何许人。今本点校者疑此句有脱误。

④ 望尘道左:谓迎候显贵,望见车尘即于道路旁边叩拜。道左,道路旁边。

⑤ 周王:太祖第五子朱橚封周王,就藩开封。天启元年(1621),其十世孙朱恭枵袭封。崇祯十五年(1642),李自成数攻开封,不克。九月,决黄河灌城,城破,恭枵携子孙、王妃走彰德,寻病

薨。赠谥未行,国亡。其子孙南奔,为清兵俘杀。此则童氏云"周王妃",周王应为恭枵之子孙,然朝廷未及册封矣。

⑥ 元良:皇太子。

⑦ 昔汉高祖等句:楚汉相争,项王擒获刘太公与吕后,常置军中。告汉王欲烹太公,汉王曰:"吾翁即若翁,必欲烹而翁,则幸分我一杯羹。"后项王与汉约中分天下,即归汉王父母妻子。见《史记·项羽本纪》。

⑧ 唐德宗母句:唐德宗母曰睿贞皇太后沈氏。开元末,选入代宗宫。安禄山之乱,玄宗避于蜀,诸王妃妾不及从者皆为贼所得,拘于东都之掖廷。代宗克东都,救沈氏,留之宫中。史思明再陷东都,遂失其所在。代宗即位,即遣人寻访,无所得。有寿州崇善寺尼广澄者诈称太子母,按验乃少阳院乳母,鞭杀之。至德宗即位后,于建中元年(780)八月,遥尊沈氏为皇太后。九月,命睦王李述为奉迎使,工部尚书乔琳副之,周天下寻访皇太后。高力士有养女嫠居洛阳,颇能言宫中事,被误以为沈太后,强迎入上阳宫。久之,高氏便以太后自处。其弟承悦畏祸,遂自言本末于上,德宗恐后人不复敢言太后事,皆不之罪,以牛车遣归之。自是四方称得太后者数四,皆非是,而真太后终不知所之。见《新唐书·德宗纪》、《资治通鉴》卷二百二十六。

⑨ 宋高宗母句:宋高宗母曰显仁皇太后韦氏。徽宗龙德宫贤妃。靖康之变,从徽宗北迁。绍兴七年(1137),徽宗及郑皇后崩于北,高宗遥尊其母韦氏为皇太后,并遣使与金议和,以归太后,金主允之。十二年八月,太后至临安,入居慈宁宫。二十九年九月崩,年八十,谥曰显仁。邢氏,高宗在康邸聘为妇,封嘉国夫人。国破,夫人从三宫北迁。高宗即位,遥册为皇后。及韦太后归銮,言邢皇后已于三年前崩于金五国城,年三十四。初谥懿节,孝宗淳熙末改谥宪节。见《宋史·后妃传下》。

⑩ 遭时不造:亦作"遭家不造"。本为周成王居父丧时自哀之辞,后用以泛指家中遭遇不幸。《诗经·周颂·闵予小子》:"闵予小子,遭家不造,嬛嬛在疚。"郑玄笺:"闵,悼伤之言也;造,犹成也。可悼伤乎,我小子耳!遭武王崩,家道未成。"

16. 左懋第就义

江南既陷,左少司马懋第向南哭尽哀,中军艾大选先剃头①,力劝懋第早降。懋第怒,缢杀之。其同谋监饷傅湇惧②,告懋第勾引齐寇③,谋危京城。摄政王遣兵入院④,勒令诸人剃发,懋第大呼曰:"我头可断,我发不可落。"时兵部陈司务用极、王游击一斌、张都司良佐、王都司廷佐、刘守备统五人⑤,皆与同志,遂俱执送刑部,重炼三匝,旋移水狱,七日不饮食,逼降皆不应。执见摄政,懋第着母丧服⑥,同用极长揖,南面坐,见诸降臣列阶下,大言责之曰:"汝谁家臣子,作此面孔?"诸降臣皆跼蹐无以自容⑦。摄政数懋第伪立福王、勾引齐寇状,懋第抗言曰:"我先皇痛罹大变,以亲以序,当立福王,何云伪立?山东豪杰皆忠孝有为,前者就见,我皆勉以大义,亦不系土寇。"又历数摄政不郊迎使臣,不以龙亭出接御书罪⑧,又言艾大选剃头劝降应诛,曰:"我血性男子,到此惟有一死耳。"时摄政指用极曰:"汝何人?亦不跪。"用极曰:"我兵部也,三尺童子耻拜异类,况我大明人物!"摄政怒,命捶其颊,用极噀血呼曰⑨:"士可杀不可辱!"摄政复从容曰:"汝等不怕死,皆忠臣也,然降不失富贵。"懋第曰:"剃头不如斫头。"命左右曳出,至菜市口⑩,仍遣降臣劝曰:"先生惧乎?"懋第曰:"无问我惧不惧,请问若辈羞不羞?"至顺城门⑪,又遣满官以封王啖之⑫,懋第曰:"懋宁为大明鬼耳。"将刑,顾问五人云何,一斌等皆曰:"愿从死。"懋第曰:"好,好,但恐有悔。"用极大呼曰:"求仁而得仁,又何怨!"五人复同。懋第南向叩头,泣曰:"臣心毕矣。"遂被杀,五人皆争就死。其时忽风沙四起,卷市棚云际,屋瓦皆飞,观者近万人,咸为流涕。其同行门人咸默、徐玄敷葬懋第等于白马寺傍⑬,火用极骸骨,负归昆山故里。(《三垣笔记·下·弘光》)

【注释】

① 中军:明中军官,又称"坐营中军官",即传令官。 艾大选:未详何许人。为使北随员。 剃头:剃去头发。清军入关,曾颁布"剃发令",因引起汉人强烈不满和反抗,一度废除。顺治二年(1645),清军下江南,再度颁布"剃发易服令",限全国官民布文至十日内剃发易服,发式、衣冠皆遵清朝之制。其发式,清初为剃去头发,只留脑后少许如钱大,上下两条结小辫以垂。清中叶以后,渐变自顶顶蓄发,编一长辫垂于后。

② 监饷:明监饷官,掌军中粮饷。 傅潘:广宁卫(今辽宁锦州市北镇市)人。崇祯十三年(1640)特用榜进士。仕履未详。为使北随员。特用榜,即"崇祯庚辰特用榜"。谓思宗留意人才,俾下第举人及廷试贡士俱留特用,悉许同进士出身。

③ 齐寇:此处泛指山东各种武装。时山东一片扰攘,有大顺军残部,有乡绅民军,有官军散兵游勇,他们抗击清军,也相互攻击,阻断南北。左懋第使北,亦曾滞留于此,与当地武装有过接触。

④ 摄政王:多尔衮,爱新觉罗氏。清太祖努尔哈赤第十四子。后金天聪九年(1635)封和硕睿亲王。清崇德间,屡率部攻明。崇祯八年(1643)世祖福临七岁即位,与济尔哈朗同辅政。后自称摄政王,独揽大权。顺治元年(1644)统兵入关,击退李自成,克北京。二年,攻灭南明弘光朝,乘胜南下,平定各地抗清义军。三年,进军四川,平张献忠。五年,进封皇父摄政王。七年薨,年三十九。世祖以谋逆罪追削其爵,乾隆时复睿亲王封。

⑤ 陈司务等五人:陈用极,昆山(今属江苏苏州市)人,官南明弘光朝兵部司务;王一斌,宁都

(今属江西赣州市)人,官游击将军;张良佐、王廷佐、刘统,皆上元(今江苏南京市)人,良佐、廷佐官都指挥使,统官守备。五人并从左懋第使北,以不降死。清乾隆四十一年(1776),赐谥前朝忠臣,用极谥忠节,其他皆谥节愍。

⑥ 懋第着母丧服:左懋第母陈氏,京师陷而殁。故懋第服丧出使,欲返京柩葬。

⑦ 踢躇(jú jí):局促不安。

⑧ 龙亭:即龙庭。朝廷。此句谓左懋第视满清为臣属,应按大明朝廷礼仪出接御书。

⑨ 噀(xùn)血:口中喷血。

⑩ 菜市口:在北京宣武门外。明称菜市街,为北京外城最大蔬菜集市。清改称菜市口,为处决犯人的刑场。

⑪ 顺城门:即宣武门。参见第481页第4则注释⑱。

⑫ 满官:满族官员。 啖:利诱;引诱。

⑬ 白马寺:在菜市口西南(今北京西城区南横西街万寿公园附近)。隋仁寿四年(604)建,明洪熙元年(1425)重修,正统八年(1443)赐额"白马禅寺"。至清已圮毁。

17. 房县令郝景春

郝景春官房县令①,张献忠既就抚复叛②,来攻房城,身自巡视,有不用力者手刃之。景春亦悬钱立赏格,曰:"击中一贼,赏钱一千。"中者辄取去。献忠有花马,甚爱,出则常骑,亦为炮击死,其徒死者甚众。献忠无如之何,将退,会指挥张三锡以绳引贼入城③,城遂破。降贼张大经百计说景春降④,不从,呼其子鸣銮至,谓之曰:"男子不幸至此,惟一死耳。"又以手画颈曰:"此其甚痛耶⑤。"乃与鸣銮及仆陈宜往见献忠,不屈,献忠指大经曰:"彼九省监军道,如何恭谨,汝一知县,敢尔!"景春曰:"彼已降贼,不值一钱,吾岂效彼者!"乃杀一丞以惧之,骂如故。献忠与大经怒,命曳出,犹骂大经不绝口,遂见杀。鸣銮抚父尸大呼曰:"死贼,何不杀我?"遂与陈宜同遇害。时崇祯十二年。事闻,赠太仆寺少卿⑥。(《三垣笔记·附识上·崇祯》)

【注释】

① 郝景春:字和满,江都(今江苏扬州市江都区)人。万历四十年(1612)举于乡,署盐城教谕。坐事罢归。后历黄州照磨,摄黄安县事,尝坚守退贼兵。崇祯十一年(1638),擢知房县。未几,流寇罗汝才、张献忠降而复反,夹攻房城,景春及其子生员鸣銮且守且战,屡挫贼势。后为叛

将里应外合,城陷被执,以不屈死。赠尚宝少卿,建祠奉祀,寻改赠太仆少卿。　房县:明郧阳府属县(今属湖北十堰市)。

② 张献忠:字秉吾,号静轩,延安卫柳树涧(今陕西榆林市定边县东)人。初从军,为人所诬革役。崇祯三年(1630),据米脂十八寨反,自号八大王,因身长面黄,人称黄虎。后为王自用三十六营主要首领之一。时献忠与高迎祥、罗汝才、马守应等头目率众并无专主,遇敌各自为战,胜则争进,败则流窜,陕西、河南、湖广、四川、江北等地,尽为涂炭。十一年,受兵部尚书熊文灿招抚,驻兵谷城,俄复叛。以走制敌,入蜀出蜀,破襄阳,杀襄王朱翊铭,迫督师杨嗣昌自杀。十六年,取武昌,称大西王,旋克长沙。次年,再取四川,称帝,国号大西,改元大顺。清顺治三年(1646),清兵入川,献忠中箭死于西充凤凰山。

③ 张三锡:未详何许人。崇祯朝官郧阳卫指挥。罗汝才降,熊文灿遣三锡处分之,使屯房县城外,故与汝才通。及城围,三锡守北门,夜缒贼登城,启北门揖汝才入,城遂破。三锡后为官军所获,磔死。

④ 张大经:未详何许人。崇祯朝官行都指挥使司佥事。崇祯十一年(1638),熊文灿次襄阳,统兵讨张献忠,以大经监左良玉、陈洪范军,大败之,献忠降。明年五月,献忠复叛于谷城,杀知县阮之钿,劫监军佥事大经,大经降贼,因走房县,攻陷之。

⑤ 此其甚痛耶:此句疑脱一"不"字。别籍有作"此下不甚痛"。

⑥ 太仆寺少卿:明太仆寺次官,正四品。参见第363页第23则注释⑫。

18. 申佳胤殉节

申冏丞佳胤既投井死①,林侍御兰友时谪冷署②,素相友善,未就殓,家人方绕哭,一人毘卢锡杖③,排闼入④,愕视之,乃兰友也,拊膺号曰⑤:"公死矣,我知公必死,公视我岂贪生保妻子者? 老父在堂,图一相见,当亦携手地下耳。"登堂请见太夫人,曰:"母勿戚,富贵子易得,忠臣子难得也。"顾佳胤子煜曰:"设位乎⑥?"曰:"未也。"索笔大书"明捐躯殉国忠臣申公之灵"。复书枢云:"死为荩臣⑦,不负君恩于地下;生图见父,即就鼎镬而心安⑧。"掷笔大恸,谓煜曰:"善自爱,从此永诀。"抆泪去。又徐起凤者,以佣书从佳胤凡十年⑨,佳胤殉节后,僮仆或散去,起凤啼号枢次,不少离。贼从关东溃回,欲肆焚戮,佳胤子煜掖太夫人夺门出,僮仆皆从,独起凤请留,曰:"俱去,榡谁与守⑩?"已,贼果焚民居,将及寓,起凤泣曰:"吾主以忠死,愿勿焚。"贼怒鞭之,起凤叩请愈哀,贼为感动,卒不焚。及北兵至,逐居民外徙,令下三日,室中所有纵掠不禁。起凤惧,遍求里人在京者,得镌工朱攀桂等二十馀人,

榇出，寄天宁寺⑪，故得全。（《三垣笔记·附识中·崇祯》）

【注释】

① 申佳胤：字孔嘉，一字井眉，号素园，其先晋人，徙永平（今河北秦皇岛市卢龙县）。崇祯四年（1631）进士，授仪封知县，有善政。转吏部考功员外郎，考选官吏无所私，颇忤权要薛国观意，降南京国子监博士。国观败，稍迁大理寺评事，寻擢太仆寺丞。十七年，巡近畿马政，闻李自成已破居庸关，或言居外可徐图进止，独佳胤策马入都，遍谒诸大臣画战守策，然事已不可为。城陷，投井死。 同丞：太仆寺丞。明太仆寺属官，正六品。

② 林兰友：字翰荃，仙游（今属福建莆田市）人。崇祯四年（1631）进士，授临桂知县。历南京御史。十一年，与工科给事中何楷同劾兵部尚书杨嗣昌夺情入阁，贬浙江按察司照磨。后迁光禄寺丞。京师陷，剃发为僧自匿，为贼所执，拷掠备至。贼败，南投唐王，用为太仆少卿，迁金都御史。唐王事败，挈家遁海隅，十馀年卒。 冷署：冷清衙门。此指兰友贬光禄寺丞。

③ 毘（pí）卢：僧帽。因绣有毘卢佛像，故名。 锡杖：僧人所持禅杖。其制，杖头有一铁卷，中段用木，下安铁纂，振时作声。

④ 排闼（tà）：推门；撞开门。

⑤ 拊膺：捶胸。表示哀痛或悲愤。

⑥ 位：灵位。人死后暂时所设木牌，上书死者名字，用以祭奠供奉。

⑦ 荩臣：本谓君王所进用之臣，后引申指忠贞之臣。《诗经·大雅·文王》："王之荩臣，无念尔祖。"朱熹集传："荩，进也，言其忠爱之笃，进进无已也。"

⑧ 鼎镬：古代酷刑。用鼎和镬烹人。鼎、镬皆古代烹饪器具。

⑨ 佣书：受雇抄写书札。

⑩ 榇（chèn）：棺柩。古代"榇"与"柩"有所区别，空棺谓榇，有尸谓柩。后泛指棺材或灵柩。

⑪ 天宁寺：在京城西广宁门外（今北京市西城区广安门桥北）。据《大清一统志》卷七："天宁寺，在广宁门外。元魏孝文时建，名光林寺。隋仁寿间曰弘业寺，建塔藏舍利，高十三级。唐开元中改曰天王寺。金大定二十一年改大万安寺。明宣德中改天宁寺，正德中又改万寿戒坛。今仍名天宁寺，乾隆二十年奉敕重修。"

19. 吴三桂止降

闯贼李自成陷京师，誓灭东方①，方僭号②，传吴帅三桂已上表请降，止因闯党权将军刘宗敏闻三桂所娶妓陈沅色艾③。陈沅者，田皇亲弘遇游南京所携归名妓也④，田还北京病死，三桂使人持千金取沅去。至是，刘宗敏系三桂父襄，索沅不得，拷掠甚酷。三桂闻之，忿而中改，遂募兵七千，据山海关敌自成。自成杀襄家属，执襄东行。四月十九日，攻山海关城，围之，又从关西一片石出口，东突外城，薄关门。三桂先已约北兵，至是趋之，驻兵岭上，高张旗鼓以待。三桂突围出外城，驰入北兵壁中，剃发称臣。三桂为先锋，九王居后队，其兄弟号八王、十王各统万骑，一从西水关入，一从东水关入。于是三桂复入关，尽髡其民⑤，开关门迎敌。自成犹不知是北兵也，见之惊阻，北兵望尘起，乘势攻之，自成大败，立枭襄首⑥，悬之旗而返。北兵逆击之，闯复大败，奔还，弃京师而奔。时刘少司马徐祐以京师无主⑦，摄事三日，忽闻三桂奉太子至，咸欢迎，及北兵入，乃知非也。出榜云："昔在我国，时欲与明朝和好，永享太平。屡致书不答，致深入者四，惟事属既往，不必论。今雪尔朝君父之仇，破釜沉舟，一贼不灭，誓不返辙。所过州县，若削发纳款，即与爵禄，世守富贵，抗违者，尽行屠灭。"且令兵皆屯城上，无下掠，民遂定。（《三垣笔记·附识中·崇祯》）

【注释】

① 东方：指山海关。因在北京之东，故称。时宁远总兵吴三桂驻军于此。
② 僭号：冒用帝王称号。此指李自成称帝。
③ 陈沅：即陈圆圆。本名邢沅，字畹芬，苏州（今属江苏）人。江南名妓，善歌舞。吴三桂纳为妾。李自成陷京师，曾被俘。三桂降清，引清兵入关，自成败走，圆圆仍归三桂，从至云南。晚年为道士，改名寂静，字玉庵。三藩乱平后，自杀于云南。　色艾：貌美。
④ 田弘遇：陕西人，徙家扬州。崇祯恭淑贵妃田氏之父。以女贵官左都督。好侠游，为轻侠。
⑤ 髡（kūn）：古代剃去男子头发的刑罚。此指吴三桂强迫民众剃发降清。
⑥ 立枭襄首：立即砍下吴襄的头悬挂起来。
⑦ 刘馀祐：字玉孺，顺天（今北京市）人。进士。崇祯时，历河南布政司左参政、应天府尹，有善政。官至兵部左侍郎。　少司马：明指兵部侍郎。

20. 内监尽忠

内监吕胖子，忘其名，闯贼陷京城，金驾部铉投御河死①，胖子见而叹曰："公曾疏纠我辈，不比于人②，吾初亦怨之，然公能死，吾独不能死乎？公生欲远我辈，我今以义近之，必不拒我地下也。"遂从死。已，二尸并浮，为一内监收掩。及北兵入，铉诸弟往觅其尸，惟乱骨二丛耳，遂并藁葬御河侧③。（《三垣笔记·附识中·崇祯》）

【注释】

① 金铉:字伯玉,其先武进(今江苏常州市)人,后籍顺天(今北京市)。崇祯元年(1628)进士,就扬州教职。历国子监博士,迁工部主事。时太监张彝宪总理户、工二部,铉累疏争之,为彝宪奏弹落职。读书十二年。十七年二月,起为兵部车驾司主事,巡视皇城。三月城陷,朝服拜母别,投御河而死,年三十五。母夫人章氏亦投井死。清乾隆四十一年(1779),赐谥忠节。　驾部:明指兵部车驾司。

② 不比:不偏私。《论语·为政》:"君子周而不比,小人比而不周。"周,忠信。比,阿党。

③ 藁葬:亦作"藳葬"。草草埋葬。

人名索引

一、凡选文中出现的人物,均予以收录,注文中另有涉及的不收。
二、以人物姓名为主目,其字、号、别名、官职、爵号、谥号等附注括号之内。
三、帝王及皇族等以常见谥号、庙号或封号为主目,括注其姓名。
四、妇女有姓无名者,一律注明从属关系。
五、所有人物按主目音序排列,注明页码于后。上、下册页码用"/"分隔。

A

阿巢(王成奴) 204 /
阿黑麻 217 /
阿力王 217 /
阿木郎 217 /
阿小(蔡新家童) / 488
阿早丁 37 /
艾大选 / 513
爱新觉罗多尔衮(摄政王) / 513
擞思阿塔卑 37 /

B

八都帖木儿 111 /
白昂 220 221 /
白华(文举) 22 /
白居易(乐天) 20 / 309
白起(公孙起) 73 /
包拯 19 /
北魏孝文帝(元宏) / 429
比干 34 73 / 352
毕义云 67 /
边夫人(陆珪妻) 145 /
丙吉 69 /
孛罗 120 /
孛罗帖木儿 217 /
伯颜(丞相、淮安王) 59 68 /
伯颜(太师) 62 /
伯颜(瓦剌) / 342
伯夷 65 / 454
布噜凯(布鲁海牙、孝懿) 85 /

C

蔡潮 /411
蔡京 346 462
蔡如愚 78 /
蔡松年(伯坚、萧闲) 24 /
蔡新 /488
蚕女马头娘 /423
曹彬(枢密) /294
曹操 60 /
曹吉祥 164 166 /
曹觐 143 /
曹植(子建) /287 490
曹遵生 /466
岑瑛 206 /
察度(琉球中山王) /298
柴紫芝 59 /
常德 35 /
常遇春(鄂国公) 117 /
嫦娥 /418
长平公主(明思宗女) /508
苌弘 74 /
巢父 8 /
彻理(武宁王、正宪) 66 /
陈邦 291
陈必谦 /477
陈棐 /422
陈孚(刚中、治中) 88 90 /
陈皞(孟东) 135 /
陈恭 /441

陈洪范 /508
陈皇后(汉武帝后) /429
陈继 /389
陈继儒(眉公) /435 458
陈金 /323
陈侃(给事中) /298
陈亮(同甫) 196 /
陈孟洁 209 /
陈启新 /501
陈三谟 /452
陈氏(宋安定夫人) 68 /
陈叔绍 151 /
陈泰 140 /
陈五 194 /
陈循(阁老) 152 192 /
陈询 192 /
陈彦廉 254 /
陈瑶 221 /
陈宜 /515
陈宜中 119 /
陈镒(僖敏) 179 /
陈音(愧斋) /402 412
陈用极 /513
陈遇(静诚先生) /441
陈沅(妓) /517
陈钺 190 /
陈震 /425
陈中州 /427
陈仲玉 203 /
陈洙 141 /

陈子方 83 /
陈子游 117 /
成德（枢曹）/ 506
成凯 152 /
成器 245 /
程铎 / 495
程敏政 229 /
程鹏举 78 /
程鹏举（起）/ 359
程文海 65 /
程哑力 / 285
程震 10 /
程注 / 485
蚩尤 69 /
慈圣皇太后李氏（明穆宗妃、神宗母）/ 342
崔颢 8 /
崔立 14 /
崔思诚 111 /
崔文 239 /
崔元 / 426

D

达摩 36 /
答麻（哈麻）120 /
大都 158 /
戴纲 117 /
戴缙 / 385
戴列孙 111 /
戴珊 223 /

戴文进 252 /
戴英 / 510
党崇雅 / 478
党怀英 43 /
盗跖 108 /
邓渼（远游）/ 466
邓剡（中斋）83 /
邓羽（青阳）210 /
迭力迷失 218 /
丁宾（改亭）/ 438
丁氏（杨成章母）/ 450
董夫人（周元孚妻）/ 329
董赛儿（松江妓）111 /
董速 165 /
董抟霄 111 /
董用和（为"蒋用和"之误）175 /
董仲舒 / 394
窦生（沁水）/ 495
都穆（元敬、南濠）171　251 /
杜甫（少陵）7　34　254 / 490
杜牧（牧之）95 /
杜遵道 119 /
段拂（去尘）/ 432
段干木 258 /
段功（大理总管）/ 337
段氏（大理王）/ 315　336
朵那 97 /

F

范成大 / 333

范公（尚书左丞）256 /
范梈（德机）158 /
范希荣 187 /
范仲淹（文正）187 /
范仲子（仲凝）/460
方国珍 117 120 /
方献夫 /451
方孝孺（希直、逊志）260 / 318 398 408
方徵 201 /
冯保（宦官）/341 345
冯璧（叔献、松庵）13 /
冯朝进 /510
冯恩 /423
冯梦龙（犹龙）/462 508
冯梦祯（开之）/458
冯渭 13 /
冯针儿（明宁王朱宸濠母）239 /
夫差（吴王）94 /
伏羲 /494
富弼 128 /
傅珪（尚书）/397
傅潘 /513
傅说 241 /

G

高彬 204 /
高采（宦官）/429
高拱（新郑）/344 345 347 431 452 454

高穀 192 /
高弘商 /476
高弘图（相国、砩斋、司家）/476 484
高梦箕（鸿胪）/510
高明（则诚）74 /
高平（宦官）240 /
高菩萨（宦官）/429
高启（季迪）258 /
高庭玉（献臣）13 /
高文虎 47 /
皋陶 222 /
葛君（太仆丞）/362
葛守礼（端肃）/347
耿定向（司寇）/329
耿裕 /393
公孙杵臼 143 /
公孙弘 186 /
龚胜 65 /
勾践（越王）198 / 285
顾秉谦 /467
顾璘 /440
顾硕 /473
顾宪成（泾阳先生）273 /
顾养谦（冲庵）/445
顾佐 /396
关汉卿 109 /
关氏（黄瑜祖母）204 /
灌婴 /408
桂萼（安仁）246 / 420
桂彦良 201 /

郭登(定襄伯) 168 /

郭琎 195 / 380

郭民敬 / 293

郭珉 / 451

郭氏(天台戍卒妻) 98 /

郭维经 / 484

郭隗 52 /

郭雍(颐正先生) 266 /

郭忠恕(恕先) 22 /

郭子仪 42 /

H

海瑞(忠介) / 352 453

韩观 133 /

韩琦(魏公) 69 /

韩如愈 / 505

韩山童 118 120 /

韩世忠(蕲王) 70 /

韩侂胄 44 47 /

韩偓 95 /

韩希孟(贾琼妻) 69 /

韩玉(温甫) 13 /

韩愈(文公、昌黎、退之) 50 122 134 254 269 / 355 467 490

韩赞周 / 485

韩贞女 213 /

罕慎 217 /

汉东平王(刘苍) / 310

汉高祖(汉王、刘邦) 80 / 408 512

汉光武帝(刘秀) 27 204 / 475

汉河间王(刘德) / 310

汉恒帝(刘志) 27 /

汉景帝(刘启) / 423

汉灵帝(刘宏) 27 /

汉文帝(刘恒) / 408 423

汉武帝(刘彻) 73 186 / 309 315 322 425 429

汉元帝(刘奭) / 423

郝经(伯常) 107 /

郝景春 / 515

郝鸣鸾 / 515

郝志义 232 /

何迪 204 /

何贵(三舍) 204 /

何景明(仲默、大复) 229 / 318 411 490

何麟 / 475

何瑞徵 / 477

何氏(杨泰妻) / 450

何文渊 140 /

何以尚 / 454

何贞立(颐贞) 73 /

何真(左丞) 203 /

荷花(周世臣婢) / 446

合里法 37 /

合住(御史大夫) 16 /

纥石烈牙忽带(卢鼓椎) 16 /

黑刘文 / 285

洪皓(忠宣) / 286

侯谦 217 /

侯挚 6 /
忽敦马丁 37 /
胡长孺(汲仲、石塘) 78 /
胡翰(仲子) 135 /
胡后(北魏宣武帝灵皇后) /429
胡世宁(端敏) /305
胡濙 173 208 /
胡宗宪(梅林、襄懋,文中误作"襄愍") /456
斛律光 244 /
华克勤 201 /
华仕 84 /
桓景 /309
黄赐(宦官) /402
黄崇嘏 213 /
黄从简 204 /
黄道婆 110 /
黄帝 /279 423
黄铎(希声) 131 /
黄国琦 /476
黄翰(廉使) 195 /
黄洪宪(葵阳) /458
黄淮 211 /
黄骥 /377
黄孔昭 227 /
黄如徵 102 /
黄汝亨(贞甫) /466
黄善聪(张胜) 213 /
黄太监 /352
黄庭坚(山谷) /335

黄钺(叔扬) 260 /
黄正宾(黄石) /466
黄之璧(白仲) /458
慧感夫人 145 /
慧暕 181 /
霍去病(骠姚) 73 /
霍韬 /451

J

汲黯 244 /
季通 189 /
冀禹锡(京父) 13 /
家铉翁 85 /
贾充 60 /
贾鲁 118 /
贾琼 69 /
贾似道 60 65 70 /
贾谊 /394 408
蹇义 /379
江彬 234 /
江伯儿 /373
江渊 /396
姜夔(白石) 138 /
姜曰广(詹事) /484
蒋德璟 /504
蒋用和(文中误作"董用和") 175 /
焦芳 231 /
焦竑(弱侯) /427
焦某(千户) 173 /
揭枢 /398

揭傒斯(曼硕、文安) 137 154 158 /

桀 59 /

金哀宗(完颜守绪、末帝) 15 /

金海陵王(完颜亮) 24 45 / 418

金鉴 167 /

金士则 256 /

金世宗(完颜雍) 19 24 /

金宣宗(完颜珣) 3 21 /

金铉(驾部) / 518

金章宗(完颜璟) 3 19 24 /

晋调元 / 475

晋怀帝(司马炽) / 485

晋愍帝(司马邺) / 485

晋文帝(司马昭) 122 /

晋宣帝(司马懿) 122 /

晋元帝(司马睿) 73 /

K

康锡(伯禄) 16 /

柯九思(敬仲) 73 /

柯潜(状元、学士) 152 227 /

可观(天台僧) 73 /

孔承文 153 /

孔鲤 31 /

孔镇抚 111 /

孔子(仲尼、丘乙巳、宣圣) 63 86 141 205 244 269 / 324 494

寇準(丞相) 88 /

L

来復(见心) 187 /

蓝玉 / 410 441

老子 / 322

雷演祚 / 484

雷膺(修撰) 31 /

雷渊(希颜) 3 6 9 10 12 13 22 /

黎玉田 / 478

李安上 3 /

李昂(都督) / 394

李白(太白) 8 20 34 95 / 280 284 335 490

李本(文安、馀姚) / 432

李泌(邺侯) / 358 441

李邴(汉老) 148 /

李渤 / 327

李采(仲文) 3 /

李察罕(察罕帖木儿) 120 /

李成季 148 /

李春芳(文定) / 419

李纯甫(之纯、屏山) 3 6 13 14 20 22 /

李东阳(西涯、长沙、文正) 220 228 229 231 247 253 / 406 413 431

李二 / 378

李汾(长源、让、敬之) 8 /

李广(汉将) 42 /

李广(宦官) 221 /
李国桢(襄城伯) /477
李贺 20 122 /
李经(天英) 3 20 /
李晋肃 122 /
李景濂 /510
李钧 /383
李衎(息斋) 137 /
李克复 79 /
李勉 /310
李梦阳(献吉) 224 /318 490
李攀龙(于鳞) /318 456
李沛 /505
李祁(云阳先生) 254 /
李千夫长 98 /
李庆四 100 /
李全初 73 /
李善长(韩国公) /390
李善道 /327
李商隐 95 /
李涉 /327
李实 128 /
李时华 /443
李时勉(古廉先生) 167 212 /
李士实 239 /
李适之 /435
李天经 /479
李廷美 227 /
李维桢(本宁) /458 466
李希沆 /478

李贤 242 /
李献能(钦叔) 6 9 10 /
李肖宇 /478
李孝光(五峰先生) 69 /
李诩 259 /
李延鼎 /479
李英 213 /
李庸(无易) 132 /
李友(权将军) /477
李煜(南唐后主) 95 /
李元婴(滕王) 90 /
李沾 /485 510
李肇 92 /
李志学 /285
李质 204 /
李贽(卓吾) /329
李孜省 241 /
李自成(闯王) /477 508 517
李宗(雪窗先生) 267 /
利玛窦(西泰) /466
廉希贡(蓟国公) 86 /
廉希贤 59 /
廉希宪(善父、恒阳王、文正) 85 /
梁师成(宦官) /361
梁武帝(萧衍) /287 425
梁昭明太子(萧统) /490
林聪(季聪) 130 /
林道乾 /294
林昉 104 /
林兰友 /477 516

林灵素 /462
林泉生(清源) 74 /
林舜道 /294
林温 201 /
林增志(中允) /476
蔺相如 42 /
凌云翼(洋山) /454
刘伯川 209 /
刘伯熙(房山) 45 /
刘辰翁(须溪) 82 /
刘承禧(延白) /462
刘从益 3 6 7 10 12 13 /
刘大夏(忠宣、东山) 222 223 224 241 /395 402
刘二(妓) /461
刘古泉 208 /
刘机 /394
刘基(诚意伯、文成、青田) /318 368 427 441
刘吉 /385
刘戬(景元) 225 /
刘健(文靖) 223 229 /398 431
刘瑾(宦官) 230 231 232 233 243 247 /
刘泾(巨济) 138 /
刘璟 /427
刘戡之(元定) /434
刘轲(文中误为"牛轲") 92 /
刘理顺 /477
刘良佐 /512

刘祁(京叔) 22 /
刘球(忠愍) 245 /
刘汝成 /446
刘士宗 173 /
刘斯球 /477
刘焘(抚台) /294 308
刘统 /513
刘五 /446
刘向(子政) 154 257 /310
刘珝 /385
刘宣 /392
刘郛(文中作"刘寻") /445
刘养贞 /477
刘养正 239 /
刘崤 228 /
刘一儒(小鲁) /434
刘因(静修、文靖) 64 /
刘馀祐(少司马) /518
刘郁 38 /
刘桢 /490
刘征蛮 156 /
刘螯(武敏) 86 /
刘正宗 /510
刘之凤 /502
刘自强 /347
刘宗敏 /478 517
留梦炎 65 /
柳隐(妓) /507
柳跕 /454
柳宗元 20 134 /

龙仁夫(麟洲先生) 108 /
龙闰(宦官) /428
娄逞 213 /
娄氏(明宁王妃) 239 /
娄榭 292 /
卢锦 /446
卢楠(次楩) /318
卢秋云 208 /
卢儒(为己、重斋) 134 /
卢仝 20 /
卢忠 240 /
鲁铎(文恪) /407
陆炳 /306 462
陆昶 165 /
陆佃(楚公) 145 /
陆光祖(五台) /306
陆珪(太尉) 145 /
陆深(子渊) 252 /
陆松(都督) /306
陆树声(文定、平泉先生) /349
陆通(齐元侯) 145 /
陆应阳(伯生) /457
陆游(放翁、九曲老樵) 145 266 /
陆轸(太傅) 145 /
陆子刚(文中误为"陆子匡") /321
吕大器(侍郎) /484
吕后(雉、汉高祖后) 122 /512
吕徽之(起猷) 90 /
吕鲲(龙山) 34 /
吕胖子(宦官) /518

吕强 243 /
吕尚(太公望、尚父、子牙) 84 /441
吕逊 34 /
吕原(文懿) /392
吕造 19 /
吕震 /376 378
侣锺 224 /
罗汝敬 166 /
罗源(司徒) 78 /

M

麻胡 16 /
麻九畴(知幾、文纯、徵君) 6 10 /
马凤(孝廉、惊乌子、瑞夫) 269 /
马怀德 251 /
马芹 269 /
马士英 /485 512
马世奇(翰林) /506
马堂 /467
马通 /449
马文升 217 /
马勋(小官) /321
马援(伏波) /294
马之骏(仲良) /458 462
满剌 /449
毛会 119 /
茅焦 /420
枚乘 /490
孟浩然 /284
孟获 /337

孟子(轲) 153 205 222 / 356

米芾(元章) 22 48 138 / 432

米寿图 / 484

绵竹山人 / 473

闵珪 220 222 /

闵仲达 83 /

明安化王(朱寘鐇) 243 /

明成祖(太宗、文皇帝、朱棣) 163 181 188 208 211 261 / 296 373 374 375 376 400 409 417 418 427 473

明代宗(景皇帝、朱祁钰) 128 164 165 191 229 / 298 342 389

明定王(思宗三子朱慈炯) / 477 508

明东宫(思宗长子朱慈烺) / 477 508 510

明福王(朱由崧、弘光帝) / 484 510 512 514

明桂王(朱常瀛) / 484

明惠帝(建文、朱允炆) 206 261 / 398

明惠王(朱常润) / 484

明晋王(朱济熿) / 378

明康王(朱觐钧) 239 /

明潞王(朱常淓) / 484

明穆宗(朱载垕) / 347 352 419 425 440

明宁王(朱宸濠、宁庶人) 239 246 251 / 283 305

明仁宗(昭皇帝、朱高炽) 211 / 377 378

明山阴王(朱聪㶇、龙田) / 310

明神宗(朱翊钧) / 341 344 353 419 435 447 466 485

明世宗(朱厚熜) / 307 318 352 358 417 419 420 422 423 425 432 438 440 443 454

明思宗(毅宗、朱由检) / 476 499 502 508

明太祖(高皇帝、朱元璋) 136 163 173 184 201 205 206 208 / 296 298 300 367 368 369 370 371 372 373 390 398 410 417 427 428 430 441 442 449 478

明武宗(朱厚照、康陵) 233 234 243 247 / 397 419 475

明宪宗(朱见深) 164 179 / 385

明襄垣王(朱成鐩、西轩) / 310

明孝宗(朱祐樘) 221 222 223 224 241 / 395

明兴献帝(朱祐杬) / 425

明宣宗(章皇帝、朱瞻基) 166 211 244 252 / 378 379 380 381

明英宗(太上皇、朱祁镇) 164 166 168 240 242 / 342 382 395 401 417

明永王(朱慈炤) / 508

明郑王(朱厚烷) / 425

明周定王(朱橚) / 374

木兰 213 /

莫愚 173 /
穆虎 / 510

N

纳失儿 36 /
南霁云(八) 65 /
倪元璐(少司马) / 503
倪瓒(云林) 172 258 /
聂夷中 272 /
聂以道 96 /
牛金星 / 478
牛元翼 / 359
牛玉(宦官) 242 / 383

O

欧阳夫人(严嵩妻) / 452
欧阳氏(文天祥妻) 82 /
欧阳修 145 154 197 / 355
欧阳玄(圭斋) 158 /
欧阳询 134 /

P

潘纯(子素) 74 /
潘贵妃(南朝齐东昏侯妃) 95 /
潘金莲 / 462
潘渊 / 422
庞迪义 / 467
彭清 217 /
彭通 201 /
彭莹玉(和尚) 116 /

彭哲庵 273 /
癖颜八儿 37 /
蒲宗孟 / 438

Q

戚继光(少保) / 444
齐东昏侯(萧宝卷) 95 /
齐桓公 44 /
齐庄公 / 285
齐子芳 106 /
绮里季 8 /
钱籍(海山) 264 /
钱镠(吴越王) 145 /
钱溥(原溥) 127 /
钱谦益(牧斋、宗伯) / 473 490 507
钱芹(继忠) 193 /
钱唐(惟明) 205 /
钱惟演(思公) 197 /
钱位坤(寺簿) / 503
钱昕 259 /
乔行简 / 435
秦国夫人(康国公钱景臻妻) 145 /
秦桧 70 74 198 / 342 432
秦鸣雷 / 432
秦始皇(嬴政) 26 122 / 425
秦文 / 305
丘濬 217 /
丘玄清 208 /
邱长孺 / 460
邱岳 / 440

邱志充（六区）／462

全后（宋度宗皇后）68／

R

饶介（介之）258／

任环（应乾）263／

任乔 84／

荣国夫人（钱忱妻）148／

阮籍 24／

阮浪（宦官）240／

S

散散 102／

桑哥 66／

桑悦（思玄）251／

山云（忠毅）133／

陕巴 217／

善增（内官）130／

商辂（弘载）152／385

尚高澄（行人）／298

尚清（琉球王）／298

尚思达（琉球王）／298

尚真（琉球王）／298

召平／287

邵宝（文庄）245／

邵陛／335

邵经邦／420

邵雍（尧夫）6／

邵喻义／443

邵仲陟／496

申佳胤／516

申时行（吴门、文定）／435 437 458

申煜／516

沈鲤（大宗伯）／344

沈龄（练塘）251／

沈禄 221／

沈启原（沈德符大父）／418 434

沈淮／467

沈思孝（继山）／438 458

沈一贯（四明）／435

沈荫培（应为"允培"）／504

石彪 156／

石大用 212／

石亨 156 164 166 241／401

石勒 61／

石天麟 59／

石执中／377

时纪（御史）／382

史可法（尚书）／484

史文炳 111／

史学（学优）10／

叔齐 65／454

蜀先主（刘备）50／

顺昌（松江僧）187／

司大 99／

司马光（温公、君实）87 105 138 256／438

司马迁（太史公）118／

司马相如／490

司马询 167 /
宋程 /344
宋德秀 59 /
宋高宗（赵构、思陵）42 74 198 /
　　342 419 512
宋广王（赵昺）119 /
宋徽宗（赵佶、祐陵）117 119 254 /
　　425
宋九嘉（飞卿）3 6 12 /
宋濂（景濂、潜溪、金华）136 141 183
　　201 / 300 318 441
宋祁（子京）/ 464
宋企郊 / 478
宋钦宗（赵桓、渊圣）117 / 342
宋善 201 /
宋绶（公垂）197 /
宋思颜 / 367
宋太宗（赵炅）163 /
宋太祖（赵匡胤）163 /
宋五嫂 198 /
宋庠（公序）/ 464
宋孝宗（赵昚）42 44 198 /
宋纁（太宰）/ 353
宋游道 67 /
宋真宗（赵恒）145 /
苏蕙 / 422
苏轼（子瞻、东坡、长公）20 87 94
　　107 / 282 284 332 361
苏洵（旧误"老泉"）/ 356 438
苏辙（子由）107 /

孙碧云 208 /
孙承恩 / 354
孙传庭（总督）/ 500
孙绰 / 490
孙聪 231 /
孙蕡（仲衍、西庵）201 / 410 441
孙楼（百川）269 /
孙绍先 138 /
孙思和 251 /
孙一元（太初）/ 318
孙曰恭 / 432

T

泰不华（兼善）69 /
谈迁 / 484
汤 47 /
汤显祖（义仍）/ 456
唐代宗（李豫）/ 358
唐德宗（李适）/ 358 512
唐皋（状元）/ 283
唐镐 95 /
唐岐王（李范）92 /
唐庶 145 /
唐顺之（荆川子）273 / 438
唐肃 / 391
唐肃宗（李亨）/ 358
唐太宗（李世民、昭陵）34 73 244 /
　　280 360
唐玄宗（李隆基、明皇）267 / 280
　　309

唐寅(子畏) 251 /
唐之淳 / 390
陶安 / 370
陶毅 82 /
陶渊明 / 327 490
陶仲文 / 462
陶宗仪(南村) 138 /
田单 / 445
田丰 119 120 /
田贵妃(明思宗妃) / 508
田横 15 /
田弘遇 / 517
帖古列思 111 /
童俊 260 /
童氏(伪元妃) / 512
童轩 / 401
屠潇 221 231 /
脱脱(丞相) 118 /
脱脱(哈密忠顺王) 217 /

W

完颜白撒 15 /
完颜大定 / 462
完颜定奴(三脆羹) 16 /
完颜讹可(板子元帅) 16 /
完颜胡斜虎(仲德) 15 /
菀窳妇人(文中误为"菀蓣") / 423
万安(阁老) 189 231 / 385
汪鋐 / 451
汪俊(石潭) / 406

汪直(宦官) / 385 402
王安石(介甫、荆公) / 327 438
王翺(忠肃) 194 / 395
王保保(扩廓帖木儿) 120 /
王彪(武叔) 22 /
王昺 / 510
王采苓 6 /
王俦(孟扬) 142 /
王成 203 /
王崇儒 / 292
王大臣 / 345 348
王得明 / 425
王顿(文叔) 34 /
王铎 / 510
王鹗(百一、承旨) 31 /
王丰肃 / 467
王绂(孟端) 130 /
王古直 227 /
王和卿 109 /
王华父 73 /
王徽之(子猷) 273 /
王绩 3 /
王家屏(对南) / 464
王渐 19 /
王九思(渼陂) / 490
王可竹 166 /
王奎(周世臣奴) / 446
王琏 201 /
王猛(景略) 3 69 /
王冕(元章) 136 /

王磐(鹿庵) 34 /
王锜 166 169 /
王清蕙(冲华、昭仪) 68 /
王权 3 /
王若虚(从之) 6 13 22 /
王商 / 323
王升 / 370
王士宏 102 /
王世贞(弇州) / 427 454 456 458
王氏(临海民妇) 69 /
王氏(徐文晟妻) / 473
王守仁(阳明、伯安) 239 246 274 / 305
王叔英 / 408
王恕(三原、端毅) 226 / 393 401 404
王太监 / 477
王焘贞(昙阳子) / 434
王廷(御史大夫) / 347
王廷陈(稚钦) / 411
王廷凑 / 359
王廷相 / 291
王廷佐 / 513
王庭筠 19 /
王庭礼(玉涧翁) 175 /
王微(妓) / 507
王维 / 284
王伟 191 /
王渥(仲泽) 13 /
王羲之 / 361

王锡爵(文肃) / 458
王修(翛然) 19 /
王尧(宦官) 240 /
王一斌 / 513
王祎(子充) / 318
王英 / 385
王祐 257 /
王俣 / 401
王与敬(可权) 111 /
王与龄 / 431
王郁(飞伯) 7 10 26 /
王说 6 /
王越 152 /
王恽 31 /
王泽(泽民) 19 /
王瑱 / 370
王振(宦官) 130 167 185 212 /
王之明(伪太子) / 510
王直(吏部、抑庵) 128 152 164 /
王穉登(伯穀) / 437
王自简 / 323
危素(太朴) 158 /
韦氏(宋高宗母) / 512
韦瑛 / 385
韦政 175 /
伟兀氏 97 /
魏矼 143 /
魏国夫人(赵孟頫妻) 138 /
魏明帝(烈祖、曹睿) / 420
魏天祐 65 /

魏文侯(斯) 26 /

魏相 69 /

魏藻德 / 477

魏徵(郑国公) 149 /

温韬 / 360

翁大立 / 446

翁正春(青阳) / 464

文天祥(文山、丞相) 80　82　128
　157 /

邬景和 / 425

吾古孙(仲端、子正) 14 /

吾丘衍(子行、竹房) 137 /

吴昌时 / 510

吴沉 / 398

吴诚(宦官) / 428

吴澄(草庐先生) 137　158 /

吴刚 267 /

吴汇 152 /

吴瑾(恭顺侯) / 395

吴宽(文定) / 394　407

吴扩 / 437

吴某(主事) 228 /

吴讷(思庵、文恪) 259 /

吴三桂 / 477　517

吴甡 / 504　505

吴绶 / 385

吴伟业(骏公) / 493

吴襄 / 478　517

吴与弼 241 /

吴岳(介肃) / 351

吴曾 84 /

吴中 / 382

伍文定 / 283

武大 / 462

武后(则天) 205 /

武卫 232 /

武仙(恒山公) 9 /

兀鲁兀乃 36 /

X

西陵氏(黄帝元妃、螺祖) / 423

西门庆 / 462

西施 94 /

奚娘子(家铉翁妾) 85 /

奚启(昌元) 181 /

喜宁(宦官) / 343

夏黄公 8 /

夏尚纲 / 502

夏言(贵溪) / 417　422　423　462

夏原吉 244 /

鲜于枢(伯幾父) 137 /

咸默 / 514

项羽 / 512

萧鸿基 / 480

萧敬(宦官) / 395

萧礼(节之) / 383

萧亮 111 /

萧时中(状元) 135 /

萧子鹏 226 /

孝慈高皇后马氏(明太祖后) / 371

孝恭皇后孙氏（明宣宗后）/343
写赤蒲仙 218 /
写亦满速儿 217 /
谢安 69 /
谢定之 65 /
谢铎 227 /
谢谔（昌国）266 /
谢枋得（君直、叠山、文节先生）65 /
谢后（宋理宗皇后）68 /
谢京（用宾）203 /
谢灵运（康乐公）/490
谢迁 /431
谢庭循 252 /
解缙 375　418
辛弃疾（幼安、稼轩）43　138　196 /
辛愿（敬之、女几野人、溪南诗老）7 /
兴安（太监）128 /
邢氏（宋高宗后）/512
熊桀 166 /
虚玄子 208 /
徐理 151 /
徐达 /417
徐弘基（魏国公）/484
徐阶（华亭、文贞）/347　350　351
　　352　354　431　435　454　462
徐九皋 /417
徐君宝 69 /
徐君端 69 /
徐溥（文靖）254 /432
徐起凤 /516

徐琼 221 /402
徐尚宾 138 /
徐世隆（威卿）80 /
徐伟 /358
徐渭（文长）/455
徐文灿 254 /
徐文晟 /473
徐錾 /432
徐玄敷 /514
徐养正 /347
徐有贞 142 /
徐元泰 /335
徐子祥 70 /
许百户 261 /
许诰（文中误为"许论"）/425
许衡（魏国公、文正、鲁斋先生）64
　　87 /
许询 /490
许琰 /508
许由 8 /
许誉卿（光禄）/507
胥鼎（相国）8 /
旭烈（旭烈兀）35 /
薛昂 /346
薛淳 /401
薛从义 92 /
薛格 /418
薛国观 /502
薛蕙（西原先生）/411　490
薛瑄（文清）/396　401

薛瑶英(元载妾) 91 /
薛子明 11 /
薛宗本 91 /

Y

牙兰 217 /
燕昭王(职) 26 /
奄克孛罗 218 /
颜杲卿 143 /
颜生(毗陵) 196 /
颜真卿(平原) 22 134 /
颜籀(师古) 102 /
严光(子陵) 206 261 /
严介之(太史) / 349
严讷(常熟、文靖、相国) / 435 494
严清(恭肃) / 447
严氏(吴讷外孙女、李诩祖母) 259 /
严世蕃 / 286 349 431 451
严嵩(分宜、介溪) / 349 351 431 432 437 451 462
严颜 80 /
严忠范 59 /
阎立本 / 280
晏文辉 / 467
扬雄 154 269 /
杨博(太宰) / 347
杨成章 / 450
杨福 260 /
杨观光(学士) / 476
杨光先 / 501

杨果(参政) 31 /
杨仆(楼船将军) / 322
杨溥 / 400
杨荣(金华) / 473
杨锐 239 /
杨善登 208 /
杨慎(用修、升庵) / 287 438
杨士奇(文贞) 154 209 211 / 400 417
杨士伟 / 402
杨松 / 323
杨守陈 / 403
杨四知 / 449
杨泰 / 450
杨廷和 234 /
杨完者 111 /
杨万里 20 /
杨巍 / 354
杨维桢(廉夫) / 442
杨选 / 292
杨循吉(君谦) 171 /
杨仪(五川) 261 /
杨一清(文襄、邃庵) 243 / 395 398 431
杨愔(遵彦) 67 /
杨溁(芦历先生) 260 /
杨应能 206 /
杨应龙 / 359
杨玉 247 /
杨载 158 /

人名索引

杨耆 /389
杨淮 254 /
杨子荣(杨荣、文敏) /400
尧 69　108　158 /
尧君素 34 /
姚崇 /400
姚夔(文敏) 164　186 /
姚善 193　260 /
宵娘(南唐李后主嫔妃) 95 /
耶律楚材 34 /
野先(也先帖木儿、脱脱弟) 120 /
也先(瓦剌) /342
叶绍翁(靖逸) 73 /
叶盛 152　175 /
叶向高(福清) /435
叶永盛 /443
叶仲盎 131 /
伊尹 241 /441
懿文皇太子(朱标) 206 /398
翌圣夫人 189 /
殷士儋(历城) /435
尹程 201 /
尹旻 /404
尹喜 /322
雍齿 80 /
永福公主(兴献帝朱祐杬之女) /425
游震得 /308
于重庆(少参) /508
于方 /359
于谦(少保) 128　142　157　165

166　175　191 /
虞集(伯生、道园) 80　158 /
俞汉远 195 /
俞贞木(有立) 193 /
余燖(茂本) 132 /
玙僧会 183 /
禹(夏禹) 74　119 /
寓氏公主(文中误为"寓氏") /423
玉带(官奴) 108 /
尉迟敬德 138 /
蔚能 /384
元绛 143 /
元结 3 /
元梁王(奔威楚) /337
元明善(复初、文敏) 68 /
元世祖(忽必烈) 59　60　66　68　86
　107 /422
元顺帝(妥懽帖睦尔、庚申帝) 62　103
　117 /
元载 91 /
元稹 /359
袁广汉 /319
袁贵妃(明思宗妃) /508　510
袁宏道(中郎) /462
袁敬所 /473
袁矩(子方) 137 /
袁恺 /502
袁泰(都御史) /427
袁中道(小修) /462　466
员成 111 /

月空(游僧) / 282
岳飞(鄂王、武穆、忠武) 42 73 / 342
岳士迪 73 /
岳云 73 /

Z

曾巩(南丰) 154 /
曾母(曾参之母) 265 /
曾棨(状元) / 409
曾一本 / 294
翟銮(诸城) / 435
翟生(毗陵) 196 /
章邯(少府) 102 /
章懋(枫山) / 390 404
章仁 / 283
张邦基 95 /
张邦直(子忠) 11 /
张綵 247 /
张承业 243 /
张璁(孚敬、永嘉) / 420 431 451
张大经 / 515
张德辉 52 /
张凤翔 / 480
张国维 / 446
张海 217 /
张和(节之) 195 /
张淮(豫源) 267 /
张居正(江陵) / 341 344 345 346 419 431 434 435 440 447 452
张毂(伯玉) 3 /

张良(子房) 80 / 408
张良佐 / 513
张履 22 /
张懋(英国公、太师、左柱国) 228 /
张骞 38 /
张千载(毅父) 82 /
张芹 230 /
张濡 59 /
张若麟 / 478
张三锡 / 515
张绅(云门山樵) 138 /
张慎言(藐山、总宪) / 484
张士诚(九四) 111 116 172 184 /
张世昌 138 /
张氏(高拱妻) / 346
张守约(彦博) / 489
张舜民(浮休) 149 /
张四可 273 /
张遂 157 /
张太监 185 /
张泰 156 /
张天机(石平) / 493
张万户 78 /
张唯 201 /
张维机 / 480
张文锦 239 /
张文冕 231 /
张锡(天锡) 267 /
张献忠 / 515
张忻 / 478

张行婆(菊花、王祐妻) 256 /
张旭(长史) 88 /
张玄玄(全一、通一、三丰) 207 /
张益(士谦) 127 170 /
张永(宦官) 234 243 247 /
张用章 16 /
张元汴(阳和) / 456
张择端 253 /
张振通 / 422
张智 228 /
张治(龙湖、文毅、茶陵) / 349 432
张中顺 31 /
张翥(仲举) 138 /
张著 254 /
张悼 183 /
张子和 6 /
赵秉文(闲闲) 6 9 10 11 14 20 21 22 /
赵缙 156 240 /
赵娟(李范妾、薛宗本妻) 92 /
赵可(献之、玉峰) 23 /
赵良弼(秘书) 34 /
赵良璧 / 321
赵孟頫(魏国公、松雪、文敏) 69 74 78 137 265 /
赵汝愚 / 310
赵锐 240 /
赵师旦 143 /
赵琬 167 /
赵文华 / 451

赵愚轩 110 /
赵贞吉(内江) / 431
赵知微 267 /
赵著(虎岩) 34 /
赵子期 73 /
真德秀(西山) / 300 381
郑赐 / 375
郑国泰 / 467
郑厚 3 /
郑牢 133 /
郑三俊(司寇) / 499
郑善夫 / 411
郑思肖(所南) 105 /
郑侠(介夫、一拂居士) 266 /
郑有林 131 /
郑元祐(明德) 73 /
只理瓦歹 62 /
郅恽 / 475
钟钦礼 195 /
钟嵘 / 490
钟惺(伯敬) / 458
钟繇 / 361
周镳(仪曹) / 503
周勃(绛侯) / 408
周忱(文襄) 166 193 /
周臣(东村) 252 /
周敦颐(濂溪先生) 273 /
周公(姬旦) 60 122 / 380 494
周洪谟(尚书) 190 /
周弘禴(元孚) / 329

周后(明思宗皇后) / 477　508
周济广　173 /
周奎(嘉定伯) / 508　510
周世臣 / 446
周寿(庆云侯) / 446
周嗣明　3 /
周文褒　163 /
周文王(西伯) / 425
周武王(姬发)　34　73 /
周襄王(姬郑) / 343
周延儒 / 504　505
周幼主(后周恭帝柴宗训)　69 /
周舆　152 /
周羽卿　267 /
周元泰 / 484
周真得　208 /
纣　59　239 / 352
朱珪(伯盛)　138 /
朱国昌 / 484
朱国臣 / 446
朱国诏 / 508
朱国祚(少宰、文恪、兆隆、养醇) / 432　467
朱检(思畏) / 405
朱凯(尧民)　171 /
朱勋 / 462
朱宁(士安) / 473
朱攀桂 / 516
朱勤熨(镇国中尉) / 425
朱三峰 / 310

朱氏(宋安康夫人)　68 /
朱树之(廷评)　180 /
朱四峰 / 310
朱文徽　254 /
朱希孝(太傅) / 355
朱希忠(成国公) / 345　355
朱希周(恭靖、玉峰) / 405　432
朱熹(晦庵)　154　273 / 327
朱右　201 /
朱祐樘 / 425
朱御史(张居正幕客) / 346
朱元峰 / 310
朱之蕃(宫谕) / 432
诸葛亮(孔明、武侯)　3　42　80 / 337　441
诸葛一鸣 / 443
朮虎高琪　3　13　17　21 /
祝颢(惟清)　169 /
祝允明(希哲、枝山)　169　171　251 /
庄伯和　132 /
庄允恭　132 /
庄周　3　20　109 /
卓倩　92 /
子密(苍头)　204 /
子思　153 /
祖柏(子庭)　93 /
祖逖(豫州)　73 /
左懋第 / 508　510　513
左懋泰 / 477

图书在版编目(CIP)数据

元明笔记选注.下册/倪进选注.—上海：上海教育出版社，2018.5
（历代笔记选注）
ISBN 978-7-5444-8431-2

Ⅰ.①元… Ⅱ.①倪… Ⅲ.①笔记—注释—中国—元代 ②笔记—注释—中国—明代 Ⅳ.①Z429.4

中国版本图书馆CIP数据核字(2018)第286406号

策　　划	徐建飞工作室
策划编辑	徐建飞　屠又新
责任编辑	徐建飞　周典富
特约编辑	宁彦峰　章琢之　李光卫
营销编辑	章琢之
书籍设计	陆　弦

历代笔记选注

元明笔记选注（下册）
倪　进　选注

出版发行	上海教育出版社有限公司
官　　网	www.seph.com.cn
地　　址	上海市永福路123号
邮　　编	200031
印　　刷	上海书刊印刷有限公司
开　　本	700×1000　1/16　印张17.5　插页2
字　　数	290千字
版　　次	2018年12月第1版
印　　次	2018年12月第1次印刷
书　　号	ISBN 978-7-5444-8431-2/I·0113
定　　价	88.00元

如发现质量问题，读者可向本社调换　电话：021-64377165